全国教育科学"十二五"规划
教育部重点课题（DDA130232）研究成果

大教育系统札谈
——在中国与日本之间

严加红 著

学苑出版社

图书在版编目（CIP）数据

大教育系统札谈：在中国与日本之间 / 严加红著．
—北京：学苑出版社，2015.10（2018年3月重印）

ISBN 978-7-5077-4872-7

Ⅰ．①大… Ⅱ．①严… Ⅲ．①比较教育—中国、日本 Ⅳ．① G52 ② G531.3

中国版本图书馆 CIP 数据核字（2015）第 223554 号

责任编辑：任彦霞
封面设计：陈四雄
出版发行：学苑出版社
社　　址：北京市丰台区南方庄 2 号院 1 号楼
邮政编码：100079
网　　址：www.book001.com
电子邮箱：xueyuanpress@163.com
销售电话：010-67601101（销售部）、67603091（总编室）
经　　销：全国新华书店
印 刷 厂：保定市彩虹艺雅印刷有限公司
开本尺寸：710mm×1000mm　1/16
印　　张：19.5
字　　数：300 千字
版　　次：2015 年 10 月第 1 版
印　　次：2018 年 3 月第 2 次印刷
定　　价：60.00 元

序 言
Preface

  中国是世界四大文明古国之一，中华文明是唯一延续发展的文明。在谈及中华文明时，经常会说到中国古代的"四大发明"：造纸术、印刷术、指南针和火药。在论及西方国家走向近代历程时，经常会说到大航海时代、工业革命和第三次浪潮。人类社会发展到现在，可以用更多鲜明的词汇来描述，可以说瞬息万变、异彩纷呈，比如知识经济时代、第三次工业革命时代，以及全球化（地球村）时代、大数据时代、太空时代、生物科技时代和新能源时代等。未来学家阿尔文·托夫勒还对2050年前后的时代做出预测，比如，全球将进入硬盘容量达千兆字节时代（100万GB相当于1PB）；高速互联网连接和低成本视像技术不断发展，加上发达的航空网络，将使得员工从办公室中解放出来，在世界上任何角落都能工作。由此可见，科学技术的进步是现时代的重要特征与发展主线。当前科学技术迅猛发展，其生长、发展和更新的速度日益加快，由此推动现代社会各领域都呈现出蓬勃发展的态势。

  若从理论角度分析，可以更为鲜明地发现科学技术的阶段进步在社会历史阶段发展中的根本地位。可以分析一下马克思主义理论和阿尔文·托夫勒浪潮理论，马克思主义经典理论强调，制造工具是人与动物相互区别的根本标志；生产力决定生产关系，经济基础决定上层建筑；主观能动性是人类一切创造力的源泉，也是促进社会发展和历史进步的有效保证；科学也是生产力。总设计师邓小平也指出，科学技术是第一生产力。由此推论，马克思主义的社会阶段发展理论，即人类社会由原始社会、奴隶社会、封建社会、资本主义社会，最终发展到共产主义社会，当然社会主义社会是初级的共产主义社会，虽然是以生产关系的变动为标志的，但作为生产力中最为关键的因素，科学技术的阶段进步发挥了极为重要的作用。阿尔文·托夫勒浪潮理论更是以农业革命、工业革命和信息革命划分三大浪潮，其中更为直接地凸显出科学技术的阶段进步在社会历史阶段发展中的重要作用。由此可知，科学技术的阶段进步是社会历史发展阶段划分的根本标准。

科学技术的进步对现实社会生活和生产等各方面，都产生了极为深刻的影响作用，并引发一系列的连锁反应。教育也因之而产生极为深刻的发展与变化。由于互联网络技术的高速发展，特别是移动技术、云计算、大数据、高速互联网连接和视像技术等加速发展，教育行将超越时空的界限，从而贯穿人类社会（古今中外），衍射宇宙寰宇（比如，航天员王亚平在神州飞船上授课）。在现实教育发展中，出现了远程教育和在线教育等，并呈现大规模发展的趋势，比如慕课与后慕课的形式。所谓慕课，就是大规模远程在线课程；所谓后慕课，就是因受到慕课的启发，或针对慕课所存在的缺点和不足，而派生出大规模远程在线课程的新样式，比如深度学习公播课、移动公播课、大众开放在线实验室和研究课等，体现出日益开放的教育理念与教育生态。

由上可知，无论古今中外，科学技术的阶段进步都是社会历史阶段发展中的重要主线，也是社会历史发展阶段划分的根本标准，这就为教育的立德树人指明了重要的方向，提供了足需关注和重视的主要内容，即科学技术应成为学校教育的重要内容。当然，教育强调立德树人。所谓立德，现在就是加强社会主义核心价值观的教育；所谓树人，就是为国家和社会的发展培养合格的人才。因此，学校教育还要关注和重视价值观和基本知识的教育内容，从而为国家和社会培养更多高素质的各类型人才。

美国教育家杜威说："教育有大、小两种：小的一种是学校所提供的；大的一种，即具有最后影响力的教育，是各种实际生活条件所提供的，特别是家庭和周围环境的条件。"马克思主义也强调，教育是以促进人的全面发展为目标。因此本质上而言，教育的本身就是大教育。无论是原始社会中最初的教育活动，比如传授采集、制器、种植、用火、狩猎等技术，以及最初的社会人伦和关系，还是传统教育中注重社会教化，都体现出这样的教育本质。概括地来讲，所谓大教育，指的是学校教育和社会教育乃至家庭教育在内的教育范畴，包括小教育与大教育，即学校教育为小教育，而学校教育和社会教育乃至家庭教育为大教育。但目前关注和重视的教育，多指学校教育，即局限在小教育范畴，比如直到现在中国教育学教科书中呈现的教育系统图，还只是学校教育系统的结构体系与运行机制，并没有包括异常重要的社会教育系统。因此在推进当前教育综合改革，特别是教育的顶层设计和体制改革时，亟须确立开放思维的模式，即以一种开放的心态，看待当前教育综合改革，转变社会文化心理和教育思维观念，也就是要确立开放思维的观念模式。

所谓开放思维，指的是当前教育改革和发展中开放思维的观念模式，其与封闭思维的观念模式相对而言。其实，中国社会和教育的历史发展非常鲜明地表达出这种思维的重要价值与意义。在长期传统社会和教育发展进程中，中国一直受到儒家"大一统"思维模式的深刻影响，重视"三纲五常"等社会伦理道德的教育，而较为忽视科学技术的教育，乃至导致在春秋战国时期与之并存为显学，注重科学技术教育的墨家，也逐步走向沉沦，最终影响到整个社会文化心理和思维模式，应该讲这是中国在走向近代过程中科学技术日渐落后的根本原因。当然，这是相对于东西方在走向近代过程中的势力消长而言的。毕竟西方经历文艺复兴、大航海时代、第一次工业革命，即蒸汽时代，社会思维模式呈现出日益开放的状态，科学技术获得了跃进式的巨大发展，再加上当时殖民主义思潮的泛滥，最终对中国近代社会和教育的发展产生极为深刻的影响与作用。由此看来，中国近代时期的社会苦难，以及近代中国教育的深刻转型，符合社会和教育发展的基本逻辑。在当前国际化和全球化日益发展的时代中，必须确立开放思维模式，坚持改革开放政策，推进开放战略的实施。在教育的顶层设计和体制改革中，更应面对或适应社会所出现思维模式上的发展与变化，即要确立开放思维的观念模式。同时，当前教育的形式也正在发生极为深刻的发展与变化，特别是现代科学技术的迅猛发展，造成教育出现史无前例的技术革新，导致教育教学的模式、内容、形式和方法等方面，都出现了极为巨大的发展与变化。

在当前教育综合改革时期，还必须增强教育改革中的系统性、整体性和协同性，即需要关注和重视教育系统工程建设问题。最初，系统工程是自然科学研究中的概念，运用到人文和社会科学中，源于钱学森对教育的相关阐述。钱学森晚年着力倡导系统科学、思维科学、人工智能和综合集成的思想，在教育科学中提出"教育是一项系统工程"、大成智慧教育的思想，以及社会中所存在极大反响的"钱学森之问"。钱学森的教育思想深刻影响到素质教育的推进，特别是"教育是一项系统工程"的思想，更是为当前教育科学研究和政策制定提供重要的概念范畴，乃至在推进素质教育过程中，提出"素质教育是一项系统工程"的思想观点，体现出当前对素质教育认识与理解中的系统思维。

由上可知，在当前教育综合改革时期，不应将教育的认识与理解局限于小教育的狭窄范畴，而应在社会大系统的宏观范畴中认识与理解，即要关注和重视当前教育综合改革的系统性、整体性和协同性，要具有系统思维、全局意识和全球视野，要用普遍联系的观点设计改革、用统筹兼顾的办法推进改革，构建政府、学校和社会之间的新型关系，从而加快推进教育治理体系和治理能力的现代化。

近些年来，中国教育的改革和发展逐步提速，步入全面改革和发展的新时期。特别是《国家中长期教育改革和规划纲要(2010—2020年)》（简称《纲要》）发布以来，中国教育的改革和发展更进入关键期与深水区。以《纲要》为界限，呈现出较为鲜明的阶段特征：从教育改革的主要场域角度而言，呈现为从学校到教育领域，乃至社会大系统的阶段扩展态势；从教育发展的关键步骤角度而言，呈现为从课程改革到学校制度建设和教育治理，乃至系统构建的阶段深化过程。

具体来讲，2010年《纲要》发布以来，中国教育改革和发展可以归纳出四个阶段特征。第一阶段：《纲要》发布（2010年）之前，教育改革的主要场域在学校，以课程改革为中心，即强化新课程建设，借此推进素质教育，关注学校教育和教学质量的提升。第二阶段：《纲要》发布之后的初期（2010—2013年），教育改革的主要场域依然在学校，以教育体制改革为中心，但集中于学校的场域范畴,即强化学校制度建设,借此全面推进素质教育,关注学校的科学管理。第三阶段:《纲要》发布之后的中期(2013年到现在),教育改革的主要场域转移到教育系统,即教育系统的内部,虽然仍以教育体制改革为中心,但集中于教育系统,即强化教育领域综合改革,推进教育治理体系与治理能力的现代化目标。第四阶段:《纲要》发布之后的后期(发展前瞻),教育改革的主要场域将转移到社会,即社会大系统,逐步消除社会教育的薄弱环节,整合与构筑社会教育系统,推进中国特色大教育系统构建。

从教育改革的文件、教育领导的讲话和教育专家的建言等层面上来看,目前中国教育的改革发展存在由第三阶段向第四阶段发展的趋势。比如,《教育部关于2013年深化教育领域综合改革的意见》(教改〔2013〕1号)强调,教育的改革重点在深化,关键在综合,要冲破思想观念束缚,突破利益固化的藩篱,将改革贯穿教育工作始终,扎实把教育改革不断引向深入。教育部部长袁贵仁在2014年全国教育工作会议上讲话中指出,必须采取综合改革的办法,推进教育改革的深化。2014年全国人大和政协大会期间,全国政协常委、民进中央副主席朱永新指出,教育改革要敢于突破关键问题,其中谈到,教育问题其实不仅仅是教育系统内部的问题,若劳动分配制度、人事制度、干部制度不改变,教育很难真正改变。这实际上是一个社会大系统的问题,关于教育的很多问题都离不开社会大系统。全国政协委员、安徽省教育厅副厅长李和平指出,教育改革要系统设计、理顺关系、强化保障。其中谈到,如果更多地把着力点放在教育系统内部,则站位过低,视野过窄。全国人大代表、山东省教育厅副厅长张志勇指出,综合改革需突破部门利益格局。其中谈到,要突破国家教育职能部门利益格局的束缚,教育问题不仅涉及教育系统,还涉及人事、财政和发改等部门。部门利益格局的突破必须有上位的制度设计。所以,应建立一个超越部委的教育改革领导机制、跨越部委的教育领导机制,并且还要用好政策工具,包括法制工具、执行工具、监督工具、问责工具、财政工具这一套组合拳,只有这样才能将改革落到实处。朱永新还在《中国教育报》上发表题为《中国教育很多问题不在教育内部》的署名文章,指出中国教育很多问题属于社会问题,解决教育问题需要全社会的努力,教育改革需要政治、经济、社会改革配套，以及教育内部的系统变革，并强调教育改革是一项牵一发而动全身的系统工程，推进教育改革，需要有勇气、有耐心、积极稳妥，还需要全社会方方面面的配合与支持，以及劳动人事制度和收入分配制度的配套改革。

上述深化教育综合改革的政策与建言，在地方区域教育改革发展中产生深刻影响与热议。比如，山东省东营市教育局局长梁海伟认为，做好深化教育综合改革这篇大文章，必须从系统的、整体的视角，高度关注教育改革的协同性，从全局和整体上谋划和推进，从更高层次上协调和督促落实。如果教育领域和其他领域的改革不配套，仅仅着眼于局部的、单项的改革，往往会遇到重重阻碍，即使勉强推进，效果也会大打折扣，并且提出应努力从以下四个方面入手，突破教育改革困境的路径，即着力加强教育改革的顶层设计、高度关注教育改革的协同推进、科学设计教育改革的实践载体，以及大力营造教育改革的良好氛围。

综上所述，当前教育科学研究集中在以学校为主要的场域，比如新一轮的课程改革（新课程建设）和现代学校制度建设，而忽视教育改革和发展的顶层设计与运行机制问题。当前推进教育综合改革的深化发展，尚需强化教育改革和发展的顶层与系统设计，特别是要把握现代教育科学存在的三大宏观基础，即大教育、开放思维和系统工程。与此同时，虽然目前中国已将教育纳入社会事业的范畴，同样将教育改革纳入社会事业发展，但还只在教育系统内部推进综合改革，而并非在社会大系统中构建中国特色大教育系统，即没有改变当前固化在教育系统内部探究教育改革和发展的问题，没有确立学校教育系统与社会教育系统并行的大教育系统。由此看来，中国教育改革和发展尚需把握现代教育科学宏观基础，着力整合与完善社会教育系统，推进中国特色大教育系统构建：创设学校教育系统和社会教育系统的交互联系与作用机制，增强教育理念中的社会意识和国家观念，推进由素质教育向学力社会的理念转变；推进社会教育的形式和内容发展，构建学校与社会之间紧密协同的大教育系统模式；加强大教育系统工程建设，构建和优化系统发展的结构体系与运行机制，从而开创教育改革开放和社会系统发展的新局面。

目录 Contents

序言

卷一 ◎ **大教育系统：思维与理论** 001
 思维科学：概念内涵与教育应用 001
 系统力量：思维培育与教育创新 004
 教育系统：宏观视域与概念范畴 012
 系统观点：教育教学与科学研究 021

卷二 ◎ **日本大教育系统Ⅰ：理念与机制** 027
 理念：历史与现实 027
 系统：模式与机制 041
 学术：教学与研究 052
 外语：知识与能力 064
 发表：课程与教法 073
 修养：精神与素质 080

卷三 ◎ **日本大教育系统Ⅱ：教育与社会** 085
 明治经验：教育博物馆与皇孙御赐剑 085
 系统运行：文化教育与社会体验 087

电视媒体：关注奉献与人生瞬间 ……………………………… 089
漫画图书：直观载体与社会话语 ……………………………… 090
歌曲童谣：讴歌生活与关爱生命 ……………………………… 094
社会养成：缜密规制与共同参与 ……………………………… 095

卷四 ◎ 中国教育系统：误区与选择 …………………………… 099

文化比较：中国与日本 …………………………………………… 099
科技：社会生产与创新精神 ……………………………………… 103
教育：问题与对策 ………………………………………………… 107
学术：倾向与论议 ………………………………………………… 111
教育行政和管理者：社会角色与岗位职责 …………………… 116
日本经验：观察与比较 …………………………………………… 120

卷五 ◎ 学校教育系统：经验与借鉴 …………………………… 123

学校教育：体制改革与规制建设 ………………………………… 123
学生安全：身体健康与生命保障 ………………………………… 126
教育改革：素质教育与系统工程 ………………………………… 129
职业素养：现代大教育与职业教育 ……………………………… 132
高等教育：发展误区与改革构想 ………………………………… 137

卷六 ◎ 社会教育系统：构想与建议 …………………………… 147

人民馆：系统构建与职能设置 …………………………………… 147
文化部门：社会功能与规制建设 ………………………………… 154
新闻媒体：舆论宣传与普及教育 ………………………………… 159
图书馆：资料建设与教育服务 …………………………………… 163

文明礼仪：公民教养与社会教化 ………………………………… 164
少儿理财教育：金钱意识与财富观念 …………………………… 166
集体餐叙：休闲社交与素养育成 ………………………………… 169

卷七 ◎ 出国留学教育：战略与决策 …………………………… 171

出国留学教育：开放思维与国际视野 …………………………… 171
出国留学政策：管理制度与战略设计 …………………………… 176
出国留学误区：社会风险与管理问题 …………………………… 180
出国留学规划：政策评论与对策建议 …………………………… 190

卷八 ◎ 中国大教育系统：整合与构建 …………………………… 203

确立大教育办学理念：素质教育与学力社会 …………………… 203
构建大教育系统模式：战略规划与系统设计 …………………… 206
建设大教育系统工程：结构体系与运行机制 …………………… 210

附录 ◎ 大教育系统漫话 …………………………………………… 215

大教育本原略论 …………………………………………………… 215
大教育认识概述 …………………………………………………… 234
大教育系统序说 …………………………………………………… 252

参考文献 …………………………………………………………… 277

后记 ………………………………………………………………… 283

卷一

大教育系统：思维与理论

思维科学：概念内涵与教育应用

思维科学是一门综合性的科学，涉及心理学、逻辑学和哲学等学科，是研究人如何思考的科学。作为新兴的学科，为哲学、自然科学和军事学等研究所重视。目前在教育学科领域中，思维科学的专门研究不多，只是纳入教育哲学来分析与探讨。近些年来，思维科学在其他学科领域发展得较快，研究的成果也不断地涌现，比如在哲学界，现有夏甄陶编写的《思维世界导论》、查有梁著述的《思维模式》等；在自然科学界，现有钱学森编著的《关于思维科学》、田运著述的《信息与思维》和《智慧与思维》、张浩著述的《思维发生学》、王安圣主编的《思维心理学》、王振宇著述的《创造发明学》等；在军事学界，现有李柄彦、孙兢合著的《军事谋略学》、周志明著述的《军事思维效率引论》、毕文波和郭世贞主编的《军事思维学论纲》等。当前思维科学的分支学科不断地出现，比如思维发生学、思维心理学、教育思维学、军事思维学和创造发明学等。研究机构也不断地设立，比如中国管理科学研究院思维科学研究所、江西省思维科学学会等。提高人的思维是教育的重要使命。提倡创新教育与教育创新，最为重要的就是要倡导创新思维和教育思维创新，将创新的概念真正地融入教育的思维。

在教育科学研究的长期实践中，深切地感受到教育科研的重要方面，就是要加强教育思维科学的研究：从思维科学的视角来研究教育的相关问题。长期以来，由于意识形态领域的僵化，造成对各种非物质科学研究的忽视，心理学更成为伪科学的受害者，没有获取足够的关注。从心理学角度来讲，思维科学是心理学研究的重要领域，但长期得不到重视，造成当前思维科学研究存在迟滞的局面。但思维科学是各类科学研究的重要基础，没有人的正确思维，科学的发展是不可思议的。思维科学的研究就是要教会人怎样进行思维，从什么角度去思考，以及探究问题解决的方法与途径，甚至提升解决问题的效率。

教育思维学是教人如何运用思维科学的理论与方法等，思考教育问题的科学，即从思维科学的概念和范畴出发，对教育的相关问题进行多学科的审视，力求找到或提升解决教育相关问题的方法和途径，以及提升解决问题的效率。教育的目标是什么？这是历史上众多教育家多次进行深入探究的问题。由于在教育哲学的观点上存在各种差异，在教育目标的确立问题上，遂也存在较为显著的观点差别。不但如此，就是教育目标的存在与否，也还存在极为激烈的争论。"教育目的论"与"教育无目的论"之间争论的中心，不是教育的自身，而是教育的过程。就杜威倡导的"教育无目的论"来讲，在思想和理论的出发点上，是指教育过程中没有特定的目的。但就教育自身来说，杜威也承认，教育存在目的性。

现代教育研究提出了元教育学的概念，其实也就是对教育科学自身的重新审视。教育科学本身是探究如何进行各门类科学教育教学的学问。教育科学也是一门高深的学问，而且是需要深入探究的重要领域，因为它直接关系到整个社会的主体——人的成长问题。从马克思主义观点出发，应承认"教育存在目的性"，但从教育科学领域的研究过程来讲，教育目的应该是而且必然是多重的，即存在多元的特征。这样的多元教育目的论是建立在教育科学综合研究的基础上的。对于教育目的问题，不应倡导教育唯一目的论，因为后者不符合当前多科学发展的实际，这是理论研究方面的问题。从理论与实践结合方面来讲，教育目的也不会完全相同，教育的"相对目的"与"具体目的"之间也存在差距，这是客观的基本事实。只有承认这一点，才是真正的马克思主义观点。既然教育目的是多元存在的，那么实现教育目的之具体方法与途径，也应是多种的，即在不存在完全相同的教育目的的前提下，也不存在完全相同的实现教育目的之方法与途径。从这样的观点出发，可以获取一个结论：必须加强教育科学的研究方法探讨，特别是应从思维科学层面上，加强对教育相关问题的探究；教育思维学的研究意义就在于对教育相关问题进行多途径的思考和效率追求。从马克思主义观点出发，教育的根本目的就是培养人，这样的概括从科学研究角度来讲，显得过于笼统，必须在更深层次上对培养人的内涵进行系统的研究。

首先需要解决的问题，就是教育到底要教给人什么？这是核心的问题。解决这一问题，是探究教育相关问题的关键环节。当然从教育科学研究历史来讲，肯定存在各种不同的教育目的论，比如"社会本位论"和"知识本位论"等。但上述观点都没有完全抓住教育的实质。从教育思维学角度来讲，教育就是教人如何思维的科学。无论是追求掌握知识、发展能力，还是服务社会的目的，本质上来讲都是在培养人的思维。这是对教育相关问题思考的第二个层次，比第一层次（培养人）更为深入与透彻。教育本质的第三层次是教人如何创新：培养人的创新思维。社会历史的进步与发展总与创新紧密地关联，没有人的创新能力，就不会有现代社会的发展与进步。因此倡导原创性的研究，关键就是为了进一步地增强理论与实践研究的创新性。而推进创新研究的核心问题，就是要培养具有创新思维的人。由此看来，发展人的创新思维是教育的核心内涵。

由于现代社会出现急速的知识和技术积累，特别是理论和实践的深入结合与分化，以及进一步增强的信息时代特征，造成教育从积累知识和技术转化为搜寻信息资源，基础是掌握与运用信息技术。为了实现这一目标，教育就必须适应信息时代特征对人的素质的基本要求，培养在信息资源中鉴别和借鉴的能力，以及针对具体要求进行创新的素质，即在信息化背景中培养人的创新思维。从社会历史发展角度来讲，理论学术的发展也是极为重要的创新成果，并且总在前人成就的基础上，通过创新途径，达到崭新的高度。

教育的最高目标是培养人的创新思维，这样的提法与全面发展教育的目标不是相背离的，而存在相互结合的紧密关系。培养人的创新思维，是全面发展教育的核心内涵，是实现赋予教育的社会职责和任务的根本途径，人的创新思维总立足于人的全面发展这个重要基础，是人深刻领悟各种知识和技术，以及在掌握其他信息资源的基础上，对各种相关问题进行深刻地思考与揭示，从而运用创新思维，实现解决理论与实践问题途径的新跨越。因此，培养人的创新思维的方法与途径，是教育本质的第四个层次。培养人是教育学研究中教育本质最为经典的提法，但核心是要解决如何培养人的创新思维的问题。当然，这是较为复杂和系统性的研究问题。

三 系统力量：思维培育与教育创新

阅读《刘伯承元帅传记》，特别注意其在战争环境中翻译苏联"合同战术"的内容，除了被刘伯承元帅的求学和研究精神所感染之外，还深为其关注"合同战术"的战略眼光所仰服。战争的实践需要战略理论，需要适合战争环境特色的战术指导，而刘伯承元帅正是有意识地选择"合同战术"理论的杰出军事家，这对中国革命和战争的进程具有历史性的影响与作用。可以想见，没有"合同战术"的理论指导，就难以呈现出中国解放战争时期千里跃进大别山的伟大历史壮举。当年刘邓大军剑锋所指，正是广阔的中原大地，然而实施这一战略的基石，就是"合同战术"的军事理论，各路大军展开"品"字形的阵势，形成强有力的后援和侧翼掩护，从而促使刘邓大军能乘势直插国民党统治中心的周边区域，直接威胁当时首都南京的安全。从总结历史角度来讲，刘邓大军进军中原，是"合同战术"充分运用的典型战例。而所谓"合同战术"，就是强调要注意系统性的统筹，强调系统的力量，将整体性和综合性的因素，纳入问题考虑和解决的范畴，而非采取单一和片面思考问题的方法。

当前中国社会、经济、政治和文化等各领域已步入崭新的发展阶段，也进入至为关键的时期，进行单纯的经济改革明显地难以获取更为显著的成效，政治和文教等领域改革的滞后严重地束缚社会整体实力的增长进程，因此需要借鉴战争时期刘伯承元帅所引进"合同战术"的思想与理论。在中国社会和自然科学领域中，这样的思想和理论已出现较为显著的发展。钱学森在20世纪50年代归国之后，非常重视思维科学研究，同时拓展系统论的内涵，形成具有中国特色系统学的理论体系，强调发挥系统性的社会功能，这样的思想和理论具有非常广阔的发展空间与应用前景，中国诸多社会和科学问题都可以在钱学森所倡导系统学的观点和理论中获取更为广阔的思考空间，探索出解决问题的崭新、富有成效的系统方法与机制，因此具有哲学和理论上的指导意义，这与刘伯承元帅提倡的"合同战术"具有异曲同工之妙，应受到高度关注并吸收与借鉴，从而为推进中国特色社会主义事业提供有价值的思想与理论指导，从而利于实现中国的社会发展与民族强盛。

对个人成长而言，思维培养与育成相当重要，而且已成为关键的因素。从教育学角度来讲，目前亟须创建教育思维学、思维教学论等学科专业。钱学森强调思维科学研究的重要，这为上述学科创设了根本的理论基石。在高科技研究与运用领域中，钱学森可谓建树非凡，同时还提出很多其他系统性的思想与观点，比如人体科学、思维科学和人工智能以及科学与技术研究中的综合集成、总体设计部和试验研究等概念内涵，以及研制火箭、导弹、飞机和其他航天器等初步设想。其实归国之前，钱学森就已成为美国航天飞机的始祖，被称为"龙之父"。钱学森提出了许多富有战略性和创建性的前沿思想，在科学研究方法上特别注重研讨方法（Seminar），主持中科院力学所时，甚至在院内的每个办公室都设有黑板，以便遇到问题时开展集体研讨，看来这样的方法具有相当程度上的推广度，在美日等西方国家的大学教育中也广泛地采用这样的方法，因此值得中国学校教师和教育学者给予高度的关注，甚至可以进行特别的推介。

从当前中国人的思维状态来讲，存在较严重的思维惰性与创新障碍，这已成为普遍的社会现象，比如存在产品生产的模式化问题。中国产品生产的创新不够，在产品使用中发现的问题也难以为生产商所重视，生产商与客户之间的沟通渠道不畅通为一方面，而另一方面则是生产商思维的惯性与惰性，对产品质量和功能改善的认识表现出不足，思维呈现出僵化的状态，更谈不上组建技术团队，专门改良产品的功能，以及改善产品质量与服务水平。中国社会各界广泛地注重经济效益，以至对产品内涵的管理并不重视，而单纯地热衷于扩大规模和使用便宜的劳动力，这必然会影响到产品的功能改良、质量提升与科技应用。中国社会生产方式的改进处于相对停滞的状态。只有政策性的推动才具有动力，但目前这样的动力不具有持续性，因此思维惰性和创新障碍问题依然难以解决。分析出现目前这样社会状况的成因，可以概括为如下方面：

第一，社会体制机制的束缚。中国现在尚属集权型的国家，注重行政权力的掌握与行使，在社会经济方面仍以公有制经济为主体，私营经济主体的发展空间较狭窄，这就造成面向社会生活品质提升的中小型科技应用企业难以孕育、成长与壮大，表现出创新动力机制尚未健全，更难以称得上企业创新动力的持续，以及构建企业的创新精神与理念体系。因此，中小型科技应用企业不可能成为社会创新发展的重要力量，而只是追求短期的经济效益。同样，大型企业也存在创新动力不足的问题。由此可见，最终的结果就是企业只追求短期的经济效益，而难以兼顾社会创新，以至多数企业宁可购买外国专利产品或做装配的程序，也不愿筹集资金用于企业创新的投资，发展自己独有的技术与品牌。长此以往，中国企业就会成为外国企业的附庸、加工和组装基地，最终完全丧失市场的主导地位，更谈不上进行创新发展。中国公有制大型企业还存在面向宏观政策的需要多，面向社会生活的企业较少，也不很关注面向社会生活的创新动力和形成相应的技术成果，难以转向改进社会生活和促进科技的日用化，以及提高社会劳动效率等方面。由此可知，社会体制机制已成为中国人所存在思维惰性和创新障碍的重要因素。

第二，教育教学模式的僵化与依赖因素。主要体现在：一是教育系统窄化。中国目前过分研究和注重的是学校教育系统，另外就是具有缄默教育功能（潜移默化或教养）的文化系统。但社会教育系统尚未成型，更甭说纳入教育系统的范畴。社会教育系统应是公民教育和素质教育的主阵地。由于社会教育系统尚未构建，还造成学校教育系统的社会功能混乱，即出现学校教育和社会教育的社会功能混同，学校教育面向社会、经济和科技等功能难以凸显，而着眼于提升公民综合素养的社会教育功能，更多地掺入学校教育的内容和形式，从而造成学校教育系统的社会功能呈现出日益拓展的发展趋势，而教育系统的社会功能出现混淆，应该说上述问题都是教育系统的窄化理解和认识原因所导致的结果。二是教育教学内容极为严重地依赖教材，往往与现实社会的发展与变化难以产生互动和对接，由此出现教育与社会之间的脱节和僵化，教师和学生对教材的灵活运用不够，造成从小学开始就以读懂教材和掌握教材知识为目的，严重地束缚了教师教学的灵活性和积极性、学生学习知识范畴的拓展，以及教学过程中的多样化选择，呈现出固定、死板、僵化和依赖等消极特征，而且学生和教师又较少与社会生活相对接，文化学习内容与社会科技生活之间出现脱离，并未特别地关注学生的科技意识与创新精神，没有积极地组织学生去认识和观察社会生活中的科技事物与现象，又都影响到中国人整体性的科技素养与创新精神。三是教育教学的方式显得僵化与呆板，难以引导、激发学生对社会生活和科技创新的关注与兴趣，学校场所与现实生活之间出现断裂，不利于学生综合能力培养和科学素质育成。中国学校现行的教学多采取教师教和学生学的模式，难以激发学生的思维活动，更难以维持学生的长时兴致和创新思维，而且学校场所、教室设置、教学内容和教学方式等方面也存在固定化和模式化的问题，并未呈现出多样性的特征。比如在教学场所方面，学校教育应将学校场所与社会场所相结合，学校内部场所应将教室、实验室、兴趣室和活动室等相结合，而教室的设置也应具有多样性，应设有大教室、小教室、研讨室、研究室、实验室、科学室和活动室等，从而为学生的学习创造更为多样的环境。教学的内容更应采取教材和资料相结合，注重图书馆（室）建设，并将书本和社会、科学等种类的知识相结合，并由知识教学提升为能力培育，添加实践性、研究性和实验性学习，并开设研讨性课程，鼓励学生参与发表和研讨，进行西方传统中的雄辩术学习，增强学生的辩论和演讲能力。四是教育教学评价的模式也显得刻板与僵化，行政的色彩表现得相当浓厚，应采取更为灵活、多元和随时监控的机制，增强办学主体的自主权力和管理能力，实现自我管理、监督与服务。教育教学评价模式中的行政化倾向造成低效率的明显例证，就是近些年来本科教学质量评估，最终并未产生任何实质的成果，但却造成全国大学教育教学混乱，以及有限教育经费的无谓浪费。例证从侧面表明，教育教学评价应采取灵活、多元和随时监控的原则，而且更应给予学校办学的自主权力，努力地增强学校自主管理、约束、监督和服务的能力，并要通过政策性的措施，引导学校提升教育教学的质量，而非简单化地采用行政性的检查方式。否则，也只能适得其反。最好的办法是由第三方机构负责实施，行政部门只需审查与监督，而不应越俎代庖。当然，行政性的检查方式也必定是徒劳无功，毫无效益可言，因此应当对这样的政策选择慎重一些。非但如此，而且还造成不正之风和贪污腐败，出现一系列的负面事件，比如连带性地产生档案造假、材料虚报和送礼请吃等问题。而由第三方实施，可以研究者的身份出现，且这应成为第三方的职责与任务，并具有关联的责任，特别是一旦出现问题，会产生第三方的信誉受损，资格或许就会被剥夺。这样评价方式的变化更能增强教育部门及其他行政部门的威信与权力，而且社会效果也将更好。

第三，传统文化中所存在"非科技"倾向的影响。除了上述社会体制机制和教育教学模式因素之外，另一重要的因素就是传统文化中所存在"非科技"倾向的影响。儒家文化轻视科学技术和体力劳动，把智力劳动作为最高身份与地位的象征，以及进入统治阶层的重要途径，即所谓"学而优则仕"和"不学稼"，并轻视科学技术在社会进步与发展中的重要作用，肆意地抬高个人修养的重要性，所谓"修身、齐家、治国、平天下"，修身成为立命在世之本。传统"非科技"的倾向造成儒家培养的所谓人才，也将科学技术的进步与发展视为不重要或次要的东西，故而中国在成为长期视儒学为正统的社会之后，有意识和组织性地进行科技创新的举动较少，以至即使在清朝康雍乾盛世时期，西方传教士带入伽利略发明的望远镜时，依然只作为宫廷的玩物，而并未发现其将引发世界天文学上的革命性发展，由此中国科学技术也就逐步地与西方国家拉大了差距。近代以来，中国奉行"中体西用"思想，以"中学"为体，"西学"为用，从而导致学习西方科学技术的皮毛，效果远不及近邻日本的"和魂洋才"，即以洋才护卫和魂，来得见效。当然，中日近代化的结局也就大不相同：中国沦为半封建半殖民地的国家，国土沦丧、屈辱赔款，"成就"了近代百年的血泪史和哀怨史；日本则借势成为东亚的强国，并走上东亚侵略和殖民的发展道路。但物极必反，日本最终落到"玉音播送"、美军驻日的命运。但就近代化过程而言，日本是成功者，而中国则是不折不扣的失败者，在这一点上毫无异议，要不然也就不会爆发辛亥革命、抗日战争和解放战争，中国还处于清王朝的统治之下。即便非此，也肯定不会呈现出清末王朝的衰象。由此可知，无论就历史还是现实而言，科学技术在社会发展中都具有极为重大的现实价值与历史意义。传统儒家的"非科技"思想禁锢了中国人的思维，养成思维惰性，导致产生创新障碍，是现代社会进程中需要关注并尽力防止的思维模式，进而将科教兴国作为治国理政的根本战略，围绕以科学技术为基石和核心，调整社会发展的战略与策略，从而推进社会稳定、健康与和谐的发展，进而创造光明和远大的未来。

　　心理学将人的素质界定为人的先天的解剖生理特点，主要是指感觉器官和神经系统方面的特点。教育学上对素质的经典解释是个人先天具有的解剖生理特点，包括神经系统、感觉器官和运动器官的特点，其中主要是大脑的特点。在一般意义上来讲，指人的先天具有的遗传素质，即通常所指的禀赋。

但随着对素质概念研究和探讨的逐步深入，特别是近些年来对素质教育的探讨，逐步地突破对素质的经典解释，即将素质理解为人的先天遗传性与后天习得性的综合。先天具有的素质只是个人成长的基本条件，而在一定环境和教育的影响下，人的素质还可以通过努力获取。素质教育已在中国推进好多年，相关分析与研究的成果可谓汗牛充栋，但为何不仅推进的速度缓慢，而且应试的氛围反而日益浓烈。其实，目前素质教育还在"黑暗"中摸索，在皮毛和表面的花环中前行，不能不令人感到唏嘘与叹息。当前中国教育在很多方面还表现为应试教育特征，主要体现在思想观念和具体实践方面。由此可见，中国教育领域还需要进一步地实现解放思想和扩大开放的发展进程。

当前应试教育的思想还相当严重，主要存在如下方面的表现：教育评价体制仍未脱离应试的思维，升学率仍是衡量学校、教师和校长业绩的根本尺度；教育工作者包括教育行政干部、校长和教师仍未脱离应试的思维，习惯性地采取系列应试的教育手段和教学方式，应试教育的观念还相当顽固地存在于教育教学的实践过程之中；学校教育教学的自主权并未获得充分的保障，校长和教师仍是教材、教法和计划等因素的"奴仆"，并未主动和积极地进行符合素质教育要求的改善。同时，也并未脱离家长角色的思维方式，成为学生在学校环境中的"看护人"，而非指导者，教师和校长在教育教学与管理中的自主性开发并不充足；长期在应试环境中成长的教育工作者，实践的思路仍难以脱离固有的应试思维，因而存在系统性地不利于素质教育实施和发展的各种体制、机制、政策与做法，可见当前素质教育还遭到计划时代和应试教育的思维瓶颈，思想和观念的僵化是最为根本的原因；学校办学呈现出封闭性特征，表现为学校与社会之间相脱节，学校教育与社会教育之间也难以取得互补。上述表现存在的主要原因是：学生的生命保障和危机责任尚未建立体系，学校承担过多的办学风险；社会尚未建立机制，并未积极和主动地接收学生，以至学生难以更好地深入社会；学校与社会之间的关系及其互动渠道尚未完全开通，学校开放办学的意识并不强烈；目前社会教育还相当薄弱，社会机构承担教育职责的意识并不浓烈与清晰；社会教育的推进机制和社会教育系统的网络建设并不健全,某些机构比如文化部门并未足够承担社会教育的职责,积极性和主动性表现出不足,只有文化上潜移默化的影响与作用,而并未承担主动施教的社会教育功能;社会文教体系尚不完善和完全,区域社会文教设施尚未充分建立与发展,比如区域性的科技馆、风俗馆、博物馆、图书馆、人民馆、文物馆、名人馆和儿童馆等,以及专门性的社会文教机构尚未建立、完善,没有形成完整的系统;学校与社会机构之间的教育职权分工尚未明确,既影响社会机构发挥教育的社会功能,更影响学校教育职能的发挥,干扰学校的教育开展和职能实现,造成学校成为无所不包的"皮囊",严重地影响学校的教育质量。

由上可见,素质教育的推进需要社会整体的系统优化,而非单纯地淡化学校的职责,就能实现问题解决的事情,即需要社会整体环境和思维模式的转化,以及在社会和教育系统中确立教育教学的新理念。集中体现在:学校和社会都应确立素质教育评价的新理念,设立人才评价的多元标准,在当前显得相当重要,所有的学生都是社会和区域建设的人才,即要确立公民即人才的观念;校长和教师应脱离驻校家长的意识,确立为国家和区域社会培育人才的新理念,主动和积极地推进教育管理模式和教学方式的改革,以培养学生的思维和能力为重点,确立教学与管理的新理念,改善知识灌输的应试教学与管理模式,积极和主动地探索素质教育的新道路;加强素质教育的交流,开放发表和出版的自由,建立相应的机制,鼓励各级校长和教师进行实践性的科研,并提供充分的自由发表与出版机制;改善学校硬件的配备和规划,设置学生研讨和发表的各种专用教室或场所,鼓励教师采取互动和学生主体式的教学方式,推进学生主动探索和科研的教学模式,并强化图书馆、实验室和研究室,以及其他设施和内涵的建设,进行相关管理机制的改革,督促改善职员的服务态度和增强主动施教的意识;需要推进社会职能的观念转变和职业行业的收入平衡,并不断地向艰苦和脏乱行业进行薪金标准的倾斜,平衡社会职业上的观念差别,鼓励社会的职业性向趋于合理与平衡,推进社会人事、职业薪金和社会观念的转变,以及形成公民即人才、服务即贡献的观念，加强推进社会系统的整体改革，引导学生和家长转变社会观与职业观；加强学生生命保险体系建设，减轻校长和教师在无责任条件下出现各种事故的责任担当，即可以由社会系统依据法律，理性与和平地处理相关事故的责任，以及由国家统一设立的学生生命伤害保险机构，承担相应的赔偿责任，由此推进学校积极加强与其他社会机构（包括教育机构）之间的联系，主动地与其他社会机构相联合，开展各种有利于提升学生素质和能力的教育活动，从而有力和全面地推进素质教育。

教育系统：宏观视域与概念范畴

在教育与文化、社会之间的关系中，教育应是小范畴，而文化与社会则是大范畴。文化与社会具有历史性和发展性特征，即由过去到现在，由此构成纵横两轴而成坐标系。对现时的教育而言，当然应属于第一象限。可以想见，教育的发展与社会、文化都存在紧密的关系，应当更为重视处于纵轴位置文化的发展程度。但还应思考社会发展进程中何种文化具有主导性的作用。其实，由马克思主义的经典原理可知，科技文化才具有这样的力量。马克思宣称，生产力决定生产关系；科学也是生产力；生产力中最为显著的标志则是生产工具；而生产工具又是科学技术的物化形态；从本质上而言，社会阶段的发展是由科学技术发展的阶段性特征所决定的结果。由此看来，科技文化正是推进社会发展的革命因素与重要力量，因此科技文化越占有优势，社会就会越向前发展，否则社会则趋于停滞不前甚至倒退。而科技文化的发展也应视其致力于社会发展的程度，即社会的发展与科技文化的性向之间存在何种程度上的关联。科技具有两向性特征，既可以推进社会的发展，也可以导致社会的退步。但科技文化如果是发展性的，则必能推进社会的发展。

教育的社会职能正是要推进科技文化的发展性，从而推动社会的发展。

教育的本质涵义就是促进科技文化的发展性，而非其他的方面。当然，具体到促进的内涵，则包括科学技术和人文社会科学。只有两者兼具，才能确保科技文化的发展性，而科技文化居于核心的位置，其他类型的文化则是服务于实现科技文化的发展性，起到规制和促进的作用。由此印证，科学技术的发展阶段是社会历史发展阶段划分的根本标志。因此，需要大力地提倡科教兴国战略和可持续发展战略。上述"两大"战略实为一个整体，前者为关键，后者为保证，相辅相成，从而有效地推进社会发展的步伐。这也就从另外方面表明，教育应纳入文化和社会，而非相反的情形。因此，政军教合于学校，这样的观点存在某些问题。合理的构架应建立大教育系统，从而实现政军教合于社会。由此还可以拓展教育的具体内涵和范畴，促使教育回归本义，从而真正做到以科学的态度，举办学校教育，发展社会教育，促进文化涵育，推进整个教育事业的发展，有效地带动文化和社会系统趋向良性与循环的发展。

教育应为现代社会生活的重要组成部分。日本谈生涯教育，重视社会教育，学制中存在社会教育系统，并与学校教育系统并行，明确地并列于教育系统的结构框架之中。中国谈终身教育，也存在社会教育，但不仅尚未将社会教育作为分支系统，纳入教育系统的结构框架之中，而且社会教育的实质涵义还泛化成文化的组成部分，以至成为社会涵养的组成部分。日本重视教养教育，中国流于社会涵养；日本的社会教养依靠教育和规制；中国社会涵养依赖涵育和文化。其中的问题之一：若文化没有跟随时代而发展，中国的社会涵养将不会进步。简而言之，若文化的传统没有现代化，中国社会必将逐步地陷入传统之中，历史的悲剧可能会再次重演。目前中国政府提倡和谐社会的建设，确立这样的理想无疑是正确的。但在具体施政过程之中，不可以单纯地以此作为政策确立和实施的依据，必须要有全球的视野，即在充满竞争和诡异多变的世界中，必须要有实力作为后盾。也就是说，要有坚强的后盾作为支撑，才能确保和谐社会建设的成果。在目前的形势之下，保持中国社会的稳定，显得相当重要，不要再过于提倡传统文化，应让其蕴藏于社会的土壤之中。社会的进步与发展依赖科学技术和教育科研的力量,这是具有现实性的战略选择。当前重要的是要将社会涵养演化成社会教育,纳入教育系统的结构框架之中,并逐层级地贯彻和落实,促使社会成为大学校,而学校教育则成为社会教育的基础,同时亦成为社会教育的核心论坛。论坛的核心问题是科学技术,培养科学素质,以及养成科学原则和精神。同时,还应加强社会教育的机构建设,比如设置科学馆、人民馆、博物馆、体育馆,以及其他专业性的博物馆、科技馆等,并关注学校与社会之间的紧密联系、社会教育机构开展的相关活动,以及与学校之间的沟通与合作,从而呈现出共育人才的社会局面。

教育并非只是教育部门的事情,更不只是学校的事情,应该是中国社会整体系统中的重要工作,这应成为中国社会的共识。因此,在社会大系统视界中考察教育的相关问题,就显得相当重要。过去讨论教育,总是将教育划分为家庭教育、学校教育和社会教育。而现在中国呈现出的状况:家庭教育的学校化、学校教育的家长化、社会教育的文化化,具体表现在如下方面。

其一,现在中国家长基本上成为学生应试的"俘虏",总是千方百计地催促学生准备应试,比如在家自学、请家庭教师补课、上各种辅导班,即使花费颇多,也在所不惜,将家庭教育视为学校教育内容的强化和知识拓展的延伸,而没有完全承担家庭教育的职责,即负责学生衣食住行、基本社会和家庭伦理等内容的教育。

其二,学校在管理方面承担学生各种安全的责任,比如人身安全、心理安全,以及保障设施使用安全、活动过程安全等,若出现各种意外事故,学生家长则有可能要追究学校的责任;学校在教学方面更沦为应试的奴隶;集中体现在教育观念、教育评价、教学过程和教学安排等日常教育实践的方方面面,校长和教师的心态恰如学生的家长,在为学生负责和替家长担责的社会氛围中,校长和教师不知不觉地就成为学生的驻校"家长",而学校教育也演变成在特殊"家庭"环境中从事应试的事业。

其三,当前中国存在学校教育与社会教育职责不分的状况,学校教育课程的"社会化"倾向相当严重,而这种"社会化"并不是指学校教育内容真的有助于学生提升社会的适应性,而是日益呈现出政治化和文化化倾向,而社会教育应负责的部分进入学校之后,其他社会和文化部门则放弃教育的社会职责,比如文化部门就是专事潜移默化的文化职责,从而逐渐地窄化文化机构的社会职责,而社会教育的职责则并入学校教育的职能之中,无形中又增添了学校教育的负担,于是导致出现政治理论进课堂,甚至京剧也要进课堂的"活剧",而美其名曰"人文素质教育",并将其纳入通识教育的范畴。当然从通识教育角度来讲,也并不排斥这些教学内容,关键要将选择权交给学生。若这样,通识课程也就可以进课堂。关键是这些内容的教育职责,应更多地借重于社会教育机构,这是文化借以生存和发展的肥沃土壤,也是政治思想和观念乃以普及与贯彻的广阔天地。因此,发挥其他社会和文化等部门的教育职责,就显得相当重要。

若将其他社会和文化部门的职责扩展为社会教育的性质,让其承担起教育的社会职责,而学校则专注科学技术的事业和人才培养的任务,则表明中国教育系统步入顺畅的发展大道。但目前由于其他社会和文化部门没有承担起教育的社会职责,造成学校与其他社会和文化部门的社会职责相互混同,不仅造成各种社会和文化设施的投资成效不彰,而且造成学校教育系统的运行呈现出极为紊乱的现象,导致学校教育的质量难以迅速提升,人才培养和科学研究难以适应社会急剧的发展与变化,进而引发整个社会大系统的运行呈现出后继乏力的局面。因此,应在社会大系统视界中,确立大教育战略的基本观念,厘清家庭教育、学校教育和社会教育的社会职责,分清不同参与者的社会角色及其职责,各司其角色职责,而不是相互之间出现混同,比如校长和教师的角色职责应不同于家长。若如此,则学校就不会着眼于应试,从而致力于实施素质教育,带动学校教育的质量提升。但这还需要在教育观念、教育评价、教育组织与管理等层面上,都做到解放思想和升动脑筋,着眼于提出和分析问题,从而达到解决问题的目标,才能开创教育改革和发展的新局面。当然推进社会教育,还需要存在各行业与地域的社会组织、各种媒介的参与和介入，以及各类平台的建设，这些应与社会大系统的改造相联系，比如，推进人民馆的建设及其系统的形成，从而带动社会基层的系统性变革与发展。如此，就必然会引起社会大系统的深刻发展与变化，也就必然会促使包括教育在内各领域事业的深入改革与发展。

现代大教育系统要体现以科学技术为中心的学校教育目标，同时还要构建终身教育体系。集中体现为扩大社会和文化部门的社会教育职能，分担学校教育系统中承担的思想政治和社会文化素质提升等职能，以及自觉地承担作为社会和文化部门固有的社会习俗与文化改善职责。在现代学校教育体系构建中，要确立开放的教育思维模式，建立开放式的教学内容和形式，形成家庭、学校和社会和谐统一与紧密联系的教学体系，形成教育部门（学校）与社会和文化部门（社会）的紧密联系。在大教育和开放思维模式的指导下，举办面向新时代发展的教育系统，即现代大教育系统，从而形成学校与社会之间的紧密联系，以及家庭教育、学校教育和社会教育的结合模式。

特别需要提及：一是建设人民馆，用以提升人民的素质，扩展社会教育的系统及其功能。二是发挥现有各文化部门，包括社会图书馆、博物馆、档案馆和纪念馆等设施的作用，激发主动地推进社会教育的积极性，建立适应时代发展要求的社会教育实施计划和制度体系。三是开放现有各级学校教育设施，促使形成全民享有使用学校教育设施的权利，比如实现学校图书馆、教室和会议室等社会性的开放使用，同时还要建立开放式的学校教育制度，支持和鼓励社会公民参与学校教育的形式与内容，沟通学校与社会之间的紧密联系，并建立相应的支持机制和渠道。四是改革现有各级学校教学的模式与技术，大办推行活动教学、研究性学习和社会性教学，注重科学技术和知识的教学内容，以及现代科学技术应用的参观和见学活动，做到将知识教学与实践认知的紧密结合，同时在学校和社会层面上都相应地推进体系建设，开展各区域和领域范围内的创新实践活动，从而真正建立学校与社会之间紧密联系的现代学校教学体系。五是鼓励社会人士参与各级学校教育教学活动，激发参与热情和沟通渠道，形成地域性和社会性特色的课外实践教育教学体系与制度，建立社会人参与学校教育教学的机制。六是适当开展各类学生国外修学旅行活动，拓展学生的视野，培养国际理解的能力，建立有目的和有组织的出国游学游历（包括留学和见学等）体系与制度，加强国外取材和信息收集，培养相关的素质与能力，从而促使现代公民开放思维和养成能力，塑造和培养具有国际视野、善于处理国际事务的现代高素质公民，形成团队组织的意识，增强凝聚力和合作精神，形成国内教育与出国教育的有机统一和相互结合，体现高度组织性和团队精神，使之成为公民教育的延伸，成为信息采集、国际理解和走向世界的重要环节，并推进主体性和一体化的出国教育体系建设。

目前中国社会存在的问题具有系统性的特征，而不单纯是某一领域或部门中的问题。要解决中国社会存在的问题，首先应明晰中国社会系统的基本构建，通过系统的视野来处理相关社会问题。在中国社会系统构建中，教育系统中的问题具有相当的典型性。目前中国教育系统存在狭义上的认识与理解，即单纯的学校教育系统，而忽视具有重要社会职能的社会教育系统，即没有确立大教育观。所谓大教育观，即在社会大系统的环境和条件中，建立学校教育系统与社会教育系统紧密结合和交互作用的教育系统。

目前，中国学校教育系统和社会教育系统的构建与理解都存在很大的问题：两者的社会职能不分，甚至相互混淆，社会教育系统尚未完整地构建起来。集中体现在如下方面：

其一，目前中国社会教育禁囿于社会文化系统，而非整个社会和文化系统，而文化系统具有一定的文化传播职能，且文化系统的管理与服务还停留在被动服务的层面上，其中的职员仍列入公务员的编制，甚至被动地提供相关服务，比如社会图书馆和博物馆只提供图书杂志与实物的展示，公民可以通过一定的程序接受文化上的"缄默"影响，但这种方式的教育性作用发挥得并不充分，因此应将社会和文化系统转型为社会教育系统。若这样做的话，这些机构就应增强其教育的社会职能，从而需要组织项目、课程、报告、演讲、体验和展示，受众也由公民自由的参与，变成有组织的参与，比如学校教育与社会教育、学校教育与社会相结合，学生和地域的居民可以有组织地参加各种社会教育的活动。同时，这些机构还可以主动地组织公民，开展各种美育的活动，从而扩展现代教育系统的内涵与范畴。

其二，明确学校教育系统和社会教育系统的社会职能分工，避免学校教育系统的社会职能泛化。目前中国社会教育系统尚未从社会大系统中发展出来，因而学校教育系统就承担社会教育系统的某些社会职能，比如"三个代表"和邓小平理论等政治思想与理论教学，以及京剧等进课堂。其实，诸如此类的课程内容理应由社会教育系统承担，但现在却由学校教育系统承担起来，无形中这就扩展到社会教育系统的社会职能，造成两者之间在社会职能上的混淆，由此导致学校教育系统的社会职能不能凸显，混同教育和教养之间的联系与差别，从而对人才培养和国民综合素质提升带来较大的影响。

上述方面还表明，目前中国的教育改革并没有从社会大系统的视野来考虑教育相关问题，因此确立大教育观就显得相当重要。其实，社会大系统的其他领域也存在这样的一些问题。因此应提倡进行大社会、大历史和大教育等方面的分析与探究，从而在社会大系统层面上分析与探究相关领域的问题，比如中国行政的大部制改革，现在从最终结果来看，效果并不卓越。比如，在一个部委的建制中，存在十几位部级的领导干部。由此可见，这种"头痛医头，脚痛医脚"的做法难以发挥实际的作用，需要站在社会大系统的层面上，采取联系的观点和循序渐进的做法，综合和整体地分析相关具体的问题，探索解决问题的基本策略与方式，从而达到解决目前中国社会所存在问题的根本目标。

中国教育的问题存在系统性特征，即属于大教育的问题，应统筹社会与教育之间的关系，关键是要划分学校教育与社会教育的基本社会职能。学校教育作为教育的核心部分，应主要承担科学与技术的发展任务，即促进科学与技术产业的发展，以及培养科学与技术的人才。因此，要避免将学校办成容纳任何东西的"皮囊"，将应由社会教育承担的职能也承担过来。社会教育机构应承担科普、文化、习俗、体育和艺术等方面的社会职能，同时应建立学校教育与社会教育之间，以及学校教育与社会之间的联系，从而实现教育与教养之间的紧密结合。比如，开展见学、修学，即参观、访问和调研等活动，促使学生和教师等学校人群能更好地深入社会，从而促进学校教育的健康发展。

同时，还应开展学校教育的内部改革，比如迫切需要开展学校外语教育与评价制度的改革，加强外语教学中的分类要求与管理，加强专业课程学习中的外语资料阅读，而并非单纯的外语水平要求。比如，大学废止英语等级考试；加强英语学习中的专业资料阅读；开展听、说、写等实际功夫的必要训练，甚至开展有组织性的短期海外修学旅行，从而突破国内的海外旅行活动范围。另外，不同学科对外语的要求应有所不同。某些学科可以采用参考外语水平，不做硬性的要求。而有的学科可以采取零要求，比如中国历史、古籍类、考古和专题史类。高层学位的录取更应关注专业外语的要求，增大对阅读和写作等方面的基本要求，国际关系类的学科可以增大听说能力的要求，但最好局限于专业性的学科领域。采取上述措施，以便达到强化专业教学与科研的效果，推进中国学校教育的健康发展，提升中国学校特别是大学教育教学及科研的水平，推动中国科学与技术事业的进步，起到人才和智力支撑的作用，从而加速实现中国崛起和民族振兴的宏伟目标。

其实向来不喜欢片面地谈论教育的相关问题，而更多在社会、文化和历史中谈论教育的相关问题，即在社会大系统中考虑和反思教育的相关问题，概括为大社会、大历史和大教育的观点。主要存在如下想法：

其一，教育不是象牙塔，不能封闭地看待教育的相关问题，必须在大社会和大历史条件下，分析和探究教育的基本规律，从而强调社会、教育和文化结合的问题。

其二，教育问题并不仅仅是学校教育的问题，而且包括社会教育的问题，强调学校教育与社会之间的联系、学校教育与社会教育之间的结合，主张实行"两条腿走路"的大教育方针，强调学校教育与社会教育的和谐发展，指出目前中国学校教育的发展状况及其存在行政主导的弊病，同时也指出当前社会教育的管理弊病，特别是社会教育的薄弱现状，比如社会教育机构没有承担起教育的社会职能，而是以社会文化机构的形式和构建出现，忽视这些机构应具备教育的社会职能，没有主动地向公民提供应尽社会教育的职责，并缺乏制度性的规定与强制性的措施，以及发挥其社会行政和公民议政的职能，同时在行政设置上导致学校教育与社会，以及学校教育与社会教育的分离，没有积极地发挥其社会教育的职能，导致只起到文化涵养的影响与作用，单纯地采取文化传播的形式，比如举办展览，形式显得过于单一化，没有社会教育的课程及其体系，以及项目、课程、报告、演示、引导、讲解和活动等，其工作人员多以公务员的身份出现，而不是以其中教员的身份出现，很少见到主动和积极的施教举动，并没有为公民所接受社会教育的制度性实施，以及国民优惠参与的特殊权利保障。

中国社会内外有别措施也做得不够，有时感觉正相反，即反而给外国人优惠，这是相当大程度上的决策失误，也与"内刚外柔"的政策精神相一致，这是需要切实改正的方面，否则社会中的崇洋媚外风气仍会继续，给中国社会的发展造成不必要的损失和危害。这就需要加大国民优惠卡的政策，维护国民应享有的根本利益，而外国人则不应享有或区别对待，从而凸显国民的自信和公正。日本正是如此的做法。当然，这也具有选择性，因为这些方面存在国民税收的补贴。外国人在华不应享受或区别对待这种优惠，这也是社会教育的基本内容，具体表现在社会政策和决策过程之中。

社会教育的普及任务应有制度性的明文规定，即要求公民每年接受社会教育的时间和内容，采取义务接受的形式，予以确定和保障，并相应地给予文化参观和见习修学等优惠政策，甚至要求企事业单位和社会教育机构，承担免费对各类学生进行社会教育的任务，对公民采取各种优惠的政策，从而深化学生和公民参与社会教育的各项活动。各类机关、社团和学校也应积极和主动地联络与组织，努力实施学生和公民的社会教育，从而实现社会教育普及，以及学校教育与社会相结合的根本任务，实现在大社会和大历史条件下大教育的根本目标，从而达到教育与教养的结合，推进国民综合素质的提升，以及加速中国的崛起和现代化的进程。

目前中国社会教育系统尚不发达，社会教育的职能在社会组织、团体和机构中并未凸显，而社会教育的内容却大量地浸入学校教育系统，导致学校教育与社会教育的社会职能交互混淆。因此，当前中国需要建立大教育系统，确立社会大系统和大教育的思想观念，将学校教育系统及其职能与社会教育系统及其职能进行明晰划分，并大为凸显社会教育系统及其职能的社会作用，同时需要恢复学校教育系统及其职能的定位，即学校教育应旨在以基础知识和科学技术为主要的内容，培养具有扎实的基础知识，特别是科学的思想、信念、知识和技能，以及创新素质与发展能力的人才，并做到兼以道德、体育和美育等方面的结合，而社会教育则应旨在开展科技普及、文化涵育与发展、社会道德与风尚育成、公民社会的知识和能力等素养培育、社会观念和政治理念达成，以及体育和艺术追求等广泛的内容。其实，只有划分了学校教育与社会教育的社会职能，才能讨论学校教育与社会教育的改革、发展、战略、策略、政策、制度和措施等诸多问题，以及进行教育教学课程、学科和专业管理，以及其他方面的规划、改革与发展。可以想见，社会职能的划分对学校教育与社会教育而言都相当重要，这是当前中国教育改革与发展的基本前提和重要条件，应给予特别关注与重视。

系统观点：教育教学与科学研究

教育和学术问题是社会大系统运行中所存在诸多问题的突出反映，应对教育和学术系统在内的社会大系统进行综合改革，方可以见到较为显著的成效，其中涉及社会福利制度改革、学历和学力（素质和能力）观念、人事制度设计和规划、学术管理制度和艺术、工资制度设计，以及处理行政部门与其他职业岗位之间的关系，推进社会分权化和民主化发展，鼓励各种行业性和地域性的社会组织或团体设立，开展相关领域的实践活动和学术研究（包括管理）。通过上述方面的战略与管理设计，从而在社会大系统的综合改革角度实现小系统运行的畅达，最终达到各系统的自主与协调运行，实现大系统的和谐运行与发展。具体表现在教育和学术系统问题上，则需要集中在如下方面进行战略和管理设计：

其一，转变教育和学术观念。要从社会大系统角度，以及战略与管理层面上，进行由宏观到微观（教育与学术小系统）的机制设计，从而实现学校教育、社会教育，包括文化部门，以及区域和专门机构之间的协调，发挥综合教育的成效。

其二，加强学力（素质和能力）教学。目前中国还处于学历社会的发展阶段，应逐步地由学历教育过渡到学力社会的发展阶段，关注学生与公民的综合素质和专业能力发展，而不应单纯地采用应试成绩为评价标准，也不应只以学历标准评价人的素质与能力，而应采取多元的标准，关键是形成以学力为标准的评价模式。比如在教育成果评价上，不能仅以升学率为标准，评价学校教育教学的成效，应改以历史成果评价，而且要进行综合性评价，最好是进行社会性评价。比如，历史中毕业学生的成才率和犯罪率及就业率等信息统计与分析、典型人物和事例，以及经费投入与成效比率等，其他还应包括毕业和在校学生的评价、区域居民和社会的评价，以及教师和管理人员的评价，而且这类评价应由第三方的非行政机构，最优为专门研究机构实施，在深入调研分析之后提出评价的意见，这样就更有利于改进教育教学工作。

其三，改进外语教学的时段安排。中国学校教育重视外语教学，很多学校从小学一年级就开设英语等外语教学，城市地区有的从幼儿园就开始外语教学，这种外语教育的时段安排不具有合理性，而且效率也并不明显，需要进行外语教学时段的改革。比如，小学阶段（甚至包括幼儿园）不应设立外语教学，中学阶段设立多门外语的基础课选修，大学阶段进行1—2门专业外语的必修课程，研究生阶段则进行专业外语阅读与文献研究，并有计划和选择性地外派出国学习，实施专业课的短期性和有组织游学，以及开辟长期性的海外学位获取，或保留学籍后赴海外专门学习等绿色通道（博士阶段），从而改进学校外语教学的时段安排，提升外语教学和专门学习的效率。

其四，加强科技和国语教学。中国教育亟须将学校和社会教育机构，甚至文化机构中缄默教育的社会功能分离出来，并形成相互之间的联系、沟通和协同机制，从而发挥综合性教育的社会功能。而对学校教育来讲，社会功能主要在于开展科学和技术，以及进行国语（语文）的教学，而语文教学则应更为强调应用性教学，比如雄辩术和写作性的训练，而不应是单纯汉字和文法教学，关键应注重语文教学的应用性和工具性，而科学和技术教学则要注重基础知识教学与能力训练的结合，着力于开发学生科研创新的思维能力和应用素质，从而提升中国科技创新和技术日用化的水平，体现出学校教育教学的核心社会功能。

其五，推进高校招生和考试制度改革。其中的核心是要给予高校自主办学的权力，由各高校来制定招生和考试规则，并具体组织实施，进行自主监督和管理，并放开私立大学的严格管制，从而形成公立和私立大学并行的大学系统或体系，促使形成大学良性的竞争和发展体系。当然，发挥这种体系的社会作用还与社会人才观念和招聘体制存在紧密的关联，也与大学后的人才继续成长和培养机制存在紧密的关联，主要是要建立以学力（素质和能力）为核心的人才体制，进行相应的分类管理，并在建立和完善社会保障机制的基础上，加速人才流动，改革聘任制度，减少工资特别是行业和层级工资的差距，并采取鼓励学术和创新的机制，引导社会建立以科技创新、技术创新和学术创新为核心的社会系统运行机制架构，从而在和谐社会基础上，实现社会的良性和可持续发展，这些方面也将引导和促进高校招生与考试制度改革，从而有利于形成以学力为核心的机制。

其六，改善教育和学术系统的权力配置。教育和学术系统的权力配置现状实质上也是社会大系统权力配置模式的具体反映，但教育和学术系统毕竟具有独特的个性，特别是大学集中有全国智力精英，比如教授和学者型的知识分子群体，群体自身具有较高的社会素养，具有不同的知识背景和学术观点,因此教育和学术系统的权力配置模式应有别于社会大系统中的其他系统模式,主要是要体现自主管理的职权,特别是涉及教学和学术科研的领域。为保障教学和学术科研中的相关权力合理配置,需要给予此群体对行政机构产生影响与作用的权力,比如对校长的选聘和行政权力的监督。而教学、招生和学术科研的自主权则应是赋予此群体的基本权力。因此,教学和学术系统的权力配置要处理好行政和学术、教学等方面之间的关系,要给予教师和科研人员自主权,比如内部职称评定、学术资金配置、学术发展和战略规划、学术课题立项与资助、学术评价机制与实践、教材选用和教学过程掌控,以及教学方法选择、招生与考试评价等。对大学教授而言,上述方面具有极端的重要性,也是教授治学和监督(行政和学术)权力的集中体现。

其七,完善学校内部的系统组织与管理机制。上述多方面已涉及这一点。概括而言,包括学校行政系统和教学科研系统两大部分,关键是要尊重教学、科研和升学的自主权力,比如教授教学科研的自主权和教授会诸组织的参与决策权,具体包括教材选择、教学课程和过程、教学方法和具体形式、招生和评价机制、学术管理和科研自主、参与行政选拔和评价等权力,同时还要达成行政系统和教学科研系统的目标契合,这样才能更好地发挥综合性和整体性的效能。

其八,强化教育和学术系统与社会大系统之间的关联。学校教育系统和社会教育系统(包括文化机构的缄默教育系统)具有不同侧重的社会功能,而且还相互之间交织、形成教育和学术系统,并构成社会大系统中的重要子系统。因此,加强教育和学术系统与社会大系统及其他系统之间的结合,从而形成推进社会发展的合力,发挥教育和学术系统的综合社会功能,而关键在人才培养和科技创新,以及文化传承与发展,集中体现在培养具有较高综合素质(学力和能力)的人才,增进科学与技术教育及其创新,并推进科技成果的日用化,丰富和发展日常社会生活,以及增进中国主体的意识和精神,加强国家和民族的自信与团结,从而在推进教育和学术系统的优质运行与发展基础上，增进社会大系统及其他子系统的优质运行和发展，最终达成中华民族繁荣与昌盛的宏伟目标。

当前，教育研究成果可谓汗牛充栋，但探讨学校教育问题的居多，而从社会大系统层面进行战略性思考的东西则乏善可陈，善至一些搞教育战略研究的专家、学者，也只是在教育领域中探讨学校教育的战略发展问题，这种现象应引起充分的关注与反思。中国教育研究和发展到底存在何种问题，以至成为中国社会发展中的瓶颈。其中是由于思想观念和理论指导的问题，还是发展视域和研究视野的问题？既然中国教育存在的问题也是发展中的问题，难以逾越目前的发展阶段，但如何缩短这个发展阶段，实现中国教育跨越式的发展？这就需要从社会大系统的视界，思考和分析教育相关问题。中国教育系统只是中国或世界社会大系统中的子系统，难以脱离社会大系统中的规律制约。同时，无论是教育研究还是教育实践，都应在社会大系统的框架和背景中进行。当然，需要从中求取规律性的认识，从而形成教育理论的构想，以为教育的实践服务，从而使得教育实践符合社会大系统的运行规律，并能在顺应社会大系统运行的前提之下，发挥教育系统最大的社会功能，这才是教育研究和实践的现实价值所在，这也才是构建大教育系统理论的根本目的所在。

大教育系统理论在教育目标方面更为注重思维能力的培育，更为关注现实社会与教育之间的紧密联系。因而在教育方式上多注重启发式，以学习者为主体，注重教育与社会之间的关系，加强学习者与社会及其教育机构之间的联系与共通，形成社会大系统背景下的大教育观。在微观教学和教育方面，则更为注重学生（学习者）的自主探究、集体研讨和社会联系，而不是在封闭"象牙塔"中求知识，也不是在单纯体力劳动中求发展，而是在社会大系统中构建教育系统的良性循环和运行机制。而这种教育研究和实践视界的变化，必然会引发现实教育制度（或体制、规章和机制）发生显著的发展与变化，而其全部过程及其内涵便构成大教育系统理论所要阐述的基本内容，从而进一步地形成理论分析的框架，为现实教育的改革和发展提供理论指导作用，并引发教育制度、政策、内容、教学和评价等各层面上的发展与变化，促进教育实践更加趋于良性的发展，为社会大系统的运行创造更为有力的人才和智力支持，最终实现教育的社会职能与价值。

日本大教育系统 I：理念与机制

理念：历史与现实

历经短暂的庆应时期之后，日本迎来飞速发展与变化的明治时期，这是日本历史上最为强盛的发展阶段。明治天皇在处理政治事务时，采取一系列改革的措施，集中体现在内政、外交和军事等层面，有力地推进了日本近代化的发展进程。但也还有一些细节性的举措，同样应受到特别的关注，比如建立宫廷学习制度，从而实现学习型宫廷机制建设，提升行政决策的战略性和效率化，无疑这是明治日本获取社会转型和国力强盛的重要内在因素。明治日本学习型宫廷机制建设集中体现为如下举措：

第一，开设"御讲书"。"御"指宫廷，听讲者是明治天皇、皇室成员和宫廷近臣，而"讲书"则说明主讲者为日本当时著名的专家学者，对日本内外的政治、经济和文教等方面有专深研究、智囊型的专家学者。"御讲书"的开设体现出明治日本的宫廷学习制度，开创了以天皇为代表的日本主政者与学有专长的专家学者之间的对话，以及体现出明治天皇倾听智囊建言的勇气与魄力。这项制度的创设有利于丰富主政者的素养、开阔主政者的行政视界，从而为明治日本的科学决策与合理行政开创了重要的条件。

第二，开展"宫廷夜话"。"夜话"至少表现出三层涵义：一是时间概念，表明活动对话的时间在晚上，有可能提供"御膳"。二是地点概念，明确指出在宫廷。三是形式概念，主要采取对话的形式。当然，应该存在单个或多人对话两种方式。其实，这体现出明治天皇在主政期间多与朝臣进行沟通和交流，主动地与主管官员进行单独和集体性的对话，并形成定制，从而增强朝臣建议的有效上传，同时这也有利于天皇认识和了解当时日本国内外的实际情况，有利于准确地对日本国内外的形势做出有效的判断，从而制定出有利于其国家和民族利益的战略决策。

第三，展开"御谈会"。这也是明治天皇实现朝臣沟通的重要方式，同样起到上传下达的效果。所谓"御"，表明地点设在宫廷，或指明治天皇直接参议，"谈会"表明具有讨论、探讨和研究的涵义，同时也具有座谈和会议的意思。因此，"御谈会"应是明治天皇下达指令，召集朝臣研讨关注的问题，从而群策群力、上传下达，保障明治朝政的集体演绎，政令出自宫廷，体现出当时日本存在中央集权体制的根本特征。明治时期日本所确立"学习型"宫廷的机制建设，具有重要的现实启示和借鉴价值：一是需要着力创建学习型组织，才能最大程度上地发挥组织功能。二是政府行政机关应创建学习型政府组织，才能做到集中智慧、群策群力，并做到上传下达、政令畅通，有利于建立民主议政体制，发挥最大的行政效率。近些年来，中国政府日益完善中央领导集体学习制度，这是非常好的机制设计，应持之以恒地坚持，同时政府的主要领导者还应开辟多种途径，加强相互沟通和交流，完善调查研究机制，构建上下和谐、官民共通、政令畅达和行政共议的民主行政机制，从而实现社会繁荣和民族崛起，最终开创中国政治和社会发展的新局面。

明治日本在内政和外交等层面上都进行彻底的改革，逐步地走出封建时代的制度和政策框架，确立"脱亚入欧"与"和魂洋才"的根本指导思想，勇于接纳西方近代先进的各项社会政策，致力于吸收西方近代科技和各项社会制度，从而加速步入资本主义发展的崭新阶段。明治天皇即位之后，日本社会的改革步伐加快，教育转型也取得重大的发展。明治二年（1869）三月，制定大学、中学和小学"规则",逐步地引入西方近代学校教育制度,开始新的学校教育制度探索,这为1871年明治新学制的颁布创造了基础性的条件。"规则"明确规定,允许日本社会中的各阶层,包括华族、士族和庶民子弟入学。华族属于当时日本社会中的贵族阶层,包括公卿和大名,武士为士族,而庶民则为日本社会中的普通百姓,包括农工商等平民。"规则"允许处于社会底层的民众子弟入学,体现出日本学校教育开始具有近代民主化的性质和特征。因此,"规则"的颁布推进了日本近代学校教育事业的发展,也促进了日本近代学校教育的制度化,具有重要的过渡性质与历史价值。明治五年(1872),日本推出多项文教改革的举措:一是开设书籍馆,即图书馆,此后日本社会中出现大量的图书馆设施。二是颁布日本学制,仿效法国学区的模式,对学校教育制度进行资本主义的改革,推进学校教育的近代化进程。三是制定学事奖励的相关政策与措施,推进近代学校和社会教育事业的改革与发展。综上所述,明治五年日本文教改革具有重要的社会价值与历史意义,标志日本教育步入新的发展阶段,并由此进入重要的转型时期。明治十一年(1878),日本天皇颁布"军人训诫",确立"忠实、勇敢、服从"的基本军纪原则,这是加强军人素质建设的重要步骤,也是明治日本走向东亚侵略的重要环节。

　　日本人现今仍然崇拜明治天皇,单独设有明治神宫。在日游学期间,曾去明治神宫参观,内有各种祭奠的设施,并有模仿明治天皇出行时的着装表演。明治神宫是东京都的重要游览地,到达有轨电车明治神宫站之后,经过神宫桥,就来到大门前,其实也并非很高大的宫门,只是进出口,但神宫内大树参天、粗壮高拔,路基多石子铺就,两旁或有标志,或有明治时期常见的红色灯笼,灯笼上是明治时期的原始广告,但到神宫院内,前行便到神水处,大有沐浴更衣之意,只不过现在此处只是供游人洗手,以表圣洁之意。院内四周大多为古典建筑,大有中华风格,中间是广场,游人不算多,但也相当有秩序感。明治出行模仿秀的一招一式大有中国皇帝出行时的微缩景观,但也具有日本技"能"中的呆板和肃穆,虽有庄严之气,但无宏大之慨,只叹日本的"小气",毕竟位于偏狭的列岛。日本人绵延千年,虽内战频仍,但大致未遭受重大的浩劫,因此文化遗存尚多,文物保护工作也做得不错,不管是物质文化遗产还是精神文化遗存，日本都大力地加以维护和保存，不用说如明治神宫这类物质遗产，对非物质精神文化遗存也刻意地保护。日本年历中多注明"年中行事"，内多为日本社会中的传统文化和民俗活动，虽大多具有中国唐代遗存的特征，但也有模有样、细致地表达出古代日本人的社会生活和风俗习性。而这种明治出行模仿秀也正是日本社会中保有非物质精神文化遗存的组成部分。

在日本近代历史发展之中，应大书特书明治天皇，而"军人训诫"正是其整顿武备、蓄谋武力和征伐周边的预备宣言，他的历史影响也奠基于此，以至日本军人长期保持忠诚于天皇、勇敢作战和绝对服从的传统，战斗在外的日本军人还时常地面对其皇宫，进行所谓的遥拜，而二战时的"神风队"更成为其社会中宣扬英勇战斗的典范，以至二战结束之后日本军人还以服从命令为借口，推卸军人的战争责任，这些都与明治"军人训诫"存在紧密的关联，也体现出其对日本社会和军队所产生深远的影响与作用。

明治日本的理念存在由"和魂汉才"到"和魂洋才"的转换过程，两者在释义上存在重大的区别。在东京游学期间，旅居世田谷区祖师谷的国际交流会馆，到附近的 Daiso（戴索）商场，购日文《四字熟语辞典》，内容的最后有"和魂汉才"和"和魂洋才"的释义，于是饶有兴味地认真阅读，觉得相当有意思。《四字熟语辞典》在"和魂汉才"释义中特别谈到，日本固有精神与中国传来学问之间的融合与灵活运用，中国所提供给日本的是"学问"。而"和魂洋才"释义："从日本固有精神与西洋学问和知识角度而言，就是逐步忘却日本人的固有精神，获取和灵活运用西洋先进的学问和技术。"其中，西洋所提供给日本的东西界定为：一是西洋学问与知识，此处与"和魂汉才"相比，增加"知识"的因素。二是确定存在转化的过程，即从对西洋学问和知识的学习，发展到对西洋学问和技术的获取以及灵活运用。

从上述两个成语的释义来看，存在两个共同点：一是学问学习。二是灵活运用。不同点在于学习和获取的内容存在差异：一是学问的内容。二是内容的广度。三是后者体现出西方国家的身份认同。四是后者强调由学习西洋学问与知识，到学问与技术的转变过程。由此可见，当代日本人对"和魂汉才"与"和魂洋才"不同的认识和理解，以及对日本作为西方国家的身份认同，其中特别强调西方学问（科学）与技术的重要性，这也证实现代日本社会中的"三大件"，即神道教、武士道和科学技术（道具）：前两者是日本社会的传统精神（其实并未忘却，只是需要西方的身份），后者则是"道具"，即以"洋才"护卫"和魂"的有效工具。由上知晓日本对中国"学问"由学习到抛弃的全部过程。

日本对"和魂汉才"与"和魂洋才"的释义内涵丰富，足以引起中国人的反思，从而吸收历史的教训，真正地认识日本社会、日本人和日本文化，做到"知己知彼"，方能"百战不殆"，再也不可以关门做学问，惯性地从祖宗遗产中找出路。若再这样做的话，肯定还难以获取中国的社会繁荣与民族崛起。只有认识到别人的比较优势，才会主动地学习，这应成为中国借鉴的经验，同时也是值得吸取的教训。

从社会发展角度而言，日本是具有东方集权色彩的国家：一是吸取中国传统的中央集权体制，实施"大化改新"。二是借鉴西方近代宪政制度，实行君主立宪政体，引进分权化和民主化因素。三是日本固有的民族本性，即神道教与武士道的精神影响，形成具有军事组织性特征的国家。其实日本人最没有"盼头"：天皇实行世袭制，普通日本人不敢问津，若此乃大逆之罪；首相虽为公选，但也多从自民党选出，战后出现少数几任民主党首相，但基本上都是短命政权，即过渡政府。由此看来，日本表面上为多党制，实质上则为一党执政。

日本政府高官盛行太子世袭制，比如小泉纯一郎2008年退出政坛，于是向政府高官推荐，政治遗产由其小儿子继承。说白了就是明言，下次政府召开会议，小泉不再参加，即由其小儿子代表参加，这样其小儿子就顺利地步入政坛，分明就是赤裸裸的世袭制，由此组建出其社会中强大的太子党集团。由此看来，普通日本百姓要想涉足政坛，当然较难，也就"盼头"不大。日本人没有政治上的"盼头"，只好从别处寻找出路，于是就出现其社会各阶层的百姓、学者、专家、商人、农民和渔民等职业身份类别。百姓各安其业，任由政坛大佬之间相互争斗。

日本政坛的斗争过程是协商和质询，最终的结果是让权于民，于是民众就有了选举权，确立地域自治制度，拥有所谓新闻、言论和结社的自由，政坛大佬为获取选票而拉拢百姓，百姓的利益就成为政坛大佬斗争的尚方宝剑，于是分权化和民主化获得深入的发展，从而在政治上就形成日本型的特征，即集权化、分权化和民主化，其中集权化为根本，分权化和民主化为发展趋势，由此就形成现实日本政治的基本样式。

从文化发展角度而言，中国依然为东方文明的中心，这是历史形成的结果，任何力量都无法更改。但近代以来日本通过掠夺和发展，日益成为东方文化的中心，现今这已成为现实，在这一点上已形成共识。主要体现在：一是日本对东方文化典籍和文物的收集与保藏。无论这些图书和文物如何流入列岛，但日本已建成东方文化的保存系统，形成丰富的东方文化资源库藏，这种事实已不容置疑。

二是日本对东方文化的综合分析与研究，显然已成为东方文化研究的中心。日本文化实质上是中华文化的分支，而且存在背叛的成分，但其对东方文化的研究却倾注心力，虽然近代以来背叛的成分日益增多。日本东方文化研究的成果可以说汗牛充栋，主要是近代以来的研究，原因在于通过战争掠夺中国大量的图书和文物，丰富了其图书、文物和资料的收藏，这些文献材料一旦丰富，其东方文化研究的热情也就一时高涨，再加上近代以来其经济丰盈，掠夺了中国大量的赔款，因而近代以来列岛形成了东方文化研究的中心，至今仍旧如此。而近代以来中国文化研究日益落后，最终东方文化研究的中心让位于列岛。

三是日本吸纳西方科技文化，丰富了东方文化的内涵。东方文化注重道德修养，"文"的成分相对较重。而自古及今，日本更注重集权性、组织性和实用性。在近代社会的转型过程中，日本奉行"和魂洋才"的策略。而这种策略与近代中国的"中体西用"完全两样，甚至可以说路径相向。日本注重西方科技文化，从而在东方文化上嫁接了西方科技文化的分岔，于是产生东方文化中的崭新样式，即形成固有东方文化（特别是其本土文化）和舶来西方文化融合的新类型，即日本型文化。

中国人对日本的了解还较肤浅，戴季陶曾有评判，周建人有论及，蒋百里也有论述，但仍不能提起中国人对日本的研究兴趣。在中国人印象中，日本总与"小"字相联系，提及日本总讲其资源贫乏，仿佛就是一无是处的代名词，可以作为垃圾一样弃之不顾。其实日本的资源相当丰富，比如地热和海洋资源，特别是渔业资源，而并非就是惯常所称的资源贫乏国家。明治以来，日本经过资本主义的飞速发展和殖民侵略，累积了极其庞大的物质基础和文化资源，不管这些东西是偷还是抢来的，乃至日本自己为落实东亚殖民政策，发展或创立起来的，反正都为现代日本社会和文化的发展奠定了较为牢固的基础。

即使出现二战的败北，也未能完全冲击和毁灭日本上述的物质和文化基础。朝鲜战争之后，美国加大管制日本措施的松绑力度，促使日本不仅在经济和科技上恢复元气，获取经济大国的地位，成功地进入西方发达国家的"俱乐部"，而且还恢复天皇制度，延续"万世一系"的天皇统治传统，并恢复明治以来所创立和发展起来的一系列国家政治制度，包括参拜靖国神社，右翼势力也随之膨胀，大肆地对历史等问题进行翻案，甚至否定"南京大屠杀"事件的历史存在。可以想见，除美国在日驻军，日本基本上恢复到战前政治的状态。虽然日本军队还叫自卫队，军备发展受到部分的限制，难以凭借科技上的实力进入军事大国的"俱乐部"。但日本借助于美国的力量，不仅获取琉球的管治权，而且还利用美国驻军琉球，有效地护卫其战后脆弱的防卫，并对中国的东海和钓鱼岛群岛等固有领土声称主权，有效地牵制了中国的防卫力量。

日本还利用庞大的经济基础，伙同西方发达国家，倡导围堵中国，借以削弱中国的影响力，迟滞中国社会发展的步伐，并利用中国的对外开放政策，成功地打入中国社会内部，以及利用中国人游学生和在日华人等搜集中国的情报信息，展开对中国社会情报信息的分析和研究，在某些方面甚至比中国自己的研究还要深入与细致。同时，日本还利用中国人反政府力量，分散中国社会的凝聚力，甚至制造中国社会内部的矛盾和问题，制造所谓"中国威胁论"，在国际社会大造反华舆论，采取外交和现实两种态度，大肆地分化中国的社会实体。

在上述方面,可以说既存在系统思维上的表现,也存在诸多细节上的表现。在国际交流会馆和祖师谷公园合办的社区文化祭上,就反映出诸多的问题,比如存在公园招贴海报和悬挂会馆正厅上的国旗问题,其中就存在浓烈的反华邪性。战略上也是如此。麻生首相一面强调与中国存在所谓"共同利益",同时又具体落实"自由与繁荣之弧"思想理论,并在日本国内制造田母神俊雄"右翼征文"事件,实施国际政治和外交上的"双簧"策略,即以历史问题掩盖现实焦点,体现出复燃军国主义思想的险恶目的。可以想见,这不是单一、纯粹和偶然的历史翻案事件,而是系统和复杂的社会思维问题。

日本军国主义是否存在复活的可能?若在中国网络中进行调查统计,获取可能复活结论的比例,肯定会相当高。因此可以说,看待日本社会中出现的诸多事件,特别是历史敏感问题中的相关事件,需要多角度地运用系统思维,从整体和细节两方面来深入分析与探究。因此,中国人若要了解日本的真实,必须切实从日本社会中的各种事件或具体细节入手,而不应虚浮于固有的定论,甚至日本社会中的所谓调查数据。

从教育发展角度而言,日本教育与社会存在紧密的联系,形成了普及、秩序和有度的教育发展特征,而且构建了涵盖学校教育系统和社会教育系统的教育结构体系,各种社会和文化机构不仅发挥缄默教育的职能,而且承担教育的社会职能,形成覆盖其社会生活的终身(生涯)学习和大教育系统或体系。其基本特征集中体现在如下三方面:

一是日本教育的普及性。日本不仅拥有发达的学校教育系统,而且拥有目前完善的社会教育系统(包括文化机构设置),但前者为中国人所关注,而后者则为中国人所忽视。日本学校教育系统发达,已达普及大学教育的程度,而目前中国大学入学率还只相当于日本20世纪70年代的发展水平,虽然规模比日本现在还要大。日本学校教育注重培养人的素质和能力,即学力,而不是单纯地实施知识教育。

二是日本教育的系统性。在日本社会中,学校教育系统、社会教育系统各司其职,但又相互贯通,构建出学校与社会、家庭与社区,以及国内与国际沟通的施教网络，并形成有利于培养学生（甚至公民）素质和能力的教学方法与程式，从而实现教育社会化和社会教育化的结合，致力于实现大教育系统的目标，具有强烈的系统性特征。

三是日本教育的有序性。日本社会对学历并不过度地关注，更强调培养人的素质和能力，而不是学历，其社会岗位对学历没有过高的要求，一般只需要"大卒"（本科毕业）学历程度，即学历对日本人的就业影响并不大，在科研和大学教育岗位上也是这样。

在日本的大学中，多有本科学历的教授，而在具有博士授予单位中的教授，会天然地成为博士研究生导师。原因在于日本人教授的成长存在如下两种路径：

一是学历提升，博士培养，即通过由本科、修士（硕士）和博士的学习路径，从而走上学术研究和大学教学的生涯，而这条道路中的教授对学生的选拔具有较大的影响，而且其博士学位的授予在各大学都较严格，比如在东京大学、京都大学和早稻田大学，有的学科过去甚至数十年来不授博士学位，比如法学科目。由此可见，日本人学生走上由本科到修士再到博士的学术成长道路并非捷径，多数攻读博士学位者皆以"博士课程修了"而离开这条学术路径，开始自己的职业生涯，当然大多还是到大学去任教，从而延续学术发展的道路。

二是先做助教，再做教授。日本教授的生成并不像现今的中国大学，后者甚至规定只有博士才能上讲堂，前者是对具有学术性向的大本毕业生进行培养，并实施助教制度，教授可以申请聘用助教。助教为职业岗位，拥有工资等级，同时助教为教授的教学和科研服务。日本有些副教授也可以因工作上的实际需要，申请聘用助教，而助教则可以再在教授的科研和教学业务中学习，这有点像中国古代匠门带徒弟的形式。做完任期工作之后，助教可以到大学应聘教师岗位，从事教学和科研工作。当然在选择助教前，教授会有所考察，即看是否具有学术上的性向和能力，如同修士和博士前的选择程序。进入大学教师岗位之后，助教就可以按照正常程序，依次晋升副教授和教授岗位，其他没有过多的影响。因而在日本的大学中，较多存在只有本科学历的教授，而且招收修士和博士研究生，有些还是相关领域中屈指可数的著名教授，具有相当高的学术造诣。

日本科研注重论文审查和有序发表，而不像中国这样的由编辑选稿，即较大无序性的发表模式，同时鼓励博士研究生编辑专业研究论文。在日本的大学中，学术发表必须先由两位教授提供评审的意见，而且这还将会影响到教授的学术声誉。只有在两位教授联名同意之后，学生的论文才可以进入发表程序，而且学术论文的篇幅一般较长，多达两三万字左右，学术质量的要求极为严格，从而可以有效地保证学术论文发表的质量与水平。

偶尔观看到日本大学史的电视节目，主要的论题是日本高等教育中央审议制度的历史进程，其中的内容包括多次高等教育的政策审议，比如高等教育机关的多样化；教育课程改善；一般教育与专业教育区分的废止；高等教育开放与资格认证制度的建立；教育组织与研究组织机能的分离；高等教育相关规模的适正化和管理运营体制的合理化；教员人事和待遇改善；国立和公立大学设置形态变更与新形态法人；国家财政援助方式的确立等，并讲述日本高等教育相关政策的形成，比如单位累积加算制度等。正是由于日本高等教育政策的发展，促使其高等教育事业出现重大的变化。日本大学教育（包括大学、短大等）进学率存在发展与变化的过程：20世纪50年代左右，日本高等教育进学率已达20%—30%，基本上相当于中国目前23%（2008年）高等教育入学率的水平。日本高等教育进学率2000年达50%，2008年达90%以上，加上高等专门学校等专科教育进学率，其实已达到普及高等教育的发展水平，即日本所称的"全入"时代。

日本目前还存在单独设置的女子大学，这是近代以来男女分别设学遗存下来的大学教育形式，也是中日传统文化中的男女授受不亲思想在日本社会中的现实表现形式。日本却从近代到现代一直传承下来，依然保留女子大学的设置，比如昭和女子大学、东京女子大学，以及其他女子学园。日本学校教育不仅存在女子大学，也存在以女子为对象的基础教育学校设置。近代中国也曾出现女子大学，比如北平女师，但现代中国大学教育逐渐地实现男女并学的局面，起因于北京大学蔡元培主政时期的首招女生政策，并由此形成普遍性的女校与男校合并,从而形成现代中国学校教育中的男女并学局面。回顾中国学校教育中的女子单独设学历史,以及近距离地观察日本女子单独设学的现实,其实两种现象并没有过多的优劣,只是在设学方式上存在某些特点,而多样化的办学也应纳入可以允许的范围,即中国学校教育可以允许个别办理以女子为专门对象的学校,专门开设女子课程。在男女并学的学校中,也可以开设以女子为对象的专门课程。其实在现代学校教育中,这些只存在办学方式上的不同,而无实质上的差异。甚至可以说,男女并学还可以允许男生参与女生课程。在开放性社会中,这种做法也应在可以允许的范围之内。由此可知,虽然吸收与借鉴要考虑中国的现实国情,而不可以无鉴别地照搬照抄,但允许各种异己形式的存在,其实也是思维模式的开放性体现,为现代社会和教育所允许的范围。当然在现代社会和教育实践中,上述也都是无可厚非的办学形式。

日本社会注重幼儿数独训练,即在方框内有顺序地安置数字,具有一定的规则和要求,主要为1—9数字的合理分布,保证横列、纵列和9小框内的数字不重复出现,最终实现完整的数字矩阵模型。这种安置数字的技巧训练有助于培养幼儿运用系统思维的方法,以及统观全局的视野,从而培养系统思维的素质和提升统观的能力,并由此达到解决问题的训练目标。数独训练对日本幼儿智力和能力的影响与作用到底存在何处,以至有的日本成人也热衷于数独游戏,其中到底存在何种规律,在现实社会中起到何种作用?有时甚至猜想,数独游戏是否与日本暗号(或密码)存在某种关联,这是值得分析和推敲的问题。

日语"生活缀方"问题已困扰好长时间,通过查询词汇概念及其基本内涵,了解到作为日本教育教学的形式,其主要涵义是一种体验式的作文和知识教学的方式,即学生通过对日常社会生活的细心体验,并将这种体验的感受记录下来,这种作文和知识教学的方式就是"生活缀方"。日本学校教育中目前还存在灵活运用这种教学方式的实例,这也是其教育注重日常社会生活的重要体现。

日本学校也注重实验教学,甚至观看到秋田工业学校进行飞鱼实验的电视节目。其中主要讲述日本海中飞鱼的飞行原理，最长时间竟能飞行54秒钟。秋田工业学校的学生和教师所做的飞鱼实验，就是研究这种鱼类飞行的基本原理。实验在野外进行，飞行的动力是通过弹力将飞鱼模型弹射出去，飞鱼模型中装有真实飞鱼相似尺寸和样式的翅膀，凭借弹射力和翅膀平衡的作用，这种飞鱼实验还真获取了成功。由此可见，日本学校教学并不仅存在掌握书本知识的要求，而且还根据基本知识原理，对现实生活中发现的问题，展开实验研究，从而揭示自然界中存在的奥秘，最终达到教学的效果，既证实基本原理，丰富学生知识，同时又培养学生分析和解决问题的能力。这项实验的具体制作和操作都由学生集体完成，无形中能培养学生操作和动手的技能，以及团队合作的精神。因此，这种教学模式有利于提升学生的综合能力，确实是值得借鉴的教学模式。

  日本漫画和动画产业发达，已成为其重要的文化产业和出口部门。近些年来，日本漫画和动画的国际影响日益扩大，不仅涉足东亚区域，而且蔓延到美国等西方国家。中国电视台和制作公司目前都关注日本漫画和动画，虽然中国在漫画和动画产业也在发展，但总体实力还远未及日本的国际影响。日本漫画和动画产业在中国市场中占有较大的份额，这是需要关注的战略问题。中国大学现在当然也设有漫画和动画专业，但还只是起步的阶段。中国动画片的制作已有开端，并且也生产出几部具有影响力的作品，但还存在较大的发展空间。

  其实，日本漫画和动画来源于中国的影响，比如中国传统影视剧《西游记》中孙悟空的俏皮形象，就是较好的漫画和动画原型，对日本漫画和动画研究与产业发展具有重要的影响与作用。漫画和动画产业具有广阔的发展前景，确实是蓬勃的朝阳产业，不仅具有较大的市场价值，而且还具有教育上的意义。从教育产业发展角度来看，教育漫画和动画产业也具有较为广阔的发展前景。因此，中国社会应关注教育漫画和动画产业的发展，建议成立教育漫画、动画研究与推广公司，专门从事教育漫画研究和动画制作，用于教育上的用途，并采取必要的措施进行社会推广，从而推进中国漫画和动画产业的发展与壮大，并逐步地扩展在国际上的影响力。

日本社会还非常注重科学技术研究及其普及教育。2008年，日本在诺贝尔奖项目上大获全胜，共有三位日本人获诺贝尔奖，还有一位日裔美国人获诺贝尔奖。日本诺贝尔奖获得者小林诚和益川敏做客NHK电视台，与小学生进行对话，勉励后者要注重科学技术知识的学习，从而为以后日本社会的发展做出更为突出的贡献。由此看来，2008年是日本人的诺贝尔奖年。甚至有外国媒体戏称，2008年中国举办体育奥林匹克运动会，日本则举办智力奥林匹克运动会。虽嫌诙谐，但也令人不胜感慨。中国决策者和有识者应反思学术科研体制，特别是学术科研投入体制，强化和实现学术科研的科学发展，为广大学术科研工作者创造更为良好的学术环境，从而有力地推进学术科研事业的持续发展，加速科学技术研究及其成果的广泛应用，从而为生活便捷和社会进步做出科技上的贡献，以及提供科技上的支撑，最终改善社会生活和造福人民大众。

日本社会极为重视学力（即专属的能力），因此其学校特别地注重学生的主体地位，经常进行全国性的学力调查。在东京游学时，曾经前往东京学艺大学校内书店，购得两本日本学力研究的相关资料：一是志水宏志著《全国学力テスト：その功罪を问う》，东京：岩波书店，2009年版。二是《教育》杂志，2009年第2期，特集《全国学力テストと学力论の再检讨》，都是集中探讨日本全国学力测试问题。在前往学艺的轨道电车内，还看到一则极有意涵的广告词，译文应为"主持是学力"，强调善于做主持，认为也是学力的一种形式，给人以深刻的印象与思考。

日本社会在强调学力的同时，对学历却表现出冷淡的态度，社会用人的准则多以岗位和能力为标准，以薪酬为介质，而较少论及学历的高低，本科水平为大多数用人单位考虑的学历要求，博士具有更高的原初起薪，用人单位多不愿采用、慎之又慎，多见用于科研院所和大学，社会单位采用的不多，因为日本社会存在如下两种因素，从而导致博士紧缺：一是读博者不多。因为日本社会习惯上将非学历因素作为就职的主要条件与要求，博士在社会单位就职并不占有比较优势，故而读博者不见多。二是攻博者难毕业。日本大学对博士授予存在严格的要求，东京大学、京都大学和早稻田大学等著名高校，存在极为严苛的博士学位授予要求，以至很多专业数十年才出一位博士，比如法学，博士授予单位往往一年中只授一二名学位，要求十分严格，十年读博而毕业不成的大有人在，可见"一博难求"。

由于存在上述多种原因，日本人更重视学力，从小学甚至幼儿园开始，注重能力的育成，同时教育方式灵活、过程活跃，学历并不是学生、家长和教师追求的目标，不会成为其社会对学校和教师等评价的标准，更不会成为教育行政追求的绩效标杆，整个教育和教学以及学生成长和成才的过程，都致力于提升学力，即关注学生能力和素质的育成，以至学校中充满有利于推进学力发展的教育教学因素，而不是将教育教学仅限于狭窄范畴，因此在课程、教材、教学方式、设施配备和教科书采用等方面，都体现出遵循灵活机动的原则。

但这并非意味着没有升学上的竞争。在日本学校规定的休假日，却见到学艺附属学校的学生放学。从学生特征来看，应为中学二年级（相当于中国的初级中学，因为日本高中称为高等学校，一般另外分门别类地设为独立校），这群学生背着书包，看样子负担不轻，有的甚至还拎着提包（其实日本中小学生的书包负担远比中国学生的要重）。由此判断，他们是假期增加课程的学生。因为日本中学三年级也面临全国统一以及各种其他考试，并关系到学生的发展前程。学校和学生（及学生家长）都相当重视，增加课程的措施是日本仍存在应试倾向的鲜明体现。但日本应试却与中国存在差别，其重视学生（职员）毕业何种本科大学，而对本科之后的学校及其学历并不重视，甚至攻读博士阶段能顺利毕业的较少，大多为"博士课程修了"，社会也并不看重高学历，本科毕业之后先作助手，然后成为教授甚至博导的很多，科研成果还很丰硕，并不在乎拥有何种学位，在评聘职称和职务时也较少考虑本科以上的学历因素，主要是看学术科研上的成就，此即日本学力社会的集中表现。应该说，中学三年级的考试关系日本人学生升入何种高等学校（高中），以及步入何种大学，当然也会关系到由本科到修士（硕士）和博士的学习阶段。

系统：模式与机制

日本主要负责教育的机构是文部科学省，其真正的内涵是负责教育、文化、体育、科学和技术（MEXT）的管理，日本教育系统图也明确表明，其中包括学校教育系统和社会教育系统，而日本社会存在的诸多文化机构，也都纳入社会教育体系，形成文化机构与社会教育机构的社会职能合体，文化机构也承担社会教育的职能。实质上在日本社会中，参与社会教育的机构繁多，除文化、体育和科技等社会部门外，比如政府、消防、军事、商业和神社等机构，都有可能成为社会教育的机构，并且分担着教育的社会职能，更不要说日本社会中的区域性市民组织，比如公民馆、儿童馆、博物馆、文化馆、军事馆等，诸多社会机构不仅承担文化涵育的职能，而且主动和积极地开展社区和社会性的教育活动，承担教育的社会职能。

综上所述，日本教育系统（或体系）设置已实现社会教育系统与学校教育系统的有效整合。而在这一点上，中日两国之间存在显著的差别：中国教育部主要负责学校教育的根本职能，学校教育系统相当完善与健全。但与之相对应，则社会教育系统明显地呈现为不完善与不健全，文化机构的设置非常有限，且更多地发挥文化涵育的教育职能。按现代教育术语来讲，就是承担缄默教育的社会职能。而实质上社会教养不能脱离社会教育。由此可见，缺失社会教育系统是当前中国教育系统构建中的软胁，应该给予足够的重视。只有完成学校教育系统与社会教育系统的有效整合，再加上文化机构发挥文化涵育或缄默教育的社会职能，中国才算形成比较完善和发达的教育系统，大教育系统才可以说初步获取构建。中国教育应吸收与借鉴日本的经验，转变教育观念，开放教育思维，切实地扎实推进教育改革，实现社会教育系统的整合与大教育系统的构建，发挥教育系统的综合功能，推进新世纪教育的综合发展，从而培养出具有更高素质和能力的适用人才，发挥教育系统应有的人才支撑与智力作用。

日本大学教育系统基本上形成国立、公立和私立等不同的大学投融资模式。前两者为政府投资为主，后者为社会融资为主。在管理方面，后者比前两者拥有更多的办学自主权。比如，前两者在招生方面，学生入学的资格由两次考试决定：一是全国性的统考，这是主要的依据。二是大学独立考试，这是在前次基础上进行的，各大学在时间上会有错开，学生可以任意、多次参加各大学的独立考试，由各大学进行录取，最后的选择权在学生及其家庭。但后者就比较简单，除著名大学可能会参考第一次考试成绩外，私立大学具有招生上的较大自主权，一般只通过大学独立考试来进行取舍。日本大学教育目前逐步进入普及化的阶段，因此只要想进入大学学习，都会拥有学习的机会。私立大学和部分国立、公立大学为所有学生提供学习机会。

日本国立、公立与私立大学在分科设置中有所区别：前两者主要注重理工科，因为需要大量实验建设的投入，私立大学难以办到，而政府投入可以解决此问题。因此日本政府重点对国立和公立大学进行资金投入，特别是在实验设备等条件的投入上，而后者则较多地进行文科以及实验设备需求较少的理论学科，这样私立大学逐步形成偏重文科的发展倾向。日本国立、公立与私立大学的社会职能分工也具有借鉴价值，不仅有利于改善政府投资教育的效率，而且有助于促进私立大学的发展，做到各尽其能，为社会培养需要的各类人才。

中国国立、省立与私立大学的社会职能划分不清，国立和省立大学独揽其大，私立大学的发展空间狭小。随着综合大学独立学院的设置，私立大学的发展空间显然更为狭小，这种教育资源的配置难以推进私立大学的发展。但独立学院的发展是否是一种创造，具有符合国情的比较优势，这是有待深入研究的课题。关键是政府的教育资金应大量地投入理工等实验科目和院系，人文学科可以通过社会融资的方式进行。因此，独立学院可以将人文学科作为重点，以及更为强调理论和应用学科的教育，这样就不会太多地占用有限的政府资金，并能对国立、省立大学起到促进的作用。但如此看来，中国私立大学何处去，确实存在很大的问题。日本对私立大学也进行部分的资助，特别是学术科研经费上的资助。

日本大学教育机构重视学术科研，不仅为副教授以上的教学科研人员设立助手制度，提供相对优越的办公和科研条件，而且教授的权力明显地大于行政的权力。教授会的权力相当大，教学和科研等事项必须经过教授会的议决，行政不能插手和干预教学与科研，即行政就是服务和执行。教授会还具有对行政的执行进行监督的职能。因此日本大学的行政人员对处于教学和科研岗位上的教授充满由衷的敬意，随时表现出谦恭和尊重的态度，而不是国内大学中所出现行政人员对搞教学和科研教授的轻慢、瞧不起，甚至有的人将科研成果当成走向行政岗位的垫脚石，同时大学还不提供较为优越的办公、教学和科研条件，随时为难教学和科研人员，以及大学决策中没有教授发言的机会。

日本大学还注重教学管理设施的配置。比如在教室的安排上，大小教室各有设置：50—80人的大教室，20—50人的小教室，还有10—30人的发表室。教室座位的安排也各有不同，有直板和半圆等多种类型。发表室有点像中国单位的会议室，室内的桌子就是会议桌的布置，但有的研究室也就是长桌拼成的四方形，但教室和发表室内的设施较为齐备，比如影像接收器（或屏幕）、投影仪、黑板，有的发表室还配备复印机、打印机、台式电视、洗手池等设施。日本大学图书馆的布置也有独到的地方，比如设置开放式的阅览室、特设的研讨室、自动刷卡的复印机、连体系统的打印设备，并设有上网室，全部免费提供学生上网使用。图书馆还不时地搞些展览，丰富校园文化生活。在实验室设备布置方面，据东京大学博士生介绍，研究设备比较先进，内部仪器较多，并提供每人一台电脑备用，应该说也具有相当的比较优势。

拥有上述这样的教学和科研环境，再加上政府提供大量的科研经费，当然就会产出大量、有质量的教学和科研成果。若能做到这样，中国大学的教学质量和科研水平也会迅速地获取提升，也就不需要再搞本科教学质量评估的事情。

日本的大学校长选聘和辞任自主权在大学，主要由大学负责组织选聘，当然也存在大学之外的人士参与，但至少文部省或其他政府机构不会主导大学校长的选聘和辞任，而是由大学依据法定的程序，自主地做出相关合理的决定。在《日本教育新闻报》上看到一则消息：日本大学（特指具体大学名称）于2008年6月19日进行总长（校长）选举，此前由总长候补者推荐委员会加以推荐，从而推出由现任总长小屿胜卫和生物资源科学部长兼副总长酒井健夫出列竞选。全校拥有2809张选举人票，参与者2629人，180人弃权，总投票率为93.6%，最终前者获1111票，而后者获1442票（总共有效票共2553票），从而酒井健夫当选，并将于9月1日上任日本大学第12任总长，任期为三年，而原总长小屿胜卫则落聘，重新回到学部担当教授。诸如这种的变化之所以成为现实，原因就在于日本的大学已存在校长选聘的原则和规制。日本的大学校长与教授之间没有明确的行政权力关系，充分地体现出学问自由与大学自治，大学教授拥有重要的行政和学术权力，承担大学中的学术责任。日本的大学校长辞任也依照制度而行、有章可循。如此而来，日本的大学校长选聘与辞任制度具有借鉴之处。

从日本大学（特指具体大学名称）总长选举过程来看，其中的做法体现在如下方面：一是日本大学总长选举先由组成的推荐委员会推荐人选。二是选举有一定的身份限制，比如正式职员，或多少年限的在职等。三是选举统计是分学部进行，处理得相当规范，此次推荐人选为两名，从而超半数当选。四是推荐人选一般为现任总长、副总长和学部部长等身份履历，而且为大学现职岗位的职员。五是总长任期三年，但可以继续连任，也可以通过选举下台。

综上所述，目前中国大学校长选任和日本大学总长选任的明显差别体现在任命的方式上，从而造成校长选任程序存在明显的不同，而关键是体现出中日两国大学在学问自由与大学自治上存在的制度差别。中国大学内部的管理机制改革任重道远，在学问自由和大学自治上也仍路途迢迢。比如，校长选任和学科专业设置的权力应归于大学，政府切莫再做诸多越俎代庖的事情，这样会影响中国大学的健康和持续发展。因此，中国大学需要突破行政主导型的管理模式，需要教育行政理念的重大发展，否则将不可能获取崭新的突破，管理效率和教学质量也难以获取较大提升。若再这样做的话，再多教学评估也将无济于事。

教师（或教授）在日本大学中绝对处于主导的地位，职员（或行政领导）

只是处于辅助的地位。日本大学普遍地设立教授会组织，教授会在其大学中具有核心地位和重要作用，行政人员对教授存在自觉的尊重，教授对大学校长的选聘、学术人员的管理、学术成果的评鉴、形成课题的研议、学生招生的政策等大学内部诸多学术和行政事宜，都可以提出相关的建议，以及产生现实性的影响与作用。比如，在教员职称晋级评议或大学校长选聘时，教授会都会发挥重要的作用，充分地体现出教授会在大学内部学术和行政上具有的影响力。日本大学教授会甚至审议相关财务问题，特别是牵涉学术资金管理等方面的相关问题。由此可见，教授会在日本大学内部管理中具有不可替代的重要地位与作用。

日本大学副教授以上即可以拥有自己的研究室，都按照相关规定挂牌办公。承担某些行政和教育科研业务以外的副教授、教授，可以申请委派助手，此即助手制度。副教授、教授所在的楼层必有用于发表的研讨室，主要供修士和博士生开展课程和论文发表的用途，因为日本大学的修士和博士学习大多只开设发表课程，因此发表室为必备的硬件，内部硬件与中国的研究室相比，相对来讲设备显然更为齐全。日本大学职员（或行政领导）一般采用大办公室隔间设置的办公形式，即使身为课长，也必安排在职员大办公室，以利于及时做好协调与组织等事务工作。日本大学职员对教授相当尊敬，存在身份和地位上的明显差异，而办公硬件只是其中的一方面，关键是在大学内部管理中的话语权，以及工资待遇等方面存在的较大差距。

日本大学教育还比较注重教授的想法，没有固定的教材和大纲，教授拥有教学自由和决定权，体现出教授治学的特征。日本大学教师由教授会聘任，实行年薪制。若工作量较多，可以另加酬金，力求在五年内平衡各位教师的工作量。五年内教师可以带薪休假一年。教师职称由教授会集体决定，主要考核教学科研成果，其中特别偏重科研成果的质量。但学校并不对教师进行定量考核，也不将科研成果纳入奖励的范畴。科研项目的申请由教师本人申报，专门课题由编制组织提供经费，但年终并不纳入教师的考评，也不提供校方或系部奖励。教师在聘期结束时会有考核，除非存在极其严重的情况，教师岗位一般相对比较稳定。评价由教授会最终做出。有的教师发表论文和著述较多，有的教师多年不发表或出版著述，但都并不会影响其年薪和聘任的岗位，当然可能会对职称的评定造成部分的影响。但日本大学职称评定既不看重学历（本科学历也有可能优于博士毕业者），也不看重资历，评价的唯一标准是学术成果的质量，当然数量就更不会成为职称评定的标准，其他方面（比如学历，资历、关系和职务等）也并不看重，教授会具有职称评定的绝对权力。基本的做法是通过集体投票决定，特别是没有行政上的干预，从而有利于确保学术科研的质量标准，以及保证教授队伍的整体素质与水平。

由上可见，日本大学内部管理已显著地呈现出教研型模式特色，这与中国大学内部管理中的行政型模式特色形成鲜明的对照。在当前大众化教育的发展情势下，中国大学内部管理需要实现由行政主导型向教研主导型模式特色的转变，这样才能适应目前中国大学教育发展的迫切需要。

日本现已进入大学教育的普及（全入）阶段，大学招生考试选拔机制具有弹性和灵活的鲜明特征，主要存在日本国家考试中心机构统考、日本各大学自主出题招生选拔考试、日本各大学学部组织的面试（主要是初步的小论文发表）三种形式。日本国立大学在录取方面，承认日本国家考试中心机构考试成绩，相当多大学依据此项成绩，录取部分学生；国立大学自主考试录取部分学生，录取人数和与前一项的比例由国立大学自主把握，体现出大学招生的自主权；需要经过面试的程序，合格后才能录取。日本公立大学采取与国立大学相似的做法，但自主招生的比例更大。日本私立大学在录取方面：保证大学自己的招生权；大多举行自己的招生考试，且存在多次考试录取的情况；对统考的分数大多采取参考的态度，而非作为重要的依据；需要经过面试的程序。

日本大学教授在研究生招生和毕业中具有较大的话语权，也具有较为现实的取舍权，这是日本大学院制度给予教授的学术指导权力。因此在多数日本大学院课堂教学中，存在较多预科学生，即在未获录取但心怡某位教授之后，准备报考的学生会主动上教授的指导课程。由于日本大学院教学多采用学生发表的形式，师生在互动中实现教学的过程，因此当预科学生进入教授教学课程之后，就等同于其他的正式研究生，需要准备发表材料，做正式的发表，教授也通过这样的途径，以及实际的接触和了解等方面的途径，考察预科学生的学力情况。最终存在两种情况：一是明确告知预科学生，难以胜任学科专业学习，或建议报考其他教授。二是基本上认可预科学生，允许参加小论文及其发表（面试和笔试），甚至免试入学，获取正式的研究生资格（修士或博士生）。可以想见，日本大学院教授对招收和毕业学生的掌控程度（在研究生毕业过程中，日本大学教授职权也较大，首先是经过教授的允许，才能进入答辩的程序，通过答辩获取毕业）。

日本大学院招生需要通过小论文、面试（发表）、笔试和预科考察等环节，先是要求报名的学生提交小论文及其发表（面试环节），博士生提交修士论文，规定只有修士论文评价达到A级，方可以报名；笔试以当场撰述小论文的形式，一般在5—6个题目中选择2—4个题目完成，题型有点像中国博士生考试中的论述题，但日本小论文更强调成文的基本格式，以及应试中对答内容的创新性（或不可重复性），依靠苦读硬记方法或难以奏效。修士入学考试也基本上是这样的出题方式，只是难度和对答标准存在差别；预科考察前面已论述，教授能直面预科学生的综合素质，并具有绝对的取舍权。

外国人学生的标准当然存在差异。海外公派博士学生一般先要将在其母国完成的修士论文译成英文或日文，然后进行发表，教授以此来判断学生科研素质，同时这也是搜集其他国家修士论文质量和标准的重要手段。教授若对修士论文及其发表表示基本满意，有的进入考试的程序，有的则直接进入博士学习；若不太满意，还需要进入预科学习，再通过正常的程序，参与下次全程的考试，这也与教授的意见存在紧密的关联。2007年，同来东京各大学博士生中，有的免试入博学习，有的要通过修士论文审查，有的则要进入预科学习之后，再通过考试的程序。日本各大学院教授的态度不同，各博士生就会出现不同的学习过程，但海外公派博士生鲜有不能进入日本大学院就读的，但也不能排除存在特殊的个例。

日本大学院教育在修士阶段存在学分上的要求，但更加关注学生综合素质和思维能力的培养，实施小班制上课，一般在4—15人，最佳维持在10人左右。小班上课不再是灌输式教学，而是由学生准备材料后进行发表，其他同学和授课教师参与，并向发表的同学提出相关问题，相互之间进行讨论、争辩与分析，并在小班内要求每人都有发表的机会，最多发表的次数为两次/周·生，可见其频率相当大，而学生发表的材料逐步地形成其今后的研究取向与选题定位。日本博士生培养不再要求学分，并充分地采取发表的形式，一般比较难以获取日本大学的博士学位。但近些年来有点松动，因为这种情形会妨碍海外博士生的招收，文部省因此进行部分的干预，主要是针对东京大学、早稻田大学和京都大学等，即以前难以顺利拿到学位的著名大学，特别是其中的法学专业。会馆中也有十年在日攻读博士学位、尚未毕业的中国游学生。早稻田大学也有十年未拿到学位的中国游学生，现已在日本的学校工作，同时还在攻读博士学位。

日本社会对科学研究的评价并不依据学位的状况，而是直接依据科研成果的质量，保证科研成果的真实性和创新性。发表论文一般必须具有教授两人以上的推荐，推荐者需要用信誉担保；杂志和书籍收录文章时，不仅要看教授的推荐，还要通过审查委员会的审查，其并非虚拟的组织，而要切实地担负稿件审查的任务。日本社会高度关注信誉，一旦发现出版或发表的科研成果存在抄袭或窃用的成分，不仅作者信誉扫地，以后其科研成果将不再受到社会及同行的关注和引用，而且推荐者的信誉也将受到较大的不良影响，由此就基本上杜绝这种现象的存在，人情稿件也就相应地灭迹。

日本在职称评定时，科研质量上坚持把好两道关卡：一是科研成果的发表关卡，从而保证科研成果的高质量。二是科研质量的评价关卡，从而科研评价只看成果的本身，学位和职务等因素都不予考虑。博士头衔并不能代表学术水平及其评价，因此日本有许多本科学位的科研大家（教授），由此可知晓日本大学博士学位授予异常严苛的机制原因。若存在科研水平低的博士获得者，不仅有损教授的导师形象，而且对整个大学博士培养的质量和信誉也产生诸多的负面影响。因此在日本著名大学中，十年没有拿到学位的，或拿到著作（论文）博士的，或干脆读完博士课程、没有拿到博士学位的，各种情形都普遍性地存在，好在日本在职称评定和待遇提升等方面并不看重学位因素，或许这也是其科研发达的重要原因。

在博士授予观念上，中日两国存在显著的差别：在中国大学中，博士只是学术训练的阶段，博士学位论文也只是学术训练的最后环节，一般而言博士生难进易出，体现出强烈的选拔功能。在日本大学中，则不是这样，其博士生易进难出，博士学位成为学术卓著的象征，但并不是学术水平的唯一依据。中国社会评价学术的水平，多看重是否具有博士学位，对本科、硕士和博士简单地以学位分出学术水平的高低。而日本则不然，学术成就绝对只能以学术论文和著述的质量来衡量，学位不在评价学术和人才之列。因此，日本多本科学历的教授，但学术水平非常高；而中国多博士学位的教授，学术水平却很平庸。这种结果的差异可以从日本学术评价和学位授予机制上寻找到原因。

日本学术评价唯学术成果为原则和标准，博士学位是毕业时的最佳结果，注重的是学术人员的培养过程。对学术人员而言，有无博士学位对学术进路并无大的障碍，故而能兢兢业业于学术的探求；而中国则凭借博士学位，就可以获取学术地位、职称和社会职位等，因此获取博士学位后就感到可以高枕无忧、不思进取，甚至有些人凭借博士学习的点墨，以及嘴巴和脸皮，就可以获取诸多社会资源，奠定个人发展的基础，学术追求的动力也就逐渐地减弱。由此看来，在学术评价和学位授予机制上，日本明显地占有比较优势。正因如此，日本逐渐地形成这样的社会风气：本科学历足以凭借真才实学，获取应有的社会和学术地位，进学只是进行学术训练和完善自我的重要途径，学术人员只看重学术成果，有无修士和博士学位并不重要，社会用人和评价也并不过度地关注学位与学历。日本也有为只求文凭者开设的通道，一般可以顺利地完成学业，获取修士（硕士）和博士学位，但大多毕业生的学术水平一般，在日本大学和学术界中的名声不佳，且多有贬抑。

目前，日本也重视博士后人员的学术研究。《朝日新闻》（2009年2月6日）报道，日本产业技术综合研究所招募高达60名博士后研究人员，期限为一年，资格上的要求为理工类博士取得者，年限为七年以内，支付年薪达450万—500万日元。综上所述，日本注重理工类高级专门人才的培养，体现出科技立国的精神，以及注重科技研究的现实状况；招聘名额较为庞大，体现出日本社会急于推出工程,存在科技研究的急迫感,以及研究人才的育成方式与特点,即主要是博士后人员的自主研究,研究所提供专业指导、实验设备,以及其他必备的便利条件与科研环境;提供的年薪略高于大学教师(博士刚毕业者)的薪酬,从而吸引和鼓励应募的博士后人员。

日本在近代时期就已实行义务教育制度,现今其义务教育制度逐步地扩展,并实行学生补助制度,不仅公立学校实行免费教育,而且还以季度为单位,向学生发放统一制作的服装。各学校甚至班组的服装样式都有不同,以西服和海军服最为惹眼。日本政府还通过决议,每月向学生提供约1700余日元的补助,用于学生日常零用。这项举措的实施表明,日本义务教育日益深化发展,并与普及化的大学教育相配套,促使教育日益远离应试,而真正地致力于提升学力。

日本学校教育呈现出多样的形式,教学生态也表现得相当活泼、有序和理性,学校与社会、学校教学与社会教养、科学与文化、艺术和体育等各领域(各层面)相互配合,学校硬件和软件配备日益齐整,择校现象已不多见,就近入学成为社会的常态,师资力量获取均衡的配置,各种现代化的设施充实学校教育教学的内容,上述方面与其学校教学模式改革相契合,从而培养具有较高素质的各类人才,再加上已经历学历教育,学历的重视程度日益降低。

现在日本人的择业依靠综合素质与能力,而并非单纯地依凭学历。在日本大学教授和博导中,有的只具有本科的学历,经过多年的科研和教学训练,以学术业绩获取职称和学术上的声望,从而在大学中立足并获承认,而不同于目前中国大学采取注重学历的措施。

日本大学本科阶段采用选科制度和学分制度。选科分为三种类别:一是必修课,主要是针对不同专业取向开设的课程,要求相关专业学生必须学习的课程,这类课程是主干课程。二是必要选修课,这类课程是处于相关专业边缘的课程,对拓展学生专业学习和思考范畴,开拓学生专业视野,具有一定程度上的帮助,因此要求学生在大学开设的相关课程中选择数门,并作为必要性的规定。三是选修课,这类课程纯粹为拓展学生知识、开发学生能力而开设,比如艺术、体育、语言和技能等类别的课程,甚至见学、见习、实习、实验、发表和旅行等，但多数大学的选修课还是将课堂作为教学方式，更多培养学生的综合能力，比如开设专门性发表的理论与实践课程，并与相关专业课程相结合，培养部分学生从事学术事业需要的发表能力，而且这也是完成修士和博士阶段学习必要的技能。日本大学实行学分制度，一般本科学生需要完成约130学分，当然必修课、必要选修课和选修课分别存在具体的要求，只要完成学分、成绩合格，一般全部予以毕业。大学院生（修士和博士生）则多实行专业课程发表，已淡化选科制度和学分制度，教授对课程和教学（发表）具有很大的掌控权。

与此同时，日本大学本科阶段实施通识教育，教学内容多为相关专门的基础知识，范畴相当宽泛。在教学方法方面，注重学生主体作用的发挥。除课堂之外，还存在其他教学方式，比如进行发表的基本知识和行动训练，以及有组织性地开展见学、实习、调研、演习、参观和联欢等活动。本科阶段的教学氛围相当活跃，而且大学还与社会机构、文化机构，包括政府、经济、金融、警察、消防和医疗等展开"连携"，开展多种校外教育活动，形成校内外相符合的教育教学形式，同时学生团体和组织也相当活跃，在校内外场合开展各种实践活动。

因此，日本大学本科生的知识比较宽泛，符合社会岗位的职能需求，而社会用人也多以本科为学历的限阶，有的甚至都不限制，可见其社会用人的设限对大学教育也产生重要的实际影响。在大学本科阶段表现出具有学术性向的学生，存在两条走上学术的道路：一是先在大学做助手，协助教授开展教学和研究工作。二是攻读修士并（或）博士。但在日本社会环境之下，较多的学生以发展能力为首要，而不特别地在意学位的获取。日本大学对博士学位的获取采取严格质量审查的态度，主要授予在相关学术领域做出较大贡献的申请者，这种大学与社会之间形成的契合，对日本大学教育的发展起到弹性的影响与作用，同时也对日本学术人才质量提供重要的保障。

日本放送大学是实施终身教育和生涯学习的机构，内设各种专业和学科，每年两次在日本全国招收学生，并分为全科生、选科生和科目生三种类别，人数达万人以上，学生大多在40—60岁之间，学科和专业多以人文社会学科为主,具有本科和修士(硕士)学位的授予权。放送大学的现场教学每年度安排两次,每次四个月左右,比较适合社会人的入学,而且多采取学生自由选科制度,学生可以自由选取,依据获取学分额度予以考核,并完成专题研究论文。教育程序与其他大学没有实质上的区别,不同之处在于:学生年龄段的差距较大,从20—60岁不等,而多集中于40—60岁。日本学校极为重视"年中行事",比如平成十九年(2007)日本放送大学举办学位授予仪式。日本大学都注重相关活动仪式及其行为细节,日本放送大学的学位授予仪式也不例外,表现得相当正规和严肃,比如主持者、服务者、校长(学长)、学生等,各司其位,学生代表向校长致答谢辞,校长致典礼辞,步趋相当严整,最后表彰年度优秀的毕业生,白发的学生向校长鞠躬作揖,接受学历和学位证书,庄严肃穆,彰显出师道尊严,体现出学术的尊重,同时也揭示了终身教育和生涯学习的涵义,着实令人感慨。

中国也应迈出上述这一步,消除年龄上的限制(其实已实施),让学问延伸至人的终身,以及宣扬学问人生的意义,同时还能凸显教育与人生的实质涵义。日本放送大学的学位授予仪式值得借鉴,学生向校长(或院长、班主任)致答谢辞的环节,应为中国大学借鉴和推行,具有仪式教育与启迪的重要意义。对学生而言,也是对大学学习生活的总结和感悟,并具有纪念的意义。中国学校应吸收与借鉴上述仪式的具体程序与做法,由此逐步地形成学校年度固定活动,促进学校相关活动的年度规划和规制,从而推进学校年度活动的正规化和制度化建设。

三 学术:教学与研究

日本学术研究和课程教学中具有显著的系统特征(系统观),集中体现在如下方面:一是教授学术背景和主攻方向中的系统观。纵观日本教授的主攻方向,一般有综合和专门两方面。比如,主攻教育法学的教授,前面出现宪法学,研究方向就为宪法学、教育法学,其他研究专门也是如此,这就体现出日本教授学术研究的前提是在大系统基础上的研究专门。

二是大学课程开设中的系统观。日本大学的课堂表看上去很宽泛，这符合教育上的原则。教授指导学生，首先要进行通识教育，而不是过于专门。只有奠定扎实和宽泛的通识基础，才能在社会工作和大学院研究中具有广泛的知识基础，而不是过早地窄化学习和研究的范畴。中国通识教育过于艺术化，或许其中存在误区，认为通识教育就是增加文化和艺术的内容，这是认识上的误区。日本大学对通识的理解应是正确的，即广泛开设基础性、宽泛性和涵盖广泛科学范围的课程及其系统设计，而自主选择权归于学生。

三是学生质量培养中的系统观。日本学生培养具有宽基础、精设计、勤组织、多活动、重能力、分小组和严师责等特征。学生质量上则表现为通识性、集体性、分析性、服从性、学习性和现实性等特征。上述特征的形成不仅是学校教育而且是社会及其教育系统等因素综合作用下达成的结果。

四是教育行政机构设置中的系统观。日本文部省的内涵包括教育、文化、体育、科学与技术，在系统构成上包括学校教育系统和社会教育系统，机构设置的职权相当广泛，有利于加强学校教育与社会及其教育之间的联系，因此大教育系统观表现得相当明显。

五是学术研究及其系统设计中的系统观。日本注重学术研究，学者在大学和学术机构中具有较大的自主权。日本社会奉行言论和学术自由，并存在制度性的保障。比如，日本大学存在教授会的组织设置，并能超脱于行政系统之外，开展自身赋予的学术职权，特别表现在教师职称评定、学术规划和课题优选，以及学生发表论文之前的信誉担保等方面。日本大学本科学生一般不发表论文，大学院有学生发表论文的刊物，而编辑者即为大学院生。学生的投稿需要选择两位教授审查，认可后进行学术信誉担保（认可评语），然后进入编辑和统稿程序，此后由投稿者自己进行修改，前后校对两次以上，定稿后还有志愿教授进行最后评阅，最后才正式印刷。若印刷后还存在问题，特别是出现学术常识的问题，学术担保教授会感到信誉受损，这在日本学术界是很不好的事情。因此担保教授要严格把关，而一般来讲自己指导的学生较多，比较相互了解，出现问题也不太多。另外，在日本学术领域中，各种学术组织很多，学术界以进入某种学术组织并发挥作用为荣，学术组织经常举办各种发表会，相互之间进行辩论和切磋，同时学者之间的交往也有助于课题的申报和评选，以及论文的发表和学术声望的提升。

六是学生能力培养和知识传授中的系统观。日本大学注重学生的能力培养，而知识传授注重通识课程的设计。课堂教学过程注重引导和启发，开展讨论和争辩，以及分组合作活动，而不是单纯的教师传授知识，同时还开设各种校外课堂，鼓励学生组建和参与各种学生组织，形成校内外共育的局面，以及学校教育与社会及其教育系统之间存在紧密的联系。大学院阶段更注重学生对文献资料的分析和理解，并开展专业性的外文资料研读，要求大学院生积极参与发表会，共同分析和讨论相关研究问题，真正形成教学相长和相互学习的教学氛围，着力提高大学院生分析、提出和解决问题的综合能力。

七是人才使用（人事）管理中的系统观。具体表现在：日本职称评定不是注重学历、学位和职位等外在因素，而着重论文和著述的价值，关注在学术界的影响，因此日本大学中多本科学历的教授和博士生导师；日本大学中的学术职务一定是有威望者担任，在大学中的地位明显地高于行政的职务者，而行政不能妨碍学术的独立与自由，因此日本大学的学术职务真正具有权威性；日本社会不注重学历和学位，但日本大学又不轻易地颁发学历和学位，注重学术的素质和能力，特别是博士学位的获取确实不易，当然也有例外的学校，但在注重素质和能力的氛围之中，这些学校颁授学位的博士在日本学术界并不看好，同时日本社会还注重自己大学的声望，获取外国学历和学位者也不占有比较优越的地位，反而自己大学的学历和学位具有更好的学术声誉和社会认同；日本社会用人不注重学历和学位，一般本科生受到特别的青睐，修士阶段为博士阶段的前期，在用人上等同于本科毕业生，而博士学位获得者在日本社会中具有较高的威望，起薪的标准也相当高，因而社会实务单位和组织一般并不愿接收，而就业的面向一般定位于大学和科研机构。

八是教材和文献资料编辑中的系统观。日本教材和文献资料的编辑注重系统性原则，在某些学术研究问题释解中也不回避国际影响，比如传教士和世界级的学术人物，以及在日大学和科研部门从事学术研究的专家学者。曾有一本介绍日本近代哲学人物的图书，编辑者将国际哲学思想家也列入其中，因为这些人物的思想对日本哲学产生过重要的影响与作用，比如讲到中国严复和费孝通（日本近代相当于中国近现代的提法，因此将近代化称为现代化），以保持日本学术思想研究中的整体性和系统性，当然书中也有很多西方哲学家和人类学家。

九是教育教学管理中的系统观。日本大学的社会化程度较高，大学很少有学生宿舍，大多由学生自己在社会中解决住宿问题，同时日本拥有便捷的轨道交通，能保证学生及时地到校学习；课程及其时间的安排采取系列课程和自由选学制度，可以根据学生自己的环境和条件自主选课，比如东京学艺大学的课程从9：00开始，到晚上10：00结束，共分成几个时段，中间只有午餐时间12：00—13：00休息，其他时间都分段安排课程，课间也只休息10—15分钟，学生可以根据自己的实际情况选择课程，当然会考虑自己的兴趣和爱好，较近的学生可以选择上午早点的课程，而路远的学生则可以选择下午的课程，自由选择并累计学分，达到学分即可以按期毕业。而大学院生的课程并不很多，而且由大学院生依导师的建议，自由选择相关课程，重点是论文选题相关的发表课程。一般来讲，由专业导师开设，修士生和博士生共同参与，采取先辈带后辈的教学管理模式，导师在其中起到引导的作用，同时也作为参与者穿插发表相关评论与观点，但允许学生进行观点反驳。因此在发表会上，只有学术观点上的争论与探讨，没有学术上的绝对权威，而且其中还存在导师和先辈角色的扮演，从而保证讨论激烈、思维活跃、分析透彻和教学相长，达到发表教学的良好效果。这种教学模式已成为日本大学院教学的主导模式，也是大学院生进行相关修士和博士论文前期准备与观点切磋的重要方式，具有极强的实效性，发表者倾听参与者和辨析自己的观点，扩展思考和分析研究问题的视野，增强分析问题的深度，在学术讨论和争鸣中深化对研究问题的认识，从而提高学术论文的研究质量。

同时，日本还注重学校（包括大中小学）与社会及其教育之间的关联，从而建立学校教育系统与社会教育系统之间的共育机制，由此培养具有社会系统观的合格人才，同时在公民素质养成之中，这样的机制也具有重要的社会作用，有助于提升公民的综合素质和能力水平。

日本注重产学研与社会的结合，产业以市场为导向，以及强调社会需求调查与实践应用研究表现为以社会为基础构建制度与秩序，促使社会生产、文化教育和科学研究紧密地与社会相结合。从文教层面上来讲，特别注重学校教育与社会的结合，以及学校教育与社会教育的结合，强调社会的教育职能，而不是单纯地强调文化潜移默化的影响与作用，即日本注重社会教育机构的工作主动性，比如开设各种课程、讲座，举办研讨会议，组织具有教育和感染意义的活动，而不是单纯地采取主办文化展览的形式，而且开展的各种活动又都与社会现实结合起来，分析与研讨现实矛盾与问题，而不是单纯地进行思想政治宣传。日本没有对教育场所做出任何的局限，而且还可以组织到政府、企业和事业单位，以及其他所认为具有教育价值的场所开展各种活动，施教方式相当灵活、多样，涉及群体范围也较广泛，有的针对社区居民，有的针对中小学生，有的针对家庭主妇，有的针对具有特殊需要的人群。日本产业以市场为导向，行政指令性因素很少，比较注重科学技术的研究与应用，同时还特别注意对产业职工进行再培训，以及激发所有成员开展相关科学研究活动。以市场为导向的产业特征，决定日本企业发展注重社会需求调查，强调实践应用效果，因此特别关注产业生产与社会需求之间的关系，并积极和主动地进行相关科学研究活动。

日本在世界推行海外研修生制度，基础就在于其科学技术上的比较优势，而优势的获得与其注重产学研结合紧密相联系，而以市场为导向，还确保其产业能获取足够的经济基础，可以持续地开展相关领域的科学研究，并通过相应教育活动，训练具有较高技能的专业人才。而日本这种优势又通过市场机制推行到世界，此即日本实施海外研修制度的由来。但日本设置这种制度并不是真正地要训练别国的人才，而是为达成自身的利益：宣扬日本科学技术水平，从而无形中推广自己产品；透过研修假象引进廉价的海外青壮年劳动力，补充因老龄化所呈现优质体力劳动者的不足；制度实施的对象是成长中的学生群体，因而年龄都相对年轻，容易进行思想感化，从而塑造出适合其利益和需要的外国公民；特别规定工作的时间限制，导致海外劳动者待遇与其在日生活消费保持基本相符,从而实现资本剥削目标;通过增加劳动时间和克扣劳动报酬,甚至没收护照,以及另行征收其他费用等手段,比如房租、水电、电话和炊具租借等高收费,剥削海外劳动者的劳动价值;通过吸引海外游学生,剥削海外人才智力成果,从事具有较高智力的劳动和服务行业。

通过诸如上述制度规定,日本基本上达成无偿利用海外青壮年劳动力的目标,而游学生获得的是在日本接受教育的机会和纸质的文凭。顺利实施这种制度的关键原因,就在于日本科学技术水平处于世界相对领先的位置,而这与日本落实科学技术立国政策紧密相联系。其中还存在系列的社会措施,特别是表现在产学研与社会的结合、产业发展以市场为导向,以及注重文教发展与社会实践需求的适应等方面。

日本在社会宣讲和学术研究中特别注重证言,宣传媒体介质通常采用证言方式。电视台经常播放民间采访记录,实地调查当事人,寻找各类证词,特别是在当时场景和细节方面做得相当缜密。日本在学术研究特别是历史研究中,同样也非常关注证言,惯常采用走访、访谈或实录方式,具体的做法各异,但最终的文字都名为证言。

在会馆图书室翻阅西井一夫编集的《昭和史》,其中的内容大多为实景图片、证人证言和历史实录,没有过多的历史讲述,可能这是保存历史的较好做法,因为只要进行历史评述,就成为"当代史"。再现历史的图景,让研究者去思考,这才是历史研究所要达成的目标。从《昭和史》中,领悟到当前中国社会中出现的各种事件或事故,具有历史的阶段性特征,由此思考中国政府应采取的政策与措施,以及现实社会政治的应有走向。时常感到日本近代史值得深刻探索和认真玩味,这对中国社会发展具有历史借鉴和现实启示的意义,应该用心和细致地进行分析与探究。虽然日本右翼政客的言行让人相当不以为然,但正视可能是寻求解决中日关系的正道,以及提出应对策略的必由之路。

日本教材编写具有显著的国际特色。在学艺图书馆阅书,翻检到社会学者传记图书《近代日本社会学者小传:书志の考察》,其中涉及学者并不仅有日本的社会学者,还有欧美、韩国和中国的社会学者,发现这是具有国际特色的社会学者传记。随后仔细斟酌,觉得其中体现出日本人在编书时,考虑到这些学者对日本的社会学有过重要的影响，因而全部列入其中，并冠以此种书名，这种编辑方式体现出日本人在编辑相关资料时，注重国际特色，避免因地域选择原因，造成学科逻辑断裂。当然，其中是否已渗入大日本概念，值得进行深入地思考。但单从学术无国界角度来看，这种做法值得学习与借鉴。同时也深感到日本编著图书的实用，比如日本海外协力队及其联系方式（包括从日本到海外的全程联系和注意事项，以及在海外国家时的各种情况处置），内容相当全面，甚至还包括东海资源、中国大陆与台湾地区、日美关系及其未来等内容，特别是对中国政治、企业（经济）、文化和外交等动向，分析得相当透彻和实用，而且充满进攻倾向，并不像中国图书多讲些中日世代和平友好和绥靖政策内容。在日本图书中没有这些内容，只有利益争取与实力应对，值得中国决策者深思。中国政府再也不能一厢情愿，乃至放弃国家战争赔偿，签订《东海油气田协议》，其实上述做法只能作为日本得寸进尺的把柄。若长期采取这样的政策与措施，历史可能将会重演，中国只有亡国一途。因此需要当政者切实权衡，因为主权不可商议，当然可以灵活处置，主要还是要看在外交谈判中的技巧把握，以及国家未来发展的前景与走向。但切莫相信中日会世代和平友好，只要看看近些年来日本的对非政策，就会知晓其国家的本质，在东亚绝不可能出现中日两强共存发展的局面。因此，中国必须制订长远、宏观的战略与规划，积极地应对日本的严峻挑战。

在东京游学期间，经常前往学艺图书馆的阅览室看书，也就会发现一些问题，其中最为引发思考的就是日本人著述中国图书的名称问题，即凡是涉及中国朝代的著述，大多不冠以中国的国名，而通常直接以朝代命名。其中至少存在如下几点值得思考：一是体现出中华传统文化对日本产生深刻的影响，日本文化已潜在地融入其中，处于中华传统文化的附庸地位，即反映出日本传统著书命名方式的延续；二是体现出日本人认祖归宗的文化意识和复杂心态，毕竟其还存在中国人的祖先情结，这也是需要考虑的深层涵义；三是暴露出日本人的另类野心，即将中国文化纳入日本文化的范畴，视中国的历史朝代为日本社会和文化的组成部分，因而以朝代命名而不以国别命名，因此应给予特殊的关注。

在学艺校内书店中,还看到日本"殖民地史"和"满铁全史"等历史相关著述,深切地感受到在和平时期日本历史与文化研究、日本现实文化氛围和近代文化传统之中,都存在对华文化侵略的因素,以及强烈的登陆战略意图,时常有意妄想分割中国,散布"中国分裂论",为实施登陆战略服务与造势。难道日本对华文化侵略的意图,就是日本登陆战略的主要部分?因此,中国要做好充分的准备,必须树立坚定的信念,实施"后羿计划"和"嫦娥计划",力求彻底地改造日本社会,根除日本文化和军事侵略的历史根源。

作为学术发表的组织机构,出版社应保持应有的公益性,但同时还应具有企业的性质,努力适应市场的需求,因此也应逐步地走向市场化发展,从而在公益性与市场化之间保持应有的平衡。日本出版社注重稿件的质量,同时保证学者的学术自由。因而日本出版社具有比较鲜明的特征,稿件的选取主要以质量和市场的需求为主,划分为两种类型:一是学术类的书籍给予赞助出版,专门补助出版经费,并对出版物有较高的质量要求,总体上来说相当严格。二是绝对保证符合作者原稿内容,编辑的主要职责只是图书编排和文句校正,重点还在编排而非修改原稿,出版社会将待出版的稿件邮送作者校正,由此确保学术和言论的自由。日本出版社还主动地寻稿,比如在报纸和杂志上刊登广告,宣传出版社的发展和成就,借以吸引具有较高质量的作品。

日本图书五花八门,持不同观点的著述都可以摆上书架,经由读者自由地选择。石原慎太郎就是以出版图书起家,比如出版《日本よ》图书,体现出其以日本民族为中心的狭隘社会观,特别是具有民族中心主义的成分,并深受列岛民众的欢迎。甚至他还在报纸上以《日本よ》为大栏目,撰述相关时论。石原慎太郎担任东京都知事(东京市长),民众声望甚至超越福田首相,此即日本社会中的现实状况。因此,石原的著述也就受到日本出版社的极大关注,这样就更为增添其在右翼组织及其势力中的力量,客观上推动了日本社会的右翼化发展。

日本的大学设有专门刊物,发表学生专业的学术成果,相关单位拥有经费,刊印后免费提供,也不存在收取版面费的问题。但论文筛选需要两位导师的签字同意,即论文质量存在严格的要求。审视早稻田法学大学院《法研论集》上发表的学生研究论文,觉得这种做法应为中国大学所效法,因为不应再让博士生在学期间为核心期刊论文的发表而愁闷,应由大学研究生院或学院研究生处等部门有组织性地择优发表。若能做到这样,不仅可以消除学术发表上的诸多诟病,真正地扩大专门学术成果的传播与影响,同时还可以提升办刊的质量。

日本相关学会和大学都有专门学术成果的发表经费,而学术成果发表之后材料(论集)免费发放,并不像中国大学的学报等杂志,采取公开发行的定价形式。作为学术和思想的重要载体,学术自由与传播需要建立免费赠与模式,特别是一些大学、研究机构和学会,应设立专门渠道的投入,然后免费发放需要的人员,从而起到传播学术知识、保障学术自由和维持学术崇高的重要作用。中国的杂志和大学的学报因没有稳定的经费,一般采取公开发行的定价方式,其中也存在诸多好处,但效果表现得明显不佳,难以给条件不足的学术漫行者提供足够的支持,帮助其不断地获取进学的资料。目前在中国杂志上发表文章难,特别是还收取所谓的版面费,从而造成学术自由和崇高的致命伤,也难以真正地将有质量和水平的学术成果推介出来,由此阻碍了科学研究和学术思想的进步与发展。

另外在日本学术研究中,还不太重视翻译,强调要阅读和理解原文,译文不算学术科研成果。撰述若大量地引用原文资料,不计入学术科研成果。在这一点上,中国应向日本学习与借鉴。

在日本学术期刊上发表专业论文,具有严格的审查制度。比如,博士生在学术期刊中发表论文,必须有两位导师推荐并撰写相关材料,阐明论文的主要观点及其创新,以及推荐的理由,并由此对论文的质量负有学术责任。论文发表之后,若出现诸如抄袭等不良学术问题,推荐者不仅要承担学术责任,而且社会声望也将由此受到极大影响。日本学术期刊都设有专门审查委员会,成员参与论文审查全过程,并不是空挂头衔的虚位,而要切实地审查论文,提出审查意见,并由此对论文发表之后出现的问题负有学术责任。因此在日本学术刊物发表的论文中,很少存在诸如抄袭等不良学术问题,学术研究中的重复劳动也较少,论文的质量与水平较高。

日本书籍出版的质量也具有这样的要求，并且还积极地出版国外学者新著，特别是鼓励游学博士人员将论文在日出版，并提供必要经费资助，因而许多中国游日博士论文获日本资助出版，由此日本可以获取最新中国学术资源，免去翻译上的艰难，这也是其对外教育战略的重要组成部分。随着对外教育的扩展，中国也必须采取相似的策略：导师应鼓励来华游学生做母国相关研究课题；优秀学术成果提供必要资助出版，由此获取其他国家相关领域的前沿学术资讯，并减少翻译上的环节。

中国应对赴外游学生采取情报信息外泄的预防措施，比如赴日攻读博士人员可以从在校博士生中择优选取，并保留学籍资格，由此派出之后存在较大周旋的空间，并通过各种激励政策和措施，鼓励海外游学生研究在游国家相关课题。若能做到这样，即使在游的大学不予毕业，亦可以在国内大学毕业，这不仅有利于在游人才培养和研究方向选择上的主动性，而且还有利于获取在游国家相关领域的学术信息，真正地起到游学教育的社会作用。学术研究成果也应鼓励中文撰述并资助出版，同时还可以资助相关资料的翻译出版，从而加大海外学术资料的流通力度，迅速地获取最新在游国家的学术资讯，解决国内所存在国外学术资料的缺乏问题。从战略角度而言，中国应逐步地规范游学教育管理，要有统筹兼顾的思想、意识与精神，采取更为有效的政策和措施，最大效度地发挥游学教育的社会功效。

日本社会也存在各种学术丑闻：一是横滨市立大学的学位献礼丑闻。横滨市立大学多年来形成传统，博士毕业生要向导师提供所谓的学位献礼，2008年，查出礼金570余万日元，共19位教授涉案。二是文部省官员的受贿丑闻。日本文部省查处八位行政官员的受贿行为，额度达17万—50余万日元不等，需要接受减薪、降职和退职处分。三是大分县教委职员的受贿丑闻，当然也是利用行政权力牟取私利。但日本有一点做得很到位，即便只有17万余日元（折合人民币1万余元），只要查出或被告发，绝对要受到应有的处分。上述文部省官员的受贿额度只有17万—18万余日元，即遭到减薪处分。中国要向日本学习与借鉴，即加强对行政官员的监督，需要存在具体的执法行动，教育部门更应加强督察，严防受贿和以权谋私行为的发生。

同时应看到，现代网络助长了各种学术造假，存在网络次生危害的问题。进入"论文天下"网页，看到论文网站中浓厚的商业味道，甚至达到按质和按时论价的地步。再看当前各类论文的发表，网络中不仅以是否为核心期刊作为论文发表的价格依据，而且还存在代写论文业务，只要按公司交费的要求就行，甚至连硕士和博士学位论文也不例外，这为某些人特别是官员捞取"正式文凭"大开方便之门。若再想想各大学对研究生毕业前的学术标准，则更加感到这些条件的不必要。若真正地证明学生科研能力，完全可以不通过这样的方式，否则不可避免地会助长网络论文发表等不良社会风气。

日本大学辟出学术刊物，给予正式刊号（中国新闻出版管理部门也可借鉴相关政策，给予大学此项权力），学生可以通过竞争形式发表学术论文，由此就给予学生特别是研究生论文的发表阵地，然后再论学生是否具备相应科研能力与水平。若完全依托社会，各种问题就会接踵而至。现代网络发展当然存在较多有利的因素，同时次生网络危害也不止造假，关键是政策如何引导和激发更多有利的方面，并竭力地抑制或避免不利事件或现象的发生。

日本教授的专业研究取向兼顾宏观和微观，与其教学科研相配套，具有宽窄结合和由博返约的显著特征，比如学艺教授法学的相关教授，会选择诸如宪法学和教育法学两个研究方向，前者较宽、后者较窄，由宽而窄、由一般到专门，同时强调在宏观把握某大领域的前提下，可以做相当深入和专门的研究，比如某位教授的研究取向选择宪法和教育法学。首先，这位教授在宪法理论方面要有比较深入的研究，从而奠定从事某种专门法学研究的基础，其研究重点将在宪法层面上研究教育法学的问题，因此其研究成果也就具有较强的专门性特征，确实这是比较合适的研究取向选择。中国某些教授的研究取向则在关照宏观与微观上显得不严谨，而且偏重研究取向上的微观选择，即专业越窄越好、越细越优，只是专攻极为狭窄的知识领域，难以形成系统的知识结构，显现出既空泛又偏狭的特征，这种导向不利于教学科研的发展，其适应性也就可以想知。因此，日本教授的做法值得吸收与借鉴。

日本教授（导师）在指导大学院生（包括博士前期和博士后期）的做法上，也具有较为鲜明的特色。日本大学修博学位并连续攻读的整个流程：进入修士（博士前期）之后，导师会询问学生是否有进入博士后期的欲望，以此确立何种程序的修士阶段论文选题；指导学生拟定方向较为宽泛的连续攻读（修士和博士）论文选题方向；指导学生进行相关历史资料的收集、整理、分析和发表过程（对选题的内容进行大结构的划分之后，分问题进行发表，即文献资料的收集、整理、分析和发表过程）；在修士两年期间，由学生确立修士阶段所需先行成文的研究结果，形成修士论文，通过相应程序完成修士阶段的学业；通过考核进入博士后期阶段的课程学习，继续就选定的选题进行研究（文献的收集、整理、分析和发表），并在宽泛的基础上缩小研究问题的范围，对某些相关研究问题进行精深的研究，实现"小题大做"的过程，推进博士论文的深度；形成博士论文的基本框架，综述文献收集、整理和分析的过程，梳理已研究的程度，提出新的问题点，同时针对研究问题进行发表，由师生共同讨论和交流，然后再补充分析和综合新的思想观点，不断地进行深化交流；在参与发表师生的共同努力、综合参与发表师生意见的基础上，完成论文研究的全部过程，形成最后的撰述论文，提交并通过答辩程序，最终获取学历和学位，完成博士学业。

日本大学的行政组织、教育组织和研究组织分立，教授在大学内部行政中具有重要的地位与作用，教授会组织具有特定的职权，并拥有监督和选择校长的权力。因此可以说，日本大学基本上实施教授治校的制度。但教授治校的权力也并非是不受限制的行政权力，而是学术权力。虽然校长的选举受到教授会的影响和控制，但一旦选定，校长就自然拥有组成大学行政机关的职权，教授会则不再干预。因此本质上来讲，教授会还是学术研究组织，同时教授需要承担日常教学任务。

日本大学采取一般和专业的课程选修制度，本科学生只要修足规定的课程学分，就可以顺利毕业。而日本大学存在充足的设置课程，由于教授的教学特点各不相同，虽然课程相近也允许分别开设，而选课的权力在于学生，同时教授上课不关心学生人数的多寡，往往还会采取措施来抑制热门教授的课程选取，比如规定每课程的最多人数，从而引导学生选修其他教授的课程，而最少时只有两名学生，但教授也照常上课。由于日本大学的课程特别是专业课程多采取研究式或发表式的教学，大多学生更愿选择人数少的教授，因为存在更多学习和交流的机会，而本科课程设置面一般较宽，有利于学生奠定宽泛的知识基础，其实这也就是中国大学所提倡的通识教育。中国大学的通识教育多转向从事人文素质和民族传统的教学内容，而非各具体专门学科的宽泛基础，这是需要进行纠正的重要问题。由此也可知晓，中国大学专业课程的知识面过于狭窄，课程教学又过于依赖或热衷于讲义法，难以激励学生主动和积极参与，这已成为课程教学中的通病。教师的知识面有限，教学的知识点就更有限，而且普遍地表现为概念性和理论化，难以激发学生深入研究的兴趣。其实，固定的知识点完全可以由学生自学掌握，并不必由教师在课堂上进行深入讲解。

从大学课堂教学的具体实际来看，日本教授更加注重学术研究，并将学术前沿知识与学生分享，而方式就是每学期的设置课程，课堂教学形式是以学生研讨为主、讲义教学为辅，并穿插进行发表演习，教授只是将自己学术研究的心得、体会或成果传达给学生，在其中起到指导者而不是授道者的角色，学生学习的主动性和积极性任由发挥，而且学生的学习压力明显地比单纯讲义式的更大，因为学生必须在课前阅读大量的文献资料，才能跟上课堂教学的进度，否则在参与课堂学习时会感到相当困难，从而迫使学生进行自主学习，主动地查阅相关学术资料，并提出和分析相关研究问题，无形中也就会激发学生的问题意识和自主思考，从而提升学习与科研能力。

三 外语：知识与能力

在东京游学期间，往返于成城学园前站与国际交流会馆之间，经过一家销售光碟的市场，平时来回都不太注意其上展示的英文："culture convienence club"，此即日本式的英语，三个名词连在一起，表达清楚此地市场的特色：一个以文化为特色的便利店（或俱乐部）。以中国人的眼光来看，首先这里存在用词和语法问题，有可能当作街头的文字垃圾被处理掉，或责令更正，但日本人并不在意，关键的问题是中国人与日本人在学习外语的目的和做法上存在显著的差异：中国人显得很"死呆"，日本人却很实用。可能有些人会提出抗议，但却存在这样的事实：中国人学外语特别注重语法和用词。参加过北大博士英语考试的，都知道其中填空题和选择题的难度。

现在中国人学外语开始部分地注重实用，但还是做得不够，关键的问题是外语考试成为判别学生能否升学和能力强弱的标志，好多同学都由于外语考试失利的原因，而被拦在进学之外，殊不知外语只是交流的工具，关键还是要表达清楚其中的意思，从而利于相互沟通与交流，而不可以将学习外语的重要性，提升到全民义务教育的程度。当然这也不是说，小学和初中学习外语不好，恰恰相反在这段时期是学习外语的最佳时机，并且还可以学习多门外语，从而奠定多种语言学习的基础。但要说的是，外语只是工具，不应作为教学评价的主要标准，有些学科不需要多深程度的外语水平。若以此拦阻而不能进学深造，诚为可惜。因此，设定多元评价标准相当重要，学校自主招生权应逐渐地获取尊重，应保障招生要求上的学科差异，同时要大力地推进社会公平，逐步地消除城乡和阶层差别，从而让进学深造不再是名利兼收的征途，而是人生旅途的过程。若能促使社会保持公正与公平，逐渐地消除各种差别，考试的功能就会逐步地稳定下来，学习外语的态度也就会有所改变。

综上所述，日本人学习外语的实用精神值得学习与借鉴，以至他们还骄傲地称之为"日本式英语"，这与"美国式英语"提法有何不同，应该说同样体现出语言学习和认知上的创新精神。中国人其实也大可不必在学习外语上如此"死呆"，何不创造出"中国式英语"？中国与日本在外语教学中存在明显的差异，集中体现在如下方面：

其一，日本非常重视外语应用的能力，但中国重视外语知识的基础。在外语教学上，日本从小学、中学到大学，都注重应用的能力，测试也多从听说读写方面来考察，在题型的设计上多听力、阅读和作文，并设置口试交流的环节，特别强调外语教学的综合性和能动性。在大学阶段，更为注重交流和应用的目标；中国从小学、中学到大学，都注重知识的基础，特别注重词汇和语法,尤其关注运用的准确性,而忽视基本能力的育成,测试上也多填空、选择和改错等题型,虽存在口试交流的环节,但只作为参考(并未纳入正式的分数),或具有较强的随意性,以及缺乏客观性,阅读和作文注重语言性,没有特别注重外语教学中的文化学习成分。日本多注重外语的综合性(包括政治、经济、文化、体育、外文和历史等学科均有涉猎),而中国则更为注重语言的本身。

其二,日本中小学外语教学注重实用性和趣味性,并组织在学生及师生之间进行语言的对话和交流,而不过度地强调词汇的记忆和语法,只要能清楚地表达,就不在乎用词和理顺(句型和语法),讲求外语学习的工具性,而中国则在中小学外语教学中特别注重记忆性和结构性,强调语言学习的本身,而不太在乎对外国综合社会和文化的了解(或理解),过于强调知识的传授(包括词汇与语法),而不太注重实用性和趣味性,较少进行教学的活动与交流,没有特别彰显外语学习的工具价值。

其三,日本外语学习(或教学)中注重多语种基础,奉行以英语为主、其他语言兼顾的外语教学政策,而非单一性的英语教学,而中国则奉行以英语为主要,以日语和俄语等语种为辅助的外语教学政策,即全国为英语、部分地区为日语或俄语等语种的选择,显得相对单一,而缺乏必要的多语种基础教学,同时也缺乏对世界各主要国家社会和文化的外语交流与理解,而以世界历史与地理的单一学科所代替。

其四,日本大学注重专业课程与专业外语的能力育成,将专业教学与外语教学进行有力结合,特定学科的教授将从日文和外文中提供参考文献,引导学生从日本和外国的角度,综合性地考虑相关研究问题,而不是单纯地运用母语思维,更为注重专业教学中的综合性和外语学习中的专业性,工具性和专业性的外语教学目的日益明显,而中国则表现为两者之间的脱节(这是现实现象),外语教学更为注重语言性和知识性(包括词汇和语法),单独开设外语课程,而专业教学中又很少与外语相挂钩,并以中文思维考虑相关研究问题,综合性和理解性不明显,同时教学内容有限和成效不彰,阅读量明显不足,相互交流与沟通,以及专业性和工具性的作用发挥不明显。

其五，除外国语大学外，日本其他大学不单纯地开设外国语学院（或学部），语言学习与专业教学融合在一起，而中国不仅存在大量的外国语大学，各大学一般也都设置外语学院（或系），专门培养外语专门人才，但外语教学与专业教学相脱离，忽视专业性的外语人才培养。

其六，日本外国语的设置采取多语种，大学更是鼓励多语种专业性的学习，强调多元的文化关系，注重多元文化的交互理解，而中国则显得单一，第二外语的要求也很随意，更别说进行多语种的基础性训练，大学阶段更是缺乏专业性和工具性，以及实际交流的训练条件，而关注英语四六级、托福、GRE和雅思等水平考试，缺乏外语学习的社会性和文化性，以及多语种专业性的学习，同时多元文化的理解不受重视，专业教学与外语教学脱节，其中存在较大的问题。

其七，日本注重教育中的专业性和学生能力培养的综合性，以及外语教学中的专业性和工具性，而中国则表现为注重教育中的知识性和向学生的灌输，以及外语教学中的应试性和语言性（及其相关研究），而忽视专业教学中的外语学习与思维训练，缺乏对外国社会和文化的多元理解，教学科研中呈现出单向思维，造成的结果就是出现较大的思维局限，同时外语教学中的应试性和语言性也造成"所学非所用，所用非所学"局面的形成，"洋八股"现象比较普遍，而忽视专业课程的学习与教学，影响到专业学习，以及专业与外语的结合教学，教育的成效存在专业性和工具性方面的局限，即专业没有教好和学好，语言难以相互交流，而日本则正相反，语言学习注重实际的交流，凸显工具性和应用性，而专业与外语的教学结合，凸显多元文化的理解，因此教育的成效在大学（特别是大学院）阶段中逐渐地凸显出来。

针对上述方面的问题，中国应从小学到大学对外语教学做出必要的调整，需要吸收和借鉴日本的有益经验，改变原有专业教学和外语教学相脱离的模式，以及诸如考试等制度上的规定，注重转变教育观念和教学模式，从而扎实地推进素质教育，以及更好地做好人才的培养工作。

日本电视台开设新闻英语的教学节目，感觉这种教学形式不错，既能了解新近的国际新闻,又能便利地学习英语。这种节目的呈现形式:视频、话语字幕、词汇单讲,即新闻视频、关键英语单词呈现(语词单讲),以及循环播放,即反复连播两三遍。看过节目之后,联想日本社会掀起的《奥巴马演讲集》热销现象,深切地感受到这样的事实:日本人学习讲求实效性,学习的内容紧跟国际形势,教学的内容也时有变化,甚至教授可以自选材料、自主讲课,教学的自由度较大,教学的内容较新,即更新较快。

应该说,日本社会现象和大学教育内容具有同样的特征,即注重内容的时效性,或许这是其社会善学的重要原因。日本人往往通过学习具有时效性的内容,包括最新科技发表的情报信息、最新国际形势的发展与变化,比较敏锐地掌握最新学术科研和国际事务的动态,从而时存创新、偶有斩获,因此走向成功的路途。

NHK 为日本社会中较有名望的电视台,节目的品位较高、内容丰富、视野开阔,从技术层面来讲存在学习与借鉴之处。其中有档节目,名称为 News Shower,为新闻英语的学习节目。其中的做法是通过新闻内容的多次播放来学习英语,当然这种重复也并非千篇一律,而存在做法上的变化,即日文和英文的交错朗读,并伴有关键词汇的讲解,这种外语学习的经验确有优长。其实日本社会学习英语的内容,存在较强的针对性和时事性。比如,出版社及时地将奥巴马竞选演说制成音像和图书,日本社会还形成"奥巴马热",而学生更以此作为学习英语的参考材料,悄然地兴起读或听奥巴马演说的热潮。当然这并非偶然,而导源于其学校教育存在的特性,即注重英语学习内容的时效性,以及强调学生演讲和表达能力的训练,而奥巴马演说的音像和图书正好适应其学校教育和学生学习的实际需要。

通过上述内容可知,中国学校教育应学习与借鉴日本的经验,注意教学内容的时效性,以及学生素质与能力的育成。而不应将学校教育办成考试的附庸,考试又成为筛选的工具。应该真正地将学校教育办成学生素质与能力育成的重要组成部分,学校应成为人才培养和智力育成的重要基地。除学校教育之外,社会教育也应承担这项职责,从而真正地形成社会办教育的新局面。

日本学校在外语教学上存在诸多模式与特色。概括地来讲，体现在如下方面：中小学校的外语学习具有实用性和活动性特征，注重听说的基本能力；日本学校的外语学习不占绝对重要的位置，更为重视理工学科教学，并配合进行学校与社会及其教育之间的联系，传承传统文化和社会规范；除外国语大学外，日本没有在大学设置专门外国语学院/系等，外国语专门人才由外国语专门学校负责培养，只属于专科的性质；大学的学科和专业教学普遍地进行日本文献与外语文献的结合，因此出现专业与外语文献研究的结合，注重专业性的外国文献研读，这在日本大学院教学中表现得相当普遍；外国语大学并非专门地从事外国语言的教学机构，也分化成不同的学院和专业，比如外交、文化和社会等，注重综合素质与能力的育成，而非单纯进行语言类人才培养的场所；注重专业和学科，而不注重语言类，即日本社会在外国语人才培养方面不是单纯地追求语言翻译类人才，而注重熟识外国语并具有专门或综合知识和能力人才，社会职位比较青睐语言熟悉且有专业素养的人才；大学各专业也具有这种功能，但更为注重专业性研究，因此日本大学人才培养的视野开阔，学生知识面广，信息收集和处理能力强，并在开展发表活动中培养学生提出、分析和解决问题能力，从而促使学生具有综合性的素质与能力，并由此适应社会对人才素质的实际需要。

中国英语的教学和要求已走入死胡同，目前有大加挞伐者，但由于思维发展的惯性，这种状态仍未获取最终的改变。现状及其主要的问题：其一，过分地强调英语的语法。有人曾说，英美国家也没有中国学校更为强调英语的语法。其二，过分地注重英语词汇的积累。中国学生背英语词汇是出名的，有的学生甚至将英汉词典给背诵下来，从而应付各种类型的英语考试。其三，过分地强调英语运用的准确。英语作为语言交流工具，主要应体现在日常听说和写作方面的社会功用，但中国英语的运用更为重视语句的完整，诸如用语、用词和结构等细节上的准确。其四，过分地强调英语学习的应试。中国英语的考试题型相对固定，学生大多为应试而学习英语，造成出现诸多针对英语考试题型的英语学习，而忽视学习英语最为重要的功能，即日常交流中的听说和写作能力训练，而唯一的优点是注重阅读方面的训练，但即便在此方面，也没很好地与专业学习结合起来，结果造成存在单纯学习语言的状况，并不利于大学阶段的专业成长。

中国学校各学段都注重英语的考试成绩，高考阶段还只是作为必考的科目，到硕士和博士入学考试，英语的成绩甚至成为筛选研究生的重要工具，考生往往由英语成绩的优劣决定进出，从而导致为大学研究院挑选一些专业基础并不扎实的学生，而很多专业基础扎实的学生却因英语成绩不合格的原因，而只能保留在高深专业的学习和研究之外，而且在中国没有博士学位的话，难以到大学或研究所从事专业教学和研究工作。

日本却截然不同。在此可以举出典型的事例。由日本诺贝尔奖获得者益川敏教授不懂英语的事实，可以获取如下有益的启示：英语学习应注意日常的应用性，即听说读写的基本能力训练；学业的升级应降低英语的成绩门槛，避免重视英语的成绩而忽视专业基础的选拔；大学英语特别是研究生英语的学习要与专业的学习更为紧密地结合起来，在专业学习中提升英语应用的水平；提供英语学习必要的优良语境，以及更多出国进修和游学等学习机会，比如实施研究生阶段一年出国研修和游学的政策，不仅有利于开阔学生的学术视野，而且有利于学生的英语（外语）水平提升，同时还可以有效地避免身处国外面临的各种风险，即可以按照中国大学导师和学生的意愿，从事学习与研修的活动，提高中国游学教育的主动性与方向性，降低外国人导师故意引导和信息外泄的风险，这种做法的综合和比较优势都相当明显。

中国近些年来实施每年万名博士生出国研修一年的政策相当好，应根据实际的需要，进一步地推行硕士生出国研修和游学教育政策，并可以逐步地实现博士生出国研修的普及，从而提升博士生的学术视野与知识水平；取消大学英语等级考试，降低大学本科阶段英语学习的重视程度，深入地推进通识教育和课程开发，开设全校性的选修课程，以及全面推行学分制，从而为中国社会进步和中华民族崛起提供更为充足的专业技术人才，这是具有相当必要性的重要举措。

目前中国英语教学存在诸多的误区，集中体现在：一是过分注重语法和词汇。中国英语教学过分注重语法，以至英美人都认为，中国人英语的语法关注甚至超过他们，同时为应付多种考试，中国学生必须大量地记忆词汇，有些词汇甚至连英美人都较少使用。二是过多考试和英语标准。中国英语教学日益成为就学选择中的关键一环。本科生需要通过英语四级，预备上研究生者，英语成为必过的门槛，甚至攻读博士学位前，英语也是众多追求学术者折桂的坷绊，因此英语水平的标准成为众多中国才俊实现进学梦想的巨大障碍。三是不太注重实用性的听说写。英语教学成为应付众多考试的预备，单纯地进行语言教育。即便如此，偏重语法与词汇的毛病，也导致语言的应用性较弱，导致失去语言作为交流工具的基本功能。四是忽视专业英语的学习。中国大学对专业外语学习的关注不足，做法存在失误，因此外语教学改革势在必行。

可以提出如下主要措施：要适度扩大外国语大学的招收规模；做到大学外语学习与专业学习相结合；做到大学外语能力评价与专业评价相结合；大学外语学习要注重听说写和阅读的能力，降低语法的要求，关注专业性；大学外语教学要适当注重外语情境的学习，可以组织与外国留学生之间的交流；外国语大学的专业设置可以尝试与具体的专门学科相联系，培养专家型的外国语人才。同时还应注意，专业英语的学习并非只是开设专业英语的课程，而是应体现在目前学科教学中进一步地加大对学科外文文献的阅读与研究，从注重译文到阅读原文，从而将英语学习直接地与各学科教学更为紧密地结合起来，学科教师则直接地给予适当的专业指导，这不失为加强专业和英语学习的最优方法。

中国东北地区在近代时期是日本主导下成立所谓"满洲国"的传统区域，日本向东北三省大肆地移民，并大力地开展殖民教育，日语成为基本的教学内容，因此东北三省出现较多对日语比较熟悉的人群。日本为最终吞并东北三省，还采取与溥杰联姻的方式，并预想必要时去除溥仪，拥立溥杰完成最终由溥杰之子继位的程序，实现与日本的合并，从而扩张日本领地的范围。随着二战的结束，日本的预想彻底落空，但其在东北三省的殖民教育却留下大量熟知日语的民众，这为新中国成立后东北三省设立日语教学基地奠定文教决策的基础。

但经历 60 余年来新中国的建设和发展，以及社会主义的文化、教育和社会建设，这种优势虽然存在但已出现显著的变化，关键是这种短视的决策对日语教学的地域均衡和人才培养带来诸多问题，逐步地体现出这种外语教学决策的弊端。由于存在历史方面的问题，大量东北三省的学生将日语作为外语专习，然后掀起留学日本的潮流。而在赴日游学教育环境中，存在较多文化渗透的成分，不少东北三省的赴日学生深受日本文化的渗透与影响，造成相当不好的社会影响，因此外语教学模式和区域战略布局应有所变化。

随着中国社会和文教事业的发展，本土人才培养的实力与基础日益增强和稳固，有必要采取分类培养的模式，改进外语人才培养的方式。集中表现在：在基础教育阶段，可以采取多语种基础的教学，并且不作为考核的要求；在大学最初二年级，可以采取选修制，甚至主辅修制的结合，即采取双语或多语种的外语教学，仍不作为考核的标准，并推行大二后推荐出国短期游学一年的制度；在大学三年级之后，采取专业加外语的教学模式，确立指导教师，进行专业外语的导师指导，并采取规制的研讨法，鼓励师生采取专业发表的教学模式，参阅中外文资料，加速专业外语学习的进度，以及增强学习的紧迫感；在大学本科阶段，外语不作为评价的标准，取消四级考试制度，但外语专业者也应有相关的专门，而不仅为语言学习和教学之用；在研究生招生上扩大导师录取的职权，采取书面考试与导师面试的择取做法，考试的题型应采取大题制，对各种死记硬背的基础知识采取轻描淡写的态度，尽量引导学生积极思维的能力考核，可以采用小论文制度，以及专业外语类的大题型、理解性的考试，从而做到择优录取；在研究生阶段，外语可以不加以特别的要求，但应加大专业和外语相结合的学术阅读与研究发表的教学力度，促使导师和学生扩展学术科研中对中外文献的阅读，以及提出、分析和解决问题等方面的能力养成；在进入大学之后，甚至在基础教育阶段，尽量淡化社会课程，此类教育的职责转由其他社会和文教机关承担，多采用课外教育方式，或学校与其他社会和文教机关联合开展教育活动方式解决，进入研究生之后专门进行专业性的教学，重视专业＋外语的教学，入学开始就对博硕论文相涉的各种研究问题进行研究和发表活动，最终奠定科学研究知识和能力的基础，并在学习过程中综合教学中的各方面建议和意见，完善和修订论文，最终完成论文研究和撰述，通过答辩并完成学业。

综上所述，中国应废除从小学开始教学外语课程的必修制度，同时更应废除东北三省设立日语教学基地的文教政策，纠正当前外语教育决策上的失误，推进全教育系统的综合改革，推进教育发展和人才育成，提高各级类学校教育的质量，从而为社会和经济等各方面的发展，更好地提供专业人才和智力的支持，并由此为进一步地推进社会繁荣和民族崛起，以及迎接中华民族振兴和中国社会发展的新世纪，做出应有的重要贡献。

发表：课程与教法

日本大学时兴发表（セシ）课程。所谓发表课程，即研讨课程。若能弄清日本有关发表的定义，确实是很有趣味的事情：第一层定义：阅读《昭和史》时，其中有项内容，就是セシ市场，即集市，也就是中国路边时常可见讨价还价的小市场。日本人称为セシ市场，非常形象和生动。第二层定义：指日本大学课程发表的教学法。若不理解第二层定义的话，中国大学在安排发表时，若真就这样进行课程教学的话，是否会带学生到集市上课？因为按日本有关发表的第一层定义，若这样做的话，看来最为合宜。

发表课程一般由学生主讲，当然先要做好充分的准备，整理资料、综述文献、制作提纲和撰述论文初样（讨论稿），分发给参与者，包括指导教师和其他同学。发表课程开始时，教师会先就发表内容和主讲学生做简单地介绍，然后由主讲学生介绍发表的内容。在此过程中，其他同学甚至教师可以提出讨论的问题，由主讲学生作答和相互辩难，教师起到引导作用，包括分析主讲的大意，以及向主讲同学提问。当教师提出相关问题时，身份变成问题的讨论者，主讲同学可以对问题和意见提出驳论。教师对主讲或其他同学的意见具有仲裁的作用，但并非要论出是非曲直、要求其他人接受，而是进行引导，特别是以不挫伤主讲同学和其他参与者的积极性为前提。教师在学生发表中扮演多重的角色，比如引导者、参与者、仲裁者和组织者等，但并非发表课堂的灵魂，因为其中的核心人物是主讲同学，其他人都围绕其主讲的内容、观点和问题而展开思维，进行头脑风暴，提出自己的观点和意见，展开相互观点碰撞和争议，深化对学术问题的认识与理解。

主讲同学需要有较充分的准备，在发表问题的回答中一般较顺畅，但激起争议也不可避免，有时还需要教师做出引导性仲裁，但这只是建议的性质，绝没有将自己观点强加给学生的意思。毕竟在学术论争的发表课堂上，只有对学术观点的认同与否，没有学术上的权威。当然也没有固定和统一的答案，只有相互观点的吸取与借鉴，从而深化对学术问题的认识，形成更为全面的学术观点，进行相互学术交流与理解，从而增进知识和学业，提升思维的能力，以及促进综合素质的育成。

以早稻田大学为例，在本科阶段，学生进行班级分组，每组 15—20 人。先是大班讲解发表方面必备的知识，甚至计算机的基本操作，然后讲解发表方面的要求；再就是提供发表课程，先是基础课的发表，后是专业课的发表。一般每周为 1—2 次课，课时一般为两个半小时，每天划分为 7 课段：8：50—10：20；10：30—12：00；12：50—14：20；14：30—16：30；16：10—17：10；18：00—19：30；19：40—21：10。发表课的选择：先是学部组织全体学生参加发表演示课，由开课教师介绍发表内容的范围，大约 5 分钟/人，然后由学生选课。若某教师的课程选的学生较多，教师会组织面试，最终达到规定的人数；其余学生可以再选其他教师的发表。但也并不是说，学生多，发表课的教师水平就高，或给高薪，其实教师薪酬与学生人数没有关系，选课的学生多，也并不代表教师的水平就高，日本学校并无此种概念。比如，经济学部法社会学的发表课，由于不实用、理论性强，选此课的学生较少，但即使只有一名学生，教师照样开课，也并不会影响教师的声誉。而学生也愿意上选课学生少的发表课程，因为这样就会存在较多发表的机会。发表课的准备较为累人，需要事先准备文献的材料和观点的陈述、发表时又要应付教师和其他学生的提问，以及反对的意见与观点的辩论。同时，为应对其他同学的发表，除临场发挥地提出问题外，也还要有所了解和准备。只有全体学生精心准备、积极参与，发表课才会气氛热烈、百家争鸣，选课的同学才会感到获益匪浅。

发表课的成效当然也并非只靠一门课程教学就能体现，这是历经多次训练和学习过程的结果。因此，日本大学从本科一年级就设有发表方面的基本技术课程，教授发表课在准备、发表和辩论方面的基本技巧，深化学生对发表课的基本认识，从而打下以后从事发表课学习的知识基础，积累发表的经验与技巧。有的发表课程对专业的成长存在诸多的益处，有利于激发思维，进行观点上的交互碰撞，从而获取显著的教学成效。

日本大学盛行的发表教学法，即研究性的学习方法。开设发表课程，需要适宜的教室设置。以东京学艺大学为例：有80余人的大教室、40余人的中教室、20余人的小教室，还有专门研讨用的更小教室，内部的安排也各有特色。教室中的黑板较大，有利于教师板书，另有现代化的媒体设备，比如幻灯图影仪、电视与录像一体机、电脑信息导入，以及网络会议功能等，还有录像和监视等功能。修士和博士学习课程全是运用发表的形式开展，显著的特点是教师导入，安排课程发表的内容，由学生事先准备、开展发表。学生发表时，教师评论之前，由各位学生提问和建议，最后教师提出问题和建议，进行归纳与评价，而且有的老师对学生的发表不过多评论，只是通过学生的发表以及学生之间的分析和讨论，深化学生选题研究项目的推进，而学生之间则相互启发思维，增强提出、分析与解决问题的能力，从而提升学术研究的能力与水平。日本大学阶段特别是研究生阶段的课程，学生都要参与发表课程，进行自己的相关发表。

在东京游学期间，日语课程中的国际游学生都要运用日本语言进行发表，或说工作和学习，或谈与日本的关系，或谈母国旅游观光点，以及其他方面的内容，主要是通过参与和进行发表，呈现日语学习的状况。虽然这并没有安排研讨的内容，但引入提问的方式，发表者在台上发表结束之后，台下有人提出一或多个问题，当然随台下人员的兴趣程度。日本研究生课程的发表比这更为激烈与正规，因为在日攻读学位，学生语言交流已不存在问题，相互讨论的深入程度更高，可以更为深层地展开分析和研讨，更为有效地推进讨论的深度，同时通过参与和进行发表，也能增进相互了解与关系和谐，提高集体研究素质和合作精神，以及吸收集团的智慧，提升多方面信息资料整合等能力，从而提升学术科研的能力与水平。

发表教学法在日本大学教学中广泛运用。在大学本科阶段，日本就开始采用讲义与发表并行的教学方法。其中以讲义为主，但开始运用发表教学法。当然大学会开设发表学习法的导论课程，让学生知道如何准备材料，如何组织材料，如何提出问题，并获取问题的解答，发表的准备也是学生学习的过程。材料准备好之后，发表的学生将材料打印、复印，分发参与的教师和其他同学，但并没有运用PPT形式，而只是口头上的辩论。发表中的老师具有如下的作用：提供学期发表的总体框架，列出题目的范围，供学生参考，并接纳学生对框架的修改意见；教师指定参考书目，学生进行补充，完善总体框架；教师将总体框架确定之后，由学生自己选取，准备发表的材料；按照总体框架的顺序，学生统一地展开发表，其他同学参与辩论，教师进行有序的引导；学生发表与辩论的目标并不是寻求唯一的答案，允许存在多种答案，从而激发学生的思维活动。

发表教学法特别注重理论与实践的紧密结合，既存在理论阐述，解决相关理论问题，也存在实践问题探讨，比如案例分析。主要的功用在于激发学生思维的能力和活力；在前人研究的基础上，提出问题和解决问题。在辩论过程中，教师的引导相当重要，既是引导理论的方向，也是引导课程的进度，从而不至于停留在某一观点的辩论上，通过存疑的方式引导学生推进讨论其他问题，从而在限定时间内完成所有问题的研讨。发表学习也是渐进的过程，学生在参与发表中逐步地摸索出其中的规律。比如，把握辩论双方的"火候"，从而不至于在观点的碰撞中产生矛盾，因此保持平和的心态相当重要。另外，学术观点的碰撞并不代表学生之间的感情关系，需要保证思想的独立和自由。在参与发表中，教师需要即时引导学生的讨论，从而保持朝向正确的研讨方向，以及在相当程度上的进度。同时，允许学生对教师（自己）的观点提出疑问，并在平等的基础上展开对话和辩论。其实在学术辩论中，只有学术和思想的自由，没有师道的尊严和权威，学生可以对教师的观点提出疑问。

发表教学法是学生对某一研究问题展开头脑风暴的重要方法，有利于激发学生的思维活动，培养学生表达和辩论的能力，也能促使学生明了组织材料、提出问题和解决问题的途径与方法，处理问题时具有平等与平和的心态，冷静和客观地处理相关研究问题。发表教学法的采用还有利于教学方法的改革，提升教育教学质量和促进学生思维，以及训练提出问题、分析问题和解决问题的能力，从而有助于改变当前以讲义为主的教学方式，转换研究生（硕士生和博士生）阶段的教学方法，提升学生从事学术研究的能力与水平。

日本学校在基础教育阶段特别注重学生主体的精神与地位，其课堂教学特色集中体现为如下方面：营造课堂上的活跃气氛，学生可以自由组合、展开讨论，课堂上并非完全是知识的教授，而且注重教学与活动的结合，培养集体精神和组织能力，以及解决问题的能力；组织学生开展各种社会活动，比如参观访问、见学实习、社会实践、消防演习、精神训练、学校或班级组团合唱，以及各种文化和体育小组的活动；鼓励学生开展科技小发明活动，注重科技知识掌握和科研能力培养，鼓励积极开展信息收集、分析和科学探索的小组或个体活动，教育主管部门积极组织与协调，引导各种文化和社会机构积极配合，学校联合社会部门和文化机构，开展社会教育，合力提升学生综合素质。

日本大学更为关注学生能力的培养，其中重要的教学模式就是大力地推进学生发表的教学方式，以及学生发表能力的育成。在本科阶段进行基本发表能力的训练，每门课程都开展专业发表活动，并开设发表技能课程的学习，从而奠定学生开展发表学习的技能和兴趣。发表教学存在如下基本程序：教师提出学科课程相关发表需要解决的参考问题（在研究生阶段还存在教授咨询学生，进行相关补充的程序），学生认领规定数量和领域的问题（一般与学生相关课业或学位问题相挂钩，在研究生阶段中则选择与学位论文相联系），学生按照教师提供的参阅书目、阅读论文和学习资料（以便其他学生发表时，提出相关疑问和相互问难，发表的学生更应阅读和透彻理解，并完成解决问题的任务），发表的学生通过分析与探究问题、提出研究报告，阐述研究创新（基本架构：文献综述、观点、问题和创新），发表正式的相关观点（其间教授与其他学生发问，深化相关问题的讨论，从而完善分析框架，深化对问题解决思路的把握程度），整理相互辩论和问难的内容，形成正式的研究报告。

日本大学开展发表教学存在极大的益处，应该说比目前中国的研讨法更为规范和正式，可以称为"规范研讨法"。概括地来讲，进行课程发表时，要做好如下组织工作：

其一，发表中的思想准备。日本大学注重发表的教学模式，这是其大学特别是大学院具有普及性的教学模式，因此上大学时应有思想上的准备，从而一旦教授要求选择问题时，能做到心中有数，并将发表的选题与自己行将长期进行的学位论义相结合，最好是做出有目标的选题和发表，要不然肯定会存在前进中的诸多问题。

其二，发表中的问题意识。在准备发表过程中，问题意识相当重要，而意识的产生源于对教授所提供文献的精细阅读、分析和理解，之后才能准确地提出相关研究问题。因此应批判性地阅读相关文献，找出有待提升或突破的相关研究问题。

其三，发表中的情绪控制。在发表过程中，无论是教师还是其他同学，都是有准备的头脑，因此发表者只有在精心准备的前提下提出问题，才能保证发表时不出现认识上的失误。但这样还不够，因为发表就是释疑问难的过程，参与者可以毫不客气地对发表者的观点或选题本身提出问题，而相互诘问与解释是发表教学模式的基本特征，参与者可以提出任何与研究相关的问题，并提出意见、批评与建议，有时会相当尖刻。因此，发表者的情绪控制相当重要，否则发表将无法进行下去。

其四，发表中的角色扮演。日本大学院经常采用发表教学的模式，并且实行修士（硕士）和博士并行的方式，即一旦报名参与此研究室，以及某教授设置的发表课程，无论是修士还是博士学生，统一参与发表课程。发表课程设计充分地利用先辈带后辈的办法，逐步地推进发表教学的过程。发表中有些先辈特别是博士阶段的学生，很可能在掌握发表技能之后，充当发表课程中的某种角色扮演,向发表者提出相反或需要深度探究的问题,从而推进发表讨论和问难的深度,以及发表激烈论辩的程度,甚至教授也只是其中的参与者,而不具有绝对的权威。因此发表时只有学问的探求,而没有其他特定的身份和权威存在,从而导致教授与参与者出现各种角色的扮演,最终推进发表时解决问题的深度。

其五,发表中的观点汇集。发表者应对教授和参与者的问题,以及相关的陈述细心领会,详细录音或记录,并进行必要的清理。理清其中可以接受与不可以接受的内容,做到心中有数,并提出相关的理由,由此推进问题的解决,以及深化对问题认识和理解的深度,开阔解决问题的视野,疏通分析和解决问题的基本思路,最终丰富研究的撰述内容,形成更为完整的研究报告,从而达到专业发表的教学目标。

中日大学在教学模式上存在显著的差别:中国大学始终怀抱传统教学模式,即教师教和学生听,甚至持续从大学本科到博士生毕业。可以说在中国,这种教学模式沿用几千年,更别说高等教育以下的基础教育。日本大学从本科到博士生毕业,逐渐地扩大发表课程的分量,比如在本科阶段,教师就注重发表课程的指导,甚至在大型讲义教学中也训练发表的技巧。在教室设置方面,既有便于大型讲义教学(40—50人)的教室,也有便于小型专题讨论教学(20人左右)的小教室,还有10人左右用于发表教学的特定教室。到修士和博士阶段,基本上没有教师进行讲义授课,几乎全部为发表课程,而教师讲义授课则成为极其意外的事情,即特别注意学生观点的发表与讨论,而不再进行灌输式教学;博士生与导师经常面谈和讨论相关研究问题。导师会先让学生选择问题域,开始时选题面较宽,随着学生研究、思考和发表的逐步推进,问题域逐步走向集中。在博士学习阶段,教师关注的是学生的发表和论文,而不是知识的教授;基本上没有教师主讲的课程,主要是教师指导博士生发表、展开讨论。日本大学的博士生发表一般是两周一次到一周两次,机会相当频繁,而且有的课程参与人数较少,甚至只有两人,因而发表的次数则会更多。

发表课程主要存在综述型、案例型和研究型三种类型,存在如下发表的基本形式:由教师在开学之前提出发表课程的提纲,并提交参与者讨论、增加(减少）内容，再由教师定稿，形成发表课程的内容，交由学生选择和准备，然后由学生按顺序做发表，其他学生参与，并提出意见和想法，补充内容，展开讨论、辩论和研究，教师和高年级的学生参与引领，带动发表研讨向前推进。教师确定发表提纲时，会附带参考书目；学生准备时也会增加参考书目，提炼相关研究观点和论点，形成发表的材料。日本大学的学部提供打印机，用纸由学生自备。发表的学生需要花时间和精力去读资料、找资料，分析资料和总结观点，形成发表材料，发表之前打印已准备的材料，分发给参与者，并在发表课上将自己的观点充分地表达出来，然后回答参与者的提问，谦虚地吸取其他人的意见，做到择善而从，完善知识结构，其他参与者也在参与中学到很多的知识，同时这种发表课程有利于提升诸多方面的素质与能力，比如表现在学术、听说、创新和择取等方面，从而达到课程教学的目标。发表课程有利于培养学生的科研思维和创新能力，以及提升学生的综合素质，因此这种教学方式值得吸收与借鉴。

修养：精神与素质

日本儿童保健制度比较完善，但也存在特殊的人群与情形。具体表现在如下方面：日本常住人口甚至包括在日游学生的子女，都享有0—12岁全额免费的医疗保健福利待遇，而不论是否为日本国籍。但其中存在必要的条件，即儿童的父母应参加日本社会健康保险，在日游学生也不例外。若儿童的父母没有参加日本社会健康保险，即便是日本人，儿童医疗保健都会成为问题。这在日本也是客观存在的社会现象，主要是存在少女未婚先孕的问题，其本人经济尚未独立和自给，往往造成经济负担过重，因而成为不参加日本社会医疗保险的特殊人群（而其又处在日本社会的最底层），从而导致此类儿童不具备日本社会健康保险的必要条件，以至难以享受应有全额免费的医疗保健社会福利。其实这在日本已成为重要的政治议题，日本政府正在筹划解决这样的社会问题。

日本民族具有尚武的精神，而且特别注重集体的观念，武士道是其中突出的体现。日本学校教育特别注重集体观的培育。在东京游学期间，关注到如下两个事例：

其一，集体性合唱会。日本注重"年中行事"，每年各地方都举办具有地域特色的习俗活动，这应是其文化中的重要组成部分，而这些活动多以集体性为主要的特色，这已是其文化的重要特征。在学校教育中，典型的集体性活动就是举办合唱会。各区域的学校组织合唱团体，以学校团体的形式参加合唱比赛，指导教师和学生成员相当投入，歌唱时声情并茂，极富合作精神和集体主义。合唱完毕，闻见比赛结果时，有的学生两眼含泪，场面相当感人。开展这种活动时，学校教职员、学生家长和区域居民都派出代表参加，体现出具有区域文化特色的活动，同时也充分地表达出日本学校教育与社会及其教育之间所具有紧密结合的特征。因此集体性合唱会具有重要的教育意义。

其二，集体性短跑会。日本学校也举办体育运动，更为注重的是集体性项目，比如棒球和足球，但还是集体性短跑会给人印象深刻。这种短跑一般会在学校操场内举行，路程并不长，但要求学生之间紧挽手臂、相互衔接，齐步跑完全程，这就要求所有参与的学生，保持步调上的一致，而不能出现任何一位学生，走在前面或落后，必须同时到达终点。这种项目鲜明地存在学生集体意识的训练目标，即在体育训练和游戏娱乐中，融入集体观的教学，培养学生的集体主义精神。

由上述事例可以看出，日本学校教育非常重视学生集体精神的养成，并落实在学校教育教学的具体内容和各种活动之中。可以想知，日本社会中的诸多现象早已在其学校教育教学中充分地呈现出来，日本人的某些文化特质是在其学校教育和文化熏陶之后逐步形成，并进而重新融入其社会和文化之中，集体观的培养就是鲜明的典型例证。

在东京游学期间，晨起后通常前往附近的祖师谷公园走步。适值深秋时节，公园里晨练的日本人逐渐增加，多为老人、儿童和妇女。公园的最大风景还是儿童的晨练，尤其以棒球和足球为主要，两者都有专人指导，应是常训的项目。在日本社会中，棒球运动较为普及，主要的原因：棒球野外训练，有助于身心健康；棒球交互传接，有利于全身运动和判断能力的训练；棒球体现出力感，具有健美的效果；棒球体现出优越，适合日本人的心性；棒球提倡合作，可以训练集体的意识；棒球场地没有过度限制，可以自由地练习。其实对日本人来说，家庭提供棒球训练的全套装备，应该不成问题，家长也乐于让孩子参加此项运动。

中日儿童在足球训练上没有显著的差异，但日本人善于因陋就简，即在长满野草的公园中也能随意踢传与跑跳，并专人负责指导，煞是专心致志、训练刻苦；中国因陋就简的场地较少，多在相当人工化的草坪中玩乐，显得浮华而无实，且组织性较差，管理胜于服务，人性化不足、各自为政，公民意识不强，因而组织范围有限，效果难以彰显，需要借鉴日本的经验与做法。在日本有的公园中，老人和妇女存在固定做操的安排，使用小型放音机，然后集体做操，这在中国也是常见的风景。

东京幼儿园400余幼童赤裸上身，下身只穿短裤，同时每人分发一条毛巾，用于幼童摩擦身体，借以生热取暖。此种锻炼可能会让中国的家长顿时目瞪口呆，甚至惊讶于还有这样残酷的教育方式！其实这是日本文化的重要组成部分，即极限耐寒训练和武士道教育的时代体现。但在日本幼儿教育中，这还只是其中的典型项目。武士道精神体现在日本社会生活中的方方面面，这样的精神灌输也正是从幼童开始的，因此值得中国人进行更为深入地分析与探究，同时，也应反思中国的幼儿教育乃至整个教育系统。

亲眼见过此种特色的场景：晨起前往祖师谷公园，见到一群幼儿身着短裤衩，在公园内玩耍，大多为其母亲带过来的，年龄大多在3—6岁。日本幼儿冬季穿短裤与列岛气候条件存在紧密的关联，毕竟其四面环海，为典型的海洋性气候，日夜温差较小。耐寒训练与幼儿保健存在必然的联系，在幼儿期进行这样的训练，成长之后就具有更好的御寒体质，可以减少成年之后伤风感冒发生的频率，即幼儿期经过耐寒训练的儿童，体内已具有耐寒的"基因"。日本幼儿习惯于进行耐寒训练，大致存在如下三种因素的内在影响：文化因素，即武士道精神训练；列岛气候，即海洋性气候为训练提供必要环境与条件；素质锻炼，即通过耐寒训练，可以增强幼儿御寒体质。

日本人崇尚击剑，在学校男女生都很喜好，并且此已成为日本传统文化的组成部分。在学艺武道馆中，经常听闻男女剑道训练的声音。击剑充满抗争，对打中的叫喊声很大，足以传到校园的角落，可见日本的文化野性与尚武习俗。中国在尚文中似乎缺少这样的精神。孔子儒学是落寞的学术思想。回想当年，孔子师徒周游列国，可谓何等狼狈。在绵延几千年正统中，中国都无视这种文化的劣根性，拼命抬高其学术和政治地位，无非借此愚民。而《孙子兵法》和《孙膑兵法》等现世军事哲学思想，却没有见用于中国的民间和社会，无非想消除民众睿智与战斗精神。但时代早已超越皇权统治，提倡孔孟儒学早已不合时宜。在多元文化共存的社会中，需要各种思想观点杂然相陈，若简单地捡起孔孟的衣钵，可能难以应付目前的全球化局势。中国到了应注重涵育尚武精神之时，需要有点进取的精神，因此应大力地建设国家武术馆舍，并且可以国术运动的形式，推广这样的传统竞技项目，甚至可以由此推进武术竞技运动的国际化进程。

从祖师谷公园回国际交流会馆之后，观看NHK电视中播放的日本相扑运动，虽其并未成为奥运会项目，但日本经常举办这样的竞技运动，其民众乐此不疲，不惧高昂的门票价格，以至场场爆满，此种文化遂由此在日本社会中获取弘扬。中国也应将武术发展成为国家竞技运动项目，首先在国内广泛地开展起来，而并非定要选择西式足球。各省应广建武术队和武术场馆，从而将武术作为国技发扬开来，何乐而不为？

日本人注重学校和社会之间的联系，以及个体素养与社会集体之间的关系，而日本人精神的育成主要体现在其社会和学校中的武士道馆，以及日本企业和社会组织内部的培训活动，前者注重培养武士道精神，关注个体人素能的培育，当然学校教育教学也是重要的手段，而后者则着重育成集体意识与合作精神。外界对日本人的印象大致也存在上述两方面，而其中的素质与能力育成则分别是在学校和武士道馆，以及企业和社会组织之中。虽然中国重视学校教育，但缺乏学校与社会之间的结合，而企业和社会组织更为缺乏培训意识和规制保障，即缺乏对职员和成员的素质与能力育成。

由上可见，中国应当以日本的经验为参照，以及采取相关有力的措施加以有效改进。坚信只要学习者坚持主体的意识，就可以从别处学到优良的经验，从而改善社会组织及其运作机制，推进社会发展与全面进步，而这样的学生心态则应受到赞扬和鼓励，因此中国政府及其相关部门应出台相关激励政策，促进这样趋向和做法的推广，从而发挥政策支持和积极引导的社会作用。

卷三

日本大教育系统Ⅱ：教育与社会

明治经验：教育博物馆与皇孙御赐剑

明治七年（1874）至明治十年（1877）间，日本皇室包括天皇、皇太后和皇后，曾多次巡幸位于上野公园内的教育博物馆，这是《明治天皇记》中明确记载的内容，足见当时这是具有重大意义的皇室活动，同时从中也能觉察一些极有价值的信息。

由上可见，明治日本已经存在教育博物馆——这样重要的社会文化设施，而教育博物馆更加具有特殊性，可以直接地将教育与文化紧密地结合起来，既具有教育的内容，又存在文化的形式，具有相当重要的社会文化与教育价值。

明治日本已注重社会文教设施的建设，若以现实观照历史的话，即明治日本已兴建大量具有社会教育功能的博物馆类设施，开始注重学校与社会之间的结合、学校教育与社会教育之间的共通，构成相当完备的教育系统或体系，为此后日本步向强盛，准备了极为重要的社会条件。

作为日本社会的"风向标"，日本皇室也是当时最高权力机构的实质成员，注重像教育博物馆——这样社会文教设施的建设与发展，足见当时日本的国家领导层所具有高瞻远瞩的视野与胸襟，以及极为宏大的雄心与抱负，可谓具备雄才伟略的政治远见与素质，从而为明治日本走向日益强盛做了非常重要的注脚。虽然是通过开疆拓土和殖民掠夺等途径所获取这样的发展局面，但毕竟需要实力的积聚和展示，需要物质和精神上的充分准备，以及现实上的顽强争斗，最终以侵略和殖民战争的残酷形式达成其所谓国家的理想目标。

由上可知，雄才伟略的主政者应内修文备、外显武力，奉行内柔外刚政略，而不是由内刚外柔、外强中干方式或形式获取历史确认的，必须切实做到视民如父母、爱民如亲人，实实在在地做有利于人民的事情。

《明治天皇记》第11卷中载有新诞皇孙御赐剑的内容。明治三十八年（1905）一月三日，天皇在接连获取日清战争和日俄战争胜利之后，又获一皇孙出世，当然这是令皇室成员都相当兴奋的事情。由于日本的江山又有了新的未来天皇，因此四日明治天皇欣然地给新生皇孙赐剑，以示早教之意。可以想见，明治日本对少儿武士道教育有多注重，甚至天皇施以表率。

由上亦可知，日本国家主义和军国主义的盛兴，与明治以来诸位天皇的提倡密不可分，当时的日本实质上是专制集权国家。明治以来日本提倡尚武的同时，诸位天皇都注重内政与外交，国内治理制度日趋缜密，外交策略更为显著地呈现出主动和黩武特性，奉行全民皆兵政略，时刻在为对外军事侵略与殖民做着充分的准备。

在当前的和平时期，表面上看日本社会已趋于平静，实际上其中仍充溢明治以来的黩武意识，国家主义和军国主义思潮不时地沉渣泛起，田母神俊雄的右翼征文事件就是明证。事件发展至今，虽然田母神俊雄退职，但依据日本报纸刊载的消息，田母神俊雄的退职金由原先1200万日元上行至7000万日元，足见征文事件的实质所在。

上述事件与明治天皇赐剑小儿相类似，皆是对日本社会的民众进行武士道精神和右翼思想的教育影响与作用，并表明现今日本社会中的黩武精神并未出现根本性的改变，这是明治以来日本社会历史过程的真实写照。

系统运行：文化教育与社会体验

日本注重社会教育机构及其设施的建设，设有公民馆、博物馆、纪念馆、文化馆和图书馆，以及文化公园、神道馆和展览室等，种类相当繁多，不仅有专设的机构，而且诸多公共场所内也设有社会教育设施，体现出其对社会教育的重视程度。日本社会教育做得相当出色，而且学校教育、社会教育（包括公民教育）之间的关系也处理得相当好。

现在中国有好多人研究日本，甚至长期在日本求学和生活，可是更多在关注日本学校教育，而忽视其发达的社会教育。因此，中国教育研究学者应给予日本社会教育更大程度上的关注，并将此与日本社会结合起来思考问题。比如，众多神道设施在日本社会中起到何种教育的作用，即应将教育研究的范畴扩展开来，而不应只局限在学校的狭小范围，即要提倡以大教育的视野来研究教育的相关问题，要以战略的眼光来研究学校与社会、学校教育与社会教育之间的关系，这样才能真正地将教育的相关问题分析透彻，而且对日本教育的研究更应如此。

日本已构建学校教育系统与社会教育系统，以及学校与社会、学校教育与社会教育之间的关联机制，同时日本学校教育与社会教育之间存在明确的社会职能划分，因此中国应加大对日本社会教育研究的力度，并加以吸收与借鉴，特别是要学习日本对社会教育的重视态度，更为注重科学素质的综合育成和科学原则的优选地位，比如在理工科类本科毕业生中招收文科研究生，从而将文科人才培养和学科发展建立在科学知识与技术的基础上，并由此积聚社会需要的各类创新型人才。

日本设有众多的社会文化机构，甚至遍布其社会基层，无论是公民馆和博物馆，还是民俗馆和图书馆，诸如这些社会文化机构遍布列岛，有的还建有分馆，形成完善和发达的社会文化系统。在社会职能划分上，日本社会文化系统不仅作为文化传播和社会教育的机构存在，而且还是其社会基层市民

（公民）议论政治与社会（包括政治、经济、文化和生活等）事务的重要平台，相关机构的管理者经常采用展示、讲演会、研讨会（发表会）和体验等具体形式，将其社会职能很好地发挥出来。同时其还具有联系文化与社会及生活的职能，搜集、整理和收藏日本社会中具有文化意味的物件，从而积累和保存丰富的文化元素，逐渐地拓展日本社会和历史文化的内涵。

在上述方面，中国还存在一定的问题，不仅"文革"时期大量的古代文物遭遇"破四旧"，而且在现实社会生活中，在搜集、整理和保存具有文化意味的物件方面，也还做得相当不够，更别说深入的研究和推介。因此在文化发展方面，中国还要更多地做些扎实的功夫，不仅要注重物件的保存和研究，而且还应创造更为有利的条件，让研究和保存的文物与社会及公民更为紧密地联系起来，促使科研成果传播于社会、文物展示于大众，从而极大地丰富公民的社会文化生活。

日本体验式活动具有深刻的社会文化涵义和社会教育意义，体验式活动的总结更是日本文化传统和社会教育的形式，显然比中国单纯的游记更为深刻与透彻，具有更为强烈的理性和思辨色彩，而非简单的记述与描绘。应该说，日本体验式活动的总结做到了由感性记述与描绘向理性思辨与分析的深化，应引起充分地关注、深刻地思考和认真地探究，从而改进单纯旅游的思想观念，即要变旅游为体验式活动，比如见学和修学旅行，由此旅游也就存在游学游历的概念涵义，因而具有社会教育的价值与意义。上述深化在思想观念层面上存在相当重要的发展与变化，也必将会产生更为生动和有教育价值的重要结果。

由上可见，中国现行旅游、参观和考察等社会活动与日本体验式活动，比如见学和修学旅行相比，存在明显的重要区别，中国实习与日本研修之间也存在某种程度上的显著差异。中日两国之间在上述方面所存在显著差别的原因所在，重要的是在组织性和重视程度上的区别，即日本将上述社会活动赋予有组织性和计划性的社会教育涵义，而非单纯的旅游和娱乐活动，由此也就显得更为正式与规范，以及存在更加具有组织性和教育性的现实价值与社会意义。

电视媒体：关注奉献与人生瞬间

日本电视媒体非常注意行业奉献片段和日本人最美的人生瞬间。其中存在如下两点值得关注：其一，报道政客多是政治论议。日本实行多党政治制度，但以自民党和民主党为主要，尤其以自民党长期执政。在众参两院政见论议上，政党代表陈言本党的利益，并质询首相及其内阁相关的政策。日本电视媒体通常进行直播，借以扩大民众知情范围，并对政党政治和政府治理实施监督。但日本电视媒体较少关注政府官员的政治外交活动，一般在正点新闻中一带而过，而更为关注政府阁僚的"茶色"新闻，比如麻生担任首相之后，多次邀请内阁成员在酒坊吃酒，内阁成员爆出何种丑闻，以及麻生支持率调查已降至18%，即实质上日本电视新闻已成为政府监督的重要舆情力量，从而有力地牵制政府官员的不法行为，取得较好的舆论引导与监督效果。

其二，详细或片面地报道日本社会生活细节、日常琐事和具体人物，包括饮食制作、建筑工地、行业经营、职员派遣和人生话题等，涉及凡人琐事，以至报道社会负面现象，比如杀人、放火、抢劫、痴迷、食品污染和交通事故等，既弘扬生活美好面，也揭示社会阴暗面。当然无论如何，日本电视媒体将注意点集中到社会生活，这比中国电视媒体更多关注政客和明星要强好多。毕竟关注社会生活体现出如下两点：关注老百姓，体现民主和民权的精神；关注社会生活，体现尊重劳动和创新。做到上述两点，总比将希望寄托于政客，以及将生活托付于明星要好得多。而经常出现的情形：将希望托付于政客，助长几桩腐败；将生活寄托于明星，打造几个富翁。说不定哪天，贪官和明星携款出国定居，成为外籍华人，终归不能改善寻常百姓的生活。

综上所述，日本电视媒体将关注点投射行业奉献的社会片段和日本人最美的人生瞬间，确实可以称为新闻行业的正道，中国电视媒体应以此为借鉴，这样才能打造出真正地体现社会大众意愿的优秀节目，并将中国民众带入真正的新生活，从而也将中国社会引入注重民主和民权的新时代，为中国发展与腾飞创造新的原点，推进中国社会包括制度、机制、生活和关系等各方面都获取更大程度上的发展与进步，从而加速步入社会的和谐时代。

日本电视节目多体现普通民众的生活和劳动内容，讴歌科技创新、营养生活、情绪体验和劳动感受等，这些都应成为中国电视节目制作者关注的方面。同时，日本文学作品更多关注战争，社会充满战争的话语。而中国文学作品过于抒情，可以说偏重婉约。长此以往，中国人的人格和个性会再次回到传统文化原点，这里存在较大的问题。从现实性上来讲，中国文学作品和宣传部门（包括广播电视部门）更应关注社会中的创新者和劳动者，以及实际的社会生活，而不应着意于抒情，追逐明星、文星和政客，否则肯定会出现日益浮糜的社会现象，应引起极大的注意，并要着力避免出现这样的社会状态，努力地营造积极向上和科学合理的现代生活状态。但要实现这一切，应首先从讴歌创新者和劳动者开始。

日本电视台播映富美代与田代先生之间的人生励志故事，感人肺腑。富美代18岁高校（高中阶段）毕业，到一家机械公司工作。某日发生人生的变故，右臂被机械压成粉碎性骨折，医院锯去她的右臂。富美代失望至极，几度轻生。高校教师和同学多次来看望，田代先生更是关怀备至。富美代在结束住院之日，失望的情绪异常激烈，便来到医院大楼的顶层，准备了结花样的生命。田代先生此时出现，制止并鼓励她坚强起来。田代先生的激励话语伴随富美代的今后岁月，最终促使她战胜各种生活困难。富美代29岁时结婚并生育子女，过上了美满和幸福的生活。节目最后还特意安排富美代与田代先生在40年后的见面，场景确实异常感人。由此看来，世界上到处存在无私的关爱，可谓至真至纯、香浓久远。

漫画图书：直观载体与社会话语

在日本图书市场上，可以说漫画图书占50%以上的销售份额。无论老幼青壮，日本人对漫画图书都爱不释手。在拥挤的轨道电车中，西装革履的绅士手捧漫画图书，在日本可谓司空见惯，因为这是相当平常和易见的事情。同样，淑女和老太也特别钟情于漫画图书。其实漫画是日本现实社会文化中的重要组成部分，已融入日本思想和文化的精髓。在文字图书中，难以感受到的幻想和企求，日本人都可以在漫画图书中获得满足。因为日本漫画图书的体裁异常丰富，并融入神道教与武士道的文化氛围，以及沉浸在日本历史、现实和理想的梦幻之中，同时把日本精神通过图文并茂的形式表达出来，并由此形成日本社会异常特殊的思维模式。因此，当其他人对日本漫画图书感到索然无味时，麻生首相却大力地鼓励年轻人多看漫画。当然，此间也有异见人士提出批评。但从中却体现出日本漫画图书强大的社会影响力，同时也反映出漫画图书内容所具有日本文化和精神寄托的社会功能。

日本右翼思想大多采用漫画图书的形式体现出来，这是文字图书所难以达成的目标。因为前者的内容具有跳跃性，只有日本人可以体味到其中的文化、思想和精神。而对其他国家的人而言，则难以获得日本人那样全面和深入的认识与理解，因为存在相异的思维模式。而后者则较为直白和全面，具有严密的逻辑体系，因而各种右翼观点一旦出笼，即遭遇到来自各方面的抗议与批判，引发相关组织和国家的围追堵截，难以取得相应的社会效果。这种方式只是作为与上述组织与国家进行讨价还价的砝码，即在外交斗争中才运用，比如发生的"田母神俊雄征文事件"，其实是日本社会抛出的"双簧"，误导日本和国际社会的媒体舆论，即导致从关注日本现实的右翼问题，转移到关注日本历史的右翼观，这种移花接木和狡兔三窟之行存在其阴谋与高深之处，但总会为诸多有识和远见之士识破与揭露出来。

在漫画图书中，日本右翼思想和行为则可以尽情地显露出来，国际社会很少有专家学者关注日本漫画图书中的右翼思想和行为问题。毕竟在其他国家的人眼中，漫画图书只是浅薄之人才热衷的东西，只是幼稚的孩童学习识字时才乐于翻阅的读物，更不会进入专家学者的学术视界。但在日本漫画图书世界中，又存在诸多鲜为人知的事情，恰恰就是这种登不上大雅之堂的漫画图书，传达出日本社会主流的文化、思想和精神，而这为日本右翼思想和行为提供了广阔的表达形式。上述方面的原因造成日本社会出现漫画图书泛滥的局面，成为日本人传达思想、文化和精神的重要载体，同时也成为日本社会生活中的重要内容。因此，中国的日本世情研究者应关注日本漫画图书，应加强分析相关资料，从而在更深层次上掌握日本社会思想与精神的脉动，深入地理解日本社会文化发展的基本精神与实质内容，这有助于中国制订对日文化和社会的发展战略，更好地做到知己知彼、百战不殆，应该说这是重要的思路与举措。

日本通常采用漫画和儿童的语言，进行社会规范、规制和教育，强化社会公德的要求，提供广泛的提醒和教育，发出维护布告，这种做法的效果相当好。比如，针对社会中的养狗者较多，东京都立祖师谷公园内设置多处布告栏，其中都存在相关的提示，要求养狗者顺便带上用具，随时拾起小狗的遗留物。这样提示的效果相当完美，以至公园周边前来遛狗者，臭不提着小包，随时带走小狗的遗留物，公园内也从未出现过拾狗粪者。因而虽然遛狗者多，但公园环境保持得相当完好，而且公园内的提示都是以儿童语言表达出来，并配有漫画，应该说这是名副其实的温馨提示。在社会规范、规制和教育的做法中，中国可以向日本学习与借鉴，从而提升社区居民的公德意识，改善城市的社区环境。

在日本社会中，漫画异常流行，以至日本人极为痴迷这些图文兼备的图书。北大教授陈平原专门探讨过这种图文并茂的编辑形式，当然其评论的并非日本漫画，而是中国文学中的兼文兼图，但以文为主的文学编辑形式，这在中国已存在久远。在中国文化中，其实还存在另一种图文并茂的图书编辑形式，即小人书，这已成为中国传统文化中的重要遗产。现今中国出版业界已较少出版这样的图书，而几十年前却相当流行，很多30岁以上的中国人都是在小人书的启蒙下长大。但近些年来似乎已逐步地走进历史，真不知这是历史文化的进退，还是文化忘却的记忆。现今中国少儿启蒙存在其他的更多形式，当然更为丰富多彩，品类也日益繁多。

第三类存在相关性的当然是中国木偶和皮影艺术形式。现今这种文化艺术仅在木偶剧院可以见到，皮影则更为少见，已成为文化的遗存，平常剧目已相当稀少。这种艺术形式更为接近日本现今漫画中的图画。因为图文编辑和小人书大多为写实的图画,人物和事物多为浓缩型的写真画面。但木偶和皮影艺术则采取形象化的虚拟形式,有时刻画人物、动物和其他诸如场景、动作、言语等艺术符号,显得惟妙惟肖,相当形象和逼真地反映出故事的情节,并且具有细节上的特征,但对整个过程则采取跳跃性的情节处理方式,这与日本漫画中的图画具有极强的相似性。

综上所述,从艺术角度来看,日本漫画具有其创发性,但从艺术渊源角度而言,它与中国传统文化中的诸多艺术形式存在深远的渊源关系。当上述中国三类文化艺术大多已逐步地走入历史烟尘时,日本漫画却能独放异彩,并逐步地进入动漫发展阶段,即将现代科技与这种文化艺术相结合,更加增强这种文化艺术形式的推广度和普及性,并逐步地散播到全世界,以至成为现今国际文化艺术中的重要品牌。

漫画图书已成为日本人精神寄托和日本大众文化的重要形式。无论男女老少,日本人大多痴迷漫画的世界,这种文化艺术形式已成为日本神道教、武士道和历史记述的重要载体,也成为其科学幻想和超脱现实的重要工具,更成为二战后日本重温战争记忆和寻求历史寄托的精神乐园。因而就连右翼麻生首相,也鼓励日本青少年和日本人多看漫画。虽然日本社会中存在反对的声音,但在思想自由的幕帐之下,这种声音的影响微乎其微。但毕竟还存在这样的声音,也体现出日本社会的多元性和灵活性,这种对思想和行为自由的处置更多地体现出日本民族和社会的容忍与策略。

日本社会的大方向仍然掌握在权贵的手中,包括皇室及内阁成员,其中以其国家和民族利益为最高准则,日本各党派甚至黑社会也都尊崇这一原则。从历史角度而言,在日本国家和民族利益中,最为具有代表性的是天皇制度,这是日本社会中集神权与政权合一的政治制度。由此看来,文化艺术也不能脱离基本的政治制度和原则。日本社会与漫画之间其实也体现出这样的关系,这也是漫画可以普及日本社会的根本原因。

歌曲童谣：讴歌生活与关爱生命

日本歌曲的共同特点是存在诸多催人奋进的色彩，绝少低俗的抒情歌曲。即便为抒情歌曲，也并非就是男女之间的爱与性情，而是对地点、风景、物件以及国家和历史等名物，所具有细腻的感受和畅想：有的是令人对历史的感怀与忧伤；有的是对地点和名物的记忆与怀想；有的则是对民族和国家的忧叹与激奋。不管日本现实社会的风俗业如何兴旺，但文艺歌曲特别是电视绝少出现低俗的东西，以此支撑其社会和民族的激昂与奋发热情，以及历史感怀和理想抱负。而在这一点上，中国电视歌曲与之相比，则充满差异：中国流行歌曲的风格真该"革命"，要不然国家和民族沉沦的祸首当属电视歌曲。聆听日本童谣《この道》，悠扬而恬静，充满对生活和生命的关爱，可谓意境深远的优秀童谣。

在日本敬老日，全日本高等学校（高级中学）举办歌曲合唱活动。活动安排的程序：首先是特邀老年人（来宾）前来欣赏，学生代表站在必经位置欢迎，礼仪相当周到。学生代表与来宾相互鞠躬问候，然后各校学生穿着统一制服（各校并不一致）坐定，来宾前排就座。然后由各校合唱组上台合唱，并由教师负责指挥。各校合唱曲目不一，同时学生合唱组的动作和表情虽然都很专注，但风格并不一致，有的学校的合唱组相当严肃但整齐划一，而有的学校合唱组则注重动作和表情，可谓各有风格与特色。各校合唱组表演结束之后，由选评组判定获奖级别，分别颁给金奖、银奖和铜奖，但无划定具体的分数，有的学校合唱组的学生听到获奖时激动得泪流满面，足以知晓日本学生的集体荣誉感。合唱现场相当热烈，掌声和泪水汇成河流，具有令人感染的气氛。

而这种情形在中国已难寻觅，即便大学也难能一见集体合唱的场面。现在中国学校沉浸在应试怪圈中难以自拔，如此以来素质教育如何推进？集体教育如何展开？国民素质如何整体提升？目前应着力做到改变教育教学与管理的评价方式，教育行政机关应组织学校开展各种集体性活动；教师应转变身份和角色，要真正地承担起为国育才的职责，而不应将教师职责等同于家长期待；改革考试选拔机制，尽快地赋予各高校招生自主权，推进大学教育普及，减轻升学压力；减少社会分配上的显著差距，给予较低尊严的社会岗位以高薪酬，弥补社会地位上的差距，平衡社会职业和给予酬薪之间的心理差距，从而形成社会职业心态的整体平衡；加大社会保障和医疗保险力度，采取全民参与机制，国家给予财政保障（可以通过行政经费精减和税收支持）。若要完成上述方面的工作，需打破既得利益者的封锁，同时要真正地推进民主行政，以及公民监督机制的构建。

在敬老日合唱活动中，最受感动的是集体歌唱日文名曲《手纸》，相当具有感染力。由此联想到中国，若举办此类活动，《歌唱祖国》恐怕是必不可少的曲目。当然，还应让学生掌握名曲的演唱调，教会学生集体合唱。由上可见，中国学校应吸取、借鉴与推广日本这种合唱等集体活动形式。

社会养成：缜密规制与共同参与

日本采取学校集体活动、社会法治和媒体引导等多种形式，达成维持传统的家庭伦理目标。具体措施是推行学校集体合唱等活动，开展诸如敬老日等特殊时间和群体参与的活动，以及电视媒体关注社会和法治民主的推进并公开，从而达到社会、人性和官员之间的相互和谐，并通过各种特殊的"红日子"，采用祭礼形式，重塑社会文明礼仪，同时还对传统礼仪进行改造，比如日本人死后，无论官阶大小和地位高低，都有相识与不相识者主动献花，表达对人的尊重。其实，这是具有社会教育意义的文明礼仪，也是社会软实力的表现形式。因此，中国软实力的建设要比硬实力的建设更为复杂与艰难，需要做到社会联动、系统规划和规制、社会团体和组织重建、社会新闻媒体介入与舆论开放、社会职业和地位差距均衡，以及文明礼仪具体形式重构等，其实做到上述方面并非简单的事情，需要全社会的共同参与与大力支持。

日本娱乐项目维持大型化和可重复的特色,从而减少零散性和单次性消费。在日本娱乐项目中,印象最深的莫过于迪斯尼的灯光展示和池中烟火,以及七八月间的烟火定点燃放,称为花火节。可以说,这些都是大型化、具有社会普遍参与性的娱乐项目,可以尽可能地减少社会成本,而其中的较多项目还具有可重复的特色,体现出日本社会中的节俭原则,而像迪斯尼的灯光烟火则更加具有提升品牌和商业娱乐成分,又体现出成本—收益原则。早在明治初年,日本废除农历新年,转而借用西方历法,即采用阳历元旦作为新年,同时也没有中国各家各户燃放爆竹的习俗。

其实,中国这种零散性和单次性消费造成巨大社会浪费。据报道,中国在春节期间,消费火药量达1400吨,可见数量庞大、浪费剧烈,由此还造成人员的死伤和火灾。央视配楼的火灾据称是烟火燃放引起的,这就是实证。因为燃放的地点没有规范,保证安全的系数就会相当低,应引起中国社会的关注。中国需要重拾禁令,但同时可以开放部分燃放地点,采取这种既禁又疏的办法,解决这种传统习俗的痼疾,并逐步地扩张为具有大型化、可重复以及具有商业特色的娱乐项目,形成中国社会中的娱乐品牌,而春节燃放烟火则应成为中国品牌娱乐项目中的品牌,这样的结果才是中国传统习俗所应保持的正当途径。由此可见,中国可以吸收与借鉴日本的这种经验。

日本旧物的回收具有严密的规制,比如古本图书回收就是明显的范例。在日本电车站附近,多有古本书店,或者说bookoff书店,其内部专门出售各种类别的古本图书(但bookoff书店中也有新书出售),价格上有的相当便宜,存在不同的价位差。比如半价,大多数的价格都标在每本书的后面,以条码作为代号,购书扫描代号,是相当正规的售书形式。最便宜的为105日元价位的图书,相当于图书的本体价为100日元,再加上消费税5%,即105日元。日本还有具体标价的图书,均以本体+消费税的形式出现,因此也就不存在增加消费税的问题。

若日本居民家中有古本图书,存在两种可能的处理方式:居民将图书分类捆好,置于室外,由图书类的规定收取者按时上门回收,回收的古本图书不是低价出售,不用支付任何费用。但若是大件旧体,比如冰箱、电视和汽车等物件，则要支付回收费用，这就更不存在中国回收中的出售问题。因此规定收取者上门收取古本图书，搬走即可。而回收的古本图书将存放两处：古本书店和区域图书馆。居民还可以采取直接邮寄方式，赠与指定的图书馆。日本报纸还刊登图书馆收到居民寄赠古本图书的情况，其中详细地表明册数，或希望居民怎样捐赠等想法，当然这些大多为区域图书馆。

图书为特殊的物品，若古本图书获得有效保存和重新利用，这是文化上的积聚和贡献；若古本图书回收之后，送往造纸厂粉碎成浆和重新加工，应该说是巨大的文化损失和短视行为。其实在这一点上，中国存在历史教训，比如大量旧时文物、古籍图书和档案资料在"文革"中遭毁，应该说需要吸取这样的历史教训。由此看来，在对待旧时文物和古本图书的做法上，日本的经验值得吸收与借鉴。

在日本社会中，许多餐馆采用份饭服务模式，即顾客进入餐馆之后，菜单以份饭服务模式呈现，每份至少有菜饭汤三样，服务员用饭盘，盘内有多个小碗，内装各类份菜，菜量适中，饭量亦在二两左右，适合一人食用，基本上没有剩余，饭后结算。份饭服务模式应在中国餐馆大力推行，从而大幅度地改进中国餐饮服务模式，杜绝目前所存在大量浪费粮食资源的社会现象，推进勤俭节约的就餐模式，提升餐饮品质和服务质量，珍惜农渔副业农民劳动成果，适时地提高农民群体收益，共建现代中国和谐、文明与节约社会。

中国公共餐饮卫生也多为人诟病，但改进的步伐却不是很大，很大程度上为习惯所导致。至少目前还存在诸多的问题。解决的办法大致存在如下方面：推进分餐制，鼓励餐饮店采用份餐服务模式，并以此定价出售，而不再采用桌饭服务模式；仍依旧习，采用桌饭服务模式，但采用公筷制度，甚至实施"每人两双筷子运动"，夹菜和吃饭用筷分开。但中国餐饮卫生仍受旧习束缚，存在积重难返的感触与忧虑。

为营造尊老爱幼的社会氛围，中国总是强调年轻人在乘车时要给老人和小孩让座。应该说此行为能体现社会公德，但在竞争如此激烈，以及生活和工作节奏如此快速的时代，年轻人背负的压力要比老人和小孩重得多，倘长时排队候车后终有座位的权利，会心甘情愿地让给刚上车的老人或小孩，而且老人并不见得有多老,小孩也并不见得有多小?社会公德此刻往往令人陷入两难,年轻人如何做出选择?在日本社会中,让座是个人的选择,并非涉及个人的公德,因此选择也依人而异,但一般来讲没人让位,除非老人和小孩已的确需要帮助。若遇到的确需要的情况,日本电车中很快就会有人站起来,或乘坐下一趟车。因此,社会公德需要自觉维护,但在中国电视和网络传媒中,多提当下年轻人公德意识薄弱,比如乘车不让座和不尊老爱幼等,进行公德上的挞伐。但在工作节奏如此快速的城市中,还是应对年轻人包容一点。现在年轻人群体的社会压力确实很大,需要给予足够理解和多点宽容。当然在大多情形下,年轻人还是会让座的,这又有何疑问?在日本电车中,经常也会发生令人感动的让座故事。

  时至现在,日本学校还存在沿用二战文化标志的社会现象。比如在日本电车或电视中,经常看到中小学校女生穿着饰有旧日本海军的绶带服。可以想见,在现代日本文化中,近代的战时因素还大量存在,即不仅存在于各大博物馆、军事馆和文化馆中抢劫的馆藏文物,以及各企业和学校创建与发展的历史材料记录之中,而且还存在于日常社会生活、学校教育教学与管理,以及深层文化理念与政策之中,这样情形的出现源于日本社会中的战争遗迹还大量存在,不仅表现在物质文化而且也表现在精神文化层面之上,这对现代日本思想、观念、文化和政治等产生诸多现实性的影响与作用。

  因此不禁要问:没有清算历史的日本,是否还会计划卷土重来?由此看来,除壮大自己之外,目前的对策可以采用默认美国军事占领日本的做法,维持美国在日本永久的驻军,这不乏是一种战略的选择。而中美之间存在的其他问题,可以运用谈判的方式解决,比如中国台湾的回归和钓鱼岛群岛的主权问题。

卷四

中国教育系统：误区与选择

文化比较：中国与日本

  中国传统文化是中华民族祖先留给后人的宝贵精神财富，也是中华民族先辈对世界文明做出的重大贡献。但现在中国社会和学术界存在唯传统道德文化复兴的热潮，甚至将道德进行泛化，认为传统道德文化是实现文化复兴的唯一路径，即只有复兴传统文化，才能维护中华民族的根性。然而人类总在社会实践中不断前行，从农业社会过渡到工业社会和信息社会。中国传统文化的植根基础在于农业社会，而当人类社会步入工业社会和信息社会，现代中国文化若还固守原有文化传统，坚持道德泛化观点，将不可避免地将中国社会发展引入文化误区，这并不符合人类和中国社会发展的基本规律，必将对中国社会发展和中华民族崛起造成极大的危害。

  柏杨提出所谓的"酱缸论"，认为中国社会和文化犹如酱缸，具有较强融合外来文化的能力，这种观点引人思考。近代以来，对中国传统文化多有争议。现代继"酱缸论"之后，又出现多版本的形象比喻，比如"墨缸论"和"粪缸论"：前者认为中国具有5000多年的文明史，为东方文明中心，因此中国文化乃"墨缸",具有较强融合外来文化的能力,并由此丰富中华文化的内涵,一世纪传入的佛教即为典型的例证。后者认为中国传统文化具有较强迂腐的性质,儒家文化的核心来源于政治失意之后的孔子,因而中国文化的核心乃"粪缸",虽然具有融合外来文化的能力,但也难以自净,以至多次遭受外族的入侵,建立外族主导下的政权,呈现出强烈的弱者气象,应进行大力的改造。

近代以来,中国传统文化已进行两次较大程度上的改造:新文化运动主要是进行传统思想上的改造;"文化大革命"主要是进行物质层面上的改造。两次改造的过程造成现代中国文化出现历史断层,确实让人有点挖坟掘墓的感受和"焚书坑儒"的随想,造成传统文化与现代文化之间存在断裂,但同时又给创造崭新现代文化提供良好的时代契机。对中国现代化而言,这一时期是脱胎换骨的绝佳时刻,因此应抓住现代新文化创建的良机,努力地创建富有现代中国特色的新文化,从而开创现代文化发展的新时代。

西方进化论产生以来,"物竞天择,适者生存"成为人类的公理。近代中国社会发展充分地证明,在人类步入工业社会过程中,道德泛化论已成为历史文化传统,弱肉强食和靠实力说话已成为人类社会文化发展的主流。在西方步入工业化过程中,经历了野蛮扩张与殖民浪潮。亨廷顿提出的"文明冲突论"已指导美国外交和军事行动多年,比如发动中东战争,掀起美国与伊朗之间的冲突,以及支持以色列在巴基斯坦地区的建国行动,都充分地体现出这种观点所具有时代性的影响与作用。而当前阿富汗出现的内部纷争,以及美国为首的多国部队进驻,更是美国战略性的外交和军事措施。由此来看,仍可以见到这种观点的影响与作用。历史和现实都充分地表明,在由农业社会走向工业社会与信息社会的进程中,单纯的道德说教已起不到决定性的影响与作用。

明治维新以后,日本实施"脱亚入欧"政策,并将改革前的时期称为黑暗时代,大力地引入近代西方科学技术文化,推进"和魂洋才"的教育宗旨和方针,本质上是抛弃中华传统文化中的道德泛化论,从而顺应了时代发展的潮流,推进了其工业化的进程。当时日本采取"去中国化"策略,致力于加入西方集团,并推行东亚侵略和殖民的"大陆政策"。由此充分地表明,世界要靠实力说话,而非道德说教。

在快速进入工业化和信息化社会时,目前中国应尽量地避免传统文化中道德泛化论的死灰复燃。其实,这也并非全盘否定传统文化,但传统文化产生于中国社会的土壤,当然还应回到其中,从而寻求生存和发展的道路,而不能超越文化的范畴,再次成为关涉中国政治和经济等发展的战略与政策。在当前充满竞争的国际社会中,仍要坚信世界要靠实力说话,而非道德说教,毕竟道德泛化论难以适应工业化和信息化社会的发展进程与时代需要,道德文化为特征的中华传统应回归到中国社会生活之中,而非凌驾于政治和经济等现实层面之上,这是相当明智和正确的观念认识,必将有助于中国社会发展与中华民族崛起。

日本长期没有经历本土的战争,保存有诸多文化殿堂和艺术符号,构成了其文化发达的鲜明标志。但日本是现实性的国家,也是多元化的社会,政治上集权与分权并存,体现出其传统与现代相结合的特征。日本社会更多追逐实际的利益,政治依实际的利益为转移,最明显的就是推行弹性和灵活原则,依日本国家和民族利益的推移而存在政策等方面上的变化。

正是存在这样的现实性特征,日本社会对文化群体并不刻意地追寻,而是理性的欣赏,依自身的利益为转移,比如演员就是女优,歌手就是歌人,而不会冠以明星的称谓,这些行业不会产生明星人物,因为日本人的嗜好是千人千面,文艺群体也只是社会文化的组成部分,对具体人而言就是职业。但漫画则是例外。日本人酷爱漫画,老少咸宜地热衷于漫画,关键是漫画能满足日本社会和文化的需求,漫画创作能与现实日本社会相结合,因此日本漫画制作者可以享有漫画家的殊荣。从女优、歌人到漫画家,体现出日本社会和文化的现实状态。

中国各种明星不仅舞台上极尽职业的风光,而且往往成为腰缠万贯的富豪,更有极品的明星还成为不称职的政客,而更多明星在发达致富之后,抛弃身后的捧星族,转而成为西方移民,到"西天乐土"享受荣华富贵。其实这是社会角色机制问题,助长追星和造就明星,而冷落辛劳奉献的社会群体,可以说这是中国社会性的悲哀，应受到政府和民众的关注，应切实地将实惠和利益分享给乐于奉献的建设者、普天下建设家园的劳动者、默默无闻和辛苦操劳的研究者，以及保家卫国和不惜牺牲的前方将士。毕竟所谓明星只不过是丰富社会文化和日常生活中的元素与符号，以及社会职业中的哗众品种，不仅不应过度地鼓吹，而且应加以限制与引导。

目前选公务员需要长相漂亮，会说能唱，最好还是明星，这种现象的出现与目前推崇明星的现象存在紧密的关联，政府不应助长这种歪风的继续蔓延。其实如同大学宏伟的门楣，只追求虚华的外表，而非教学与科研，肯定是不行的。由此看来，各种虚华的认识和只图外表的现象浸透在社会之中，造成靡靡之音泛滥，浅薄和低俗之气蔓延，社会日益呈现浮糜的气象，这些现实社会问题需要引起足够的关注，并予以大力地改善。

中国社会注重传统的道德教化和人生长寿，秦始皇时有徐福东渡求仙草的故事，同时也有许多传统道德教化的事迹。足以想见，求长寿、护道德是中国传统和现实中的突出表现。而日本社会与中国社会则存在显著的差异：日本崇奉进取精神和英雄主义，传统神道教和武士道都是这种崇尚的社会反映，前者将英雄豪杰进行人神化，后者更促使日本人为实现人神化而孜孜追求，甚至发展成为对人生追求的激烈表示，即以自杀的方式了结人生。

综上所述，中国社会对人生的消极态度，存在传统道教处世态度的消极影响，即避世以求道，崇道德而重长寿，厌纷争而轻进取，策略上强调以柔克刚，而不是西方社会（包括日本社会）中优胜劣汰的规则。因此中国人大多消极地对待人生、消极地度过人生，而日本社会则表现出相反的情形，奉行积极入世的人生原则，悲叹樱花的遽逝，感慨豪杰的奇缺。因而，中日社会和民众在人生态度上表现出明显的差异。

中国要想摆脱历史的缰绳，转移历史的辙轨，必须痛下决心，挣脱历史文化的痼病：舍传统的人生之道，而追求进取精神；舍传统的消极长寿，而提倡英雄主义。需要明了四季有轮替、候鸟有迁徙，而人生的辙印不应永远地循环在固定的轨道上，应善于学习外界的新鲜思想，转变中国的传统精神，立足人性中的激越精神，追求人生绚烂的光辉瞬间，以及流星般美丽的光彩与印迹。珍爱生命的价值，比追求长寿更重要；积极处世，比消极出世更重要。由此来看，中国人应向日本人学习人生之道。

科技：社会生产与创新精神

马克思强调"生产力中也包括科学"，邓小平指出"科学技术是第一生产力"，上述观点足以表明科学技术在社会经济发展中的决定作用。2000年，江泽民在《科学》杂志上撰文：《科学在中国：意义与承诺》；2008年，温家宝接受《科学》杂志记者采访，撰文《科学与中国现代化》，其中的内容也足以表明，中国在社会经济建设中高度重视科学技术的影响与作用。通过对马克思与托夫勒有关科学技术在社会历史阶段划分中的影响与作用进行的比较分析，也可以获取科学技术的阶段发展是人类社会发展阶段划分最终标准的研究结论。

技术的发展需要科学理论的不断支持。比如在二战后期，英美军队先后攻入德国境内，苏联军队先行攻入柏林，并停止继续进取的脚步，按照与美国等签订的协议，等待会师之后结束对德战争。而与此同时，各国争夺德国的武器装备及其技术，以及大量科技人才的斗争开始。美国首先将德国制造先进武器的专家接送入美，而苏联和欧洲的参战国只是抢夺德军留下的战备物资，搜罗制造先进武器的专家相对较少。苏联最后只好将制造先进武器的专家亲属接送本国，以期获取德国专家的智力资源。

战后由于拥有大量制造先进武器的德国专家，美国在科学技术理论上占据了比较上的优势，最后获取较快的发展。与此相反，抢夺大量战备物资的苏联和欧洲的参战国，则需要对战备物资的科学技术理论重新进行分析与研究，在获取德国先进武器的科学技术原理上明显地比美国落后，因而此后在科学技术发展上就不占有比较上的优势。历史事例表明，只是发展实物技术还不够，还应促进科学技术原理的发展，注重培养和造就大量掌握先进科学技术理论的知识人才，吸纳国内外著名科学技术专家，才能获取科学技术事业上的较快发展，以及加速推进国家发展与势力壮大，从而最终获取国家富强和民族崛起。

科技发达的西方国家，比如美国和日本，近些年来不断地在华推进"技术殖民"。目前中外在科技及其产品的研发上还存在较大的差距，这是客观的事实，比如美国微软集团在中国占有强大的势力，并逐渐地形成垄断的局面。微软在华的战略极具代表性，可谓在华推进"技术殖民"的急先锋，其主要存在如下战略措施：以技术优势向中国推进；采取容忍中国个别企业的盗版活动，借以拖延中国相关软件研发和产品销售，从而占领中国软件市场；通过对华营销和容忍盗版等行动，摧垮中国民族软件业或迟滞中国民族软件业的发展；通过各种途径推广微软产品，拓展中国社会中微软产品的使用群体，并借势拉高微软产品价格，从而获取高额的利润；提升软件层级，不断地更新或增加设置，加速更新换代，从而引导消费者扩大消费，并以高价格销售，扩大利润空间，开展软件垄断经营；推进在华产权战略，宣传和维护微软在华技术和销售上的优势地位，打击中国民族软件业发展；在华设置研发机构，搜罗中国优秀技术人才，并形成微软在华研发基地，借此进一步地削弱中国民族软件业的本土优势，迟滞中国民族软件业的发展，维护微软在华的比较优势。

由上可知，盗版虽能图一时的企业私利，但不利于民族软件业的持续发展，不仅容易产生怠惰成分，而且也不利于中国民族软件产品的社会使用，客观上会加速微软进军中国的步伐，并形成社会使用中的思维定势和习惯，最终成为微软产品的附属者，导致对微软产品产生严重的依赖心理，进一步地拖住中国民族软件业的发展，而微软则借机提高软件产品价格，从而获取超高额利润，形成对华软件产品销售的垄断地位，实现"技术殖民"的战略目标。可以想见，打击盗版和假冒伪劣是中国政府及其有关部门应尽的社会职责。若维护这些非法行为，虽可以图利于一时，但不能维持长远，而且会对中国民族企业的发展产生深远的影响与作用。

因此，需要切实地提升中国民族企业的产品质量和技术含量，增加经费投入和研发力度，推进民族企业产品的品牌建设，维护国有品牌的本土优势，特别是技术和价格优势；避免成为外国技术产品的附庸，并引发"技术殖民"风暴，导致外国企业利用自身优势，在华继续长期地获取超高额利润，并由此拖垮中国的民族企业。中国政府近些年来提出实施科教兴国和可持续发展战略，充分表明科学技术在社会经济发展中的重要价值与意义，因此大力地发展科学技术是当前中国社会经济发展中的当务之急，而且应着力地发展高科技，以及不断地推进科学技术的社会化应用，不仅要占领世界科技发展的制高点，而且还要促使科学技术成果造福广大社会民众，从而成为推动中国现代化进程的决定性因素，促进中国社会日趋走向繁荣与富强，以及加速实现中华民族的崛起。

对民族和国家而言，创新特别是科技创新非常重要。教育需要培育创新的精神，社会需要激发创新性的工作和生活，而制度和市场是激发社会创新精神两大重要的杠杆、工具和手段：

其一，制度与创新。社会制度存在历史发展的过程，现阶段主要存在两种社会制度，即社会主义制度和资本主义制度，上述两者的存在都具有历史发展的根据，本质上不存在优劣之别。若有现实上的差别，也只表现在社会阶段发展的认识上，即资本主义的社会制度最终要过渡到共产主义的社会制度阶段，而社会主义的社会制度则是共产主义社会制度的初级阶段，这是马克思主义的基本观点。由此可知，现阶段社会主义的社会制度和资本主义的社会制度都是共产主义社会制度的前期阶段，只存在生产资料配置和上层建筑结构上的差异，而这并不是上述两者之间所存在优劣的本质依据，其实上述两者之间更多地存在联系性特征，需要相互学习、吸收和借鉴，以及共生和共存在现阶段社会发展的进程之中。上述两者之间的差异集中体现在：一是生产资料配置上的差异。社会主义的社会制度强调生产资料的共同占有，因此在社会生产中更多地采用公有制，但这并不否定私有制，而只存在份额和重要度上的差别，即公有制具有更大的份额和重要度；资本主义的社会制度则强调生产资料的私人占有，因此在社会生产中更多地采用私有制，但这也并不意味否定公有制，也只存在份额和重要度上的差异，即私有制具有更大的份额和重要度。但无论是社会主义的社会制度，还是资本主义的社会制度，生产资料的配置都是由一定阶段社会生产力的发展水平所决定的，而科学技术的发展阶段则具有决定性的重要作用。因此无论何种社会制度，关键都要提升社会生产力的发展水平，推进科学技术及其应用的发展，从而在国际范围占据社会生产的优先权和话语权。二是上层建筑结构上的差异。上层建筑结构中存在一定的观念系统和制度系统，当然是由经济基础所决定的，包括政治、文化和宗教等体制性结构。目前全球社会主义国家大多实行共产党执政模式，目标为确立共产主义的社会制度，因而形成系列观念和具体体制的结构，显著地表现为集权性特征。在社会主义的社会制度之下，若要激发创新，关键要在维持集权性特征的基础上，增进分权化和民主化的发展过程，从而形成上层建筑的整套崭新结构，体现出历史的发展与进步。在全球资本主义国家中，各种政党制度模式共存，比如两党制、多党制和君主立宪制，目标是为了实现资本积聚和最大利益，虽然共产主义的社会制度为其发展的必然归宿，但其却不以确立共产主义的社会制度为目标，而体现出实用主义精神，从而也就形成另外一套观念和制度（体制）结构，特别是标榜民主、自由和博爱的大理念。但由于各区域、民族和国家存在差别，这种结构并不存在完全的一致性。比如，日本和英国均为君主立宪政体，但本质上两国之间又存在来自民族、国家、文化和历史等层面上的差异，同样实行两党制和多党制的国家之间也存在显著的差异。但无论是社会主义的社会制度，还是资本主义社会制度下的上层建筑结构，和平与发展都是主流，此即邓小平对国际形势的正确判断。其实，这也是对在社会主义和资本主义社会制度之下，上层建筑结构的基本发展趋势所做出的正确判断。近些年来，随着全球化的不断推进，上层建筑结构上的创新来自上述两者之间的相互学习、吸收与借鉴，以及在和平与发展中寻到两者之间的契合点，从而激发出各自的创新精神。

其二，市场与创新。市场与计划都是社会经济调配的重要手段，市场的最大特点是具有灵活性特征，计划的最大特点则是具有统一性特征。上述两种制度之下的社会经济调配又具有同一性特征，即都存在市场和计划，但其选择手段的侧重则存在某些方面的差异：社会主义的社会制度之下侧重计划，资本主义的社会制度之下侧重市场,这是理论上的手段选择模式。但现阶段在选择市场和计划两种社会经济调配方式时,上述两种社会制度的国家由于存在政策性和时期性(发展阶段性)等方面的原因,以及历史文化的影响与作用,到底是侧重市场还是侧重计划,并不完全按照社会制度的差异而获取界定,而是由经济基础所决定的,即必须考察公有制和私有制在不同社会制度国家中的存在状况。市场的灵活性有利于激发创新的精神,但计划的统一性又能统合经济的资源,从而产生积聚的效应,也会激发创新的精神。因此上述两者之间的差异存在相对性特征,前者适合经济的运作,后者适合社会的支配,但都采取社会经济调配的方式。由上可见,何时运用市场,何时运用计划,以及两者之间又是如何调配与协作的,是激发社会创新精神时所需要解决的关键问题。

教育:问题与对策

目前中国教育存在不少问题,其中之一就是"小学而大遗"。现在中国人都重视子女的幼儿教育,不仅重视幼儿园和小学阶段教育,而且还增加各种素质提升的训练班,比如声乐、绘画、舞蹈和球艺等,借以拓展子女的文艺技能和开发潜质。然而越到高年级,由于课业的负担与压力,以及升学等诸多原因,这些类型的素质提升活动逐渐地减少,以至学生成为知识灌输的容器,在知识学习之外再无其他的素质培训和提升项目,导致学生在校学习成为考试的"俘虏",唯以考试的知识点和题型为主旨,能力与素质的育成则成为"奢侈品",现今这种状况已蔓延到大学阶段教育。

近些年来,由于高校实施扩招政策,大学生毕业后的就业竞争变得异常激烈,只有上重点大学才能有比较优势,本科毕业已难以找到合适工作,只能再备考硕士和博士,造成应试教育延伸到博士阶段。而博士学习又如何呢,仍还是知识传输的方式,由此也就造成学生的能力与素质日渐降低。上述情形从海外游学生与外国学生的综合比较中可以获知,中国游学生在动手实验等方面上的能力明显地比不上外国学生。虽然他们在知识上存在某些优势，但在要求创新的学术环境和发展阶段中，能力显然要比某些知识更为重要。因为知识可以通过各种途径而获取，而能力则非旦夕之间就能轻易地获取。

由上可知，中国教育切实需要由应试教育转变为素质教育，而且要从幼儿园坚持到大学后教育阶段，而不应再呈现为"小学而大遗"的怪状。上述方面也应成为今后中国教育改革与发展中所需要解决的方向性问题。

中国教育尚未摆脱应试的阴影，大学教育亦是如此，学生自主学习和创新能力受到多方面的抑制：选拔考试机制引导学生单纯地为了应付考试；教学组织单纯地为了完成计划安排；教学方式单纯地为了传授知识；教学时间单纯地进行课堂教学；教学现场单纯地局限在学校教育机构；教学主角单纯地是学校教师；教学评价单纯地设为期中/期末考试；教学内容的视野相对偏窄；教学管理秉持行政主导模式；教学与管理中的各种关系尚未理顺。由此导致行政成为管理的机器，教师成为教学的机器，学生成为学习的机器，学校也就成为应试选拔的机器，学校教育也就成为就学位证明和学位授予的机器。从学士、硕士到博士，甚至博士后，都想获取相应的名分，这种机器与传统文化中的"学而优则仕，仕而优则学"相联系，出现"官位"与"学位"的结合，从而形成目前社会运作的机制与景观。

2007年，参加驻日大使馆教育处组织的联欢会，即忘年会，会间中国最后一届在日博士后项目同行抱怨日本导师很少进行直接指导。当时就想，日本导师给予适当的建议，或许具有存在的必要，因为是在异文化的学术环境之中，倘若博士后研究还需其他人的直接指导，或许体现出存在的自身问题。其实这反映出目前中国教育存在的应试困境，没有重视学生研究问题的发现和解决能力的训练，这是长期以来所接受应试教育决定的必然结果，学生自主学习和创新的能力培养没受到足够的重视，以至出现博士后学习和研究还需要其他人的直接指导，或许这是当前中国教育的悲哀。因此，要以现实性态度改变这样的状况，特别是必须进行教学方式、具体内容和组织形式等全方位的改革，努力地培养学生发现、分析和解决问题的能力，更为深刻地认识和理解学生自主学习和问题研究的创新本质，当然这就需要从观念到机制上都进行必要的改革。

中国教育现存两大战略性误区：一是学校教育与社会教育的内涵认识不清晰，教育的内容完全集中于学校，造成上述两者的社会功能相互混杂，难以凸显各自的社会功能。二是文化涵育和社会教育的功能相互混同，造成对文化缄默教化和社会显性教育两者的认识与区分不清晰，从而难以发挥综合性功能。解决此"两大"战略性误区的关键，就是应将社会教育从学校和文化机构的社会功能中分离出来，建立完整和有效的社会教育系统，实现社会教育机构功能的独立与发展，并与学校教育和文化涵育的社会功能相配套，促使学校教育、社会教育和文化涵育等相协调，从而构建完整的大教育系统，实现综合性的社会功能，发挥学校教育与社会教育（其中包括文化涵养）相结合最大的社会作用。

现行中国教育制度特别是考试制度具有较强的筛选功能，主要是以知识为标准选拔生源，而现代教育则需要奉行素质和能力主义，要求以素质和能力为标准来选拔生源。当然素质和能力必须以知识为基础，这样就提出一个问题：中国教育奉行素质和能力主义是否可行？

教育的问题是社会问题的折射，用人制度、工资制度、社会保障制度和任用制度等才是制约教育制度改革的重要因素，而不在于考试制度改革中的标准选择。集中体现在：中国社会制度的改革需要保持大致公平，给予各种不同社会职业以尊重和公正的待遇；社会制度包括人事和任用制度等要建立绩效标准的评价机制，而不能以学历和资历等评论高下；建立全民社会保障制度，这是最为根本的需要，并要消除社会等级和城乡等之间的显著差别，改革和废除户籍制度，允许公民自由迁徙；建立相对公平的工资制度，特别是要提升艰苦行业和学者阶层的工资待遇，消除与其他社会阶层过高的工资差距，逐渐地实行各种行业相对平衡的社会工资待遇体系；建立行政官员的家庭财产透明制度，接受社会舆论的广泛监督，消除各行业的灰色收入渠道，并建立社会商品税收的明定比率和电子系统的收取制度；减少财政税收征缴的中间环节，并保持公开和透明；建立产品质量的保障、监督和企业破产制度，鼓励产商自觉地提升产品质量，并符合市场准入的相关政策，允许企业因产品质量问题申请破产,保障消费者的基本权益,鼓励企业进行自主研发和创新,改变人才选任上的基本观念,建立以素质和能力为标准的企业用人机制。

上述制度的变革必将引导教育制度的改革,从而建立以素质和能力为标准的教育制度,有效地推进考试制度等方面的改革。因此,中国教育制度的改革是社会制度改革的重要环节,应在社会制度改革的大系统背景和条件之中,寻求教育制度改革的突破口,从而建立适应全球化时代特点的教育制度。

目前中国教育要关注学校教育的社会职能和性向转换问题:首先,要弄清楚学校教育的基本社会职能问题。针对学校教育的社会职能,可谓仁者见仁、智者见智。现代学校教育的社会职能主要包括如下三项内容:科学教育与技术开发及应用研究;人文社会科学的专门人才培养和科学研究;技术人员、专业人才培养和科学研究。由此可知,现代学校教育的社会职能集中体现为人才能力素质育成和科学研究两项,而科学研究则包括如下内容:科学技术研究及其应用开发,以及人文社会科学研究。前者体现为现代科技的发展与应用的目的,后者则体现为社会管理中思想与理论的探求。从战略和现实层面上来看,前者为基础和核心,后者为导引和服务。在现代社会发展进程之中,中国亟须继续推进科教兴国战略和可持续发展战略,社会治理要以科学技术研究及其应用开发为中心,而不应过于强调社会治理中的权力因素,行政机关和部门应以服务为主要,而不应以行政为主要。

其次,要弄清楚学校教育的性向转换问题。学校教育如何与文化涵育、社会教育建立正常关系,此问题需要进行深入地思考与分析。这样的正常关系主要存在如下两种模式:一是学校教育内涵中包括文化涵育和社会教育。二是学校教育内涵给予文化涵育和社会教育的空间。合理的做法肯定为后者,但中国教育现状却是前者,由此形成教育系统中只存在学校教育,而社会教育和文化涵育则过于虚化,因为后两者的社会职能都划归学校教育内容,即由学校承担。其实,学校教育应与文化、社会建立正常关系,即学校教育为文化繁荣和社会发展服务,而不是将文化和社会的职能浓缩于学校;学校教育应为文化和社会的发展提供动力,而不是简单地反映社会和文化的状况,即学校教育、社会教育和文化涵育三者之间应建立正常关系，各自承担相应的社会职能。由上可见，学校教育要实现性向上的转换，即学校教育内涵中不应包括文化涵育和社会教育的社会职能，而应在学校教育内涵之外给予文化涵育和社会教育应有的空间，从而促使上述三者的社会职能形成三位一体和相辅相成的正常关系。

学术：倾向与论议

当前中国的社会风气转入相对无序化的发展，并且同时牵涉到学术的圣地——学校，特别是很多大学存在如下两种状况：行政化和麦当劳化。前者主要是指大学的内部管理，表现为行政部门的职责日益增大，并加速朝向双肩挑的发展，从而混淆行政与学术之间应有的界限，即行政干部是专家学者，专家学者也日益成为行政干部。据报道，某大学存在40位教授争聘一个处级的岗位。后者主要是指大学的学术特征。当前的选用人才多看关系和钱财，往往导致学术的表象化、泡沫化和麦当劳化，表现为追求学术的数量，而忽视学术的质量；讲求学术的发表，而轻视学术的深思。其实，上述这些情形的成因都可以追溯到当前中国大学行政和学术管理的现状与问题，因此不禁让人感到隐忧。如此这般的话，中国以后能否为真正的学术提供立足之地，其中大有问题、值得深思。

樊刚教授攻读博士时，曾经热衷于参加各种学术研讨会。有一次参加研讨会回来，感到很满足，便与导师朱绍文教授交流参加研讨会的心得体会，没想到获得的是导师的批评。朱绍文教授说，参加研讨会只是与俗人对话，而要有所成就，就应更多地与伟人交流，鼓励多阅读和钻研经典著述。这个故事由樊刚教授的学生提供，现在他也已成为博士生导师，亦以此典故告诫自己的博士生，要多从经典著述中吸收营养，而不应热衷于社会的潮流，确实应珍视这种追求学术的精神。

中国学者贱如泥的现实景况，确实也令人感到几分担忧。由于行政权力过大，人际关系因素在学术研究中占有较大的分量，学术成为行政的附庸，这种状况无法令有主见的文章脱颖而出，只能依行政的需要而撰述，结果可想而知。由此看来，在国内学术界，学位和职称只不过是摆设，也只是走上行政的垫脚石。在很多人眼中，走行政的路，才是真正的人生道路，因为中国学者贱如泥。

与之相伴随，就是中国学术发展中所存在诸多的问题：一是学术行政化倾向。目前在中国学术领域中，行政化倾向相当严重，不仅体现在高校发展与管理过程之中，而且还表现在学术项目申请与鉴定之中，甚至研究操作的具体过程之中。二是学术随意化倾向。目前中国刊物繁多，但却没有一定的质量标准，学术成果质量往往把握在科研能力并不非常突出的编辑而非专家学者手中，这就造成很多学术刊物呈现出泡沫化繁荣，学术成果质量非常低下，这样的结局不仅没有促进学术发展，而且对学术文献搜索带来额外的负担。在学术论文发表前后，进行严格学术审查和责任追究相当重要，必须存在实质性的审查程序，而不是只挂上专家学者的名分，且并没有承担审稿的学术义务。三是学术腐败化倾向。主要表现在学术抄袭、摘译和重复，以及学术发表中的关系因素。腐败化倾向的根源在于利益的驱动，因此淡化学术的利益因素很重要，需要建立学术质量审查机制，建立学术质量信誉档案。四是学术崇洋化倾向。这是崇洋媚外的社会心态在学术研究中的突出表现。若要避免学术发展中存在的上述倾向，就需要追求学术研究模式的多元发展，组建各种学术组织，加强学术质量审查与保障，以及促使学术刊物呈现多样发展的态势。

正是由于存在上述不良学术倾向，造成当前学术研究及其管理中也相应地存在诸多的问题：

首先，目前中国学术界缺乏必要的争鸣，主要是迎合当前形势发展的需要，按以前的说法就是养成太多的御用学者，这种类型的学术研究并非没有必要，但要控制在一定的范围之内。若全体学问家都去充当御用学者，谋取社会地位与权力,中国学术研究就会缺乏生气。学术争鸣是学术发展的重要标志。学术争鸣最激烈的时代也是社会发展最活跃和最激动人心的时期,比如春秋战国和民国初年。学术争鸣局面的出现需要学问家的分化,因为只有存在不同立场的学问家,才能形成学术争鸣的局面,而这种局面的出现将对现实社会产生不同程度上的影响与作用。当然,这种影响与作用需要政治家、经济学家、军事学家和社会学家,以及其他各学科领域的专家学者来共同营造。若社会处于政治家统领的时代,所有其他各领域和学科专家学者都困扰或听命于政治家的需要,往往会造成整个学术界呈现出暮气沉沉的局面,长此以往必然会对政治的发展也产生阻碍,并逐渐地降低学问家的社会影响与作用。因此,应鼓励学问家的分化与争鸣,如此则政治可以走向清明,社会可以走向发展,中华民族复兴和中国和平崛起也会存在强有力的学术支撑,这是分析与探究社会发展和历史经验的重要结论,也是社会需要依存的重要前提,应着力地去推动,从而早日实现学出百家、术有专攻和学术争鸣的发展图景,开创中国学术发展的新局面。

其次,中国社会研究缺乏综合和多元,专家学者讨论的问题不是停留政策层面之上,就是存在于微观层面之上,而在大社会和大领域层面上讨论的问题相当少,即缺乏综合性和多元性的分析与探究。日本的情形就不是这样,其特征集中表现在:重视大社会和大领域的宏观战略研究;设置相应综合性的科学研究机构,并强化实证调研;研究机构设置相当多元,允许各种交叉性和特色性的机构设置,并构建竞争和公平机制;科研机构是相关部门工作的监督和评价机构,并将这项职能与科学研究相结合,从而形成常态性的监督和评价程序,因而具有经常性特征。

最后,中国财务和科研管理亟须加强。目前中国发票管理相当混乱,税收征缴尚未纳入信息化系统,行政管理信息化推进也相当缓慢,其中人为阻碍因素较强。由于行政部门把持特权,信息化后这种特权便不存在,因此权势利益群体有意地放缓或不愿竭力地推进信息化进程。由于财税管理维持原始管理手段,以及存在行政管理的特权与私利,从而造成信息化进程难以深入推进，同时公共管理部门比如科研管理部门，对经费的管理存在放松规制的问题，即科研经费并没有放在科研上，而是采取松散管理方式，加上发票管理混乱，造成科研经费的大量流失，比如科研人员以图书和设备等名义报销，实际上这些经费用作科研人员及其家庭成员的日常开支。因此亟须加强科研经费监管，不仅要建立信誉机制，也应建立切实有效的惩处机制，由此提升科研经费的利用效率，促使有限的科研经费真正地用到科学研究过程之中，从而有力地推动科学技术的进步和人文社会科学的发展。

同时也应知晓，中国学术界存在干预政治的惯习，北大、北师大和清华等大学更是以师生参与五四运动等相倡扬，虽然这段历史起到推进社会发展的重要作用，但作为大学而言应保持政治中立的态度。在现代和平时期，保持政治中立态度就显得更为重要。现在时代要推进大学自治的实现，就必须要促使教授、学者和学生秉持政治中立的态度，着力于学术研究，推进高深学问的追寻。历史中出现学者干政的社会现象，比如在"八九风波"中，教授、学者和学生推波助澜，对中国政治的发展带来了严重的负面影响，同时还使大学自治的正常发展遭到破坏。中国学者还很容易带入挟洋而重的恶习，关键的原因在于这类人以教授和学者为名片，却意在政治上有所企求，因此这类人应放下学者身份，然后才去从事政治，要不然将罹祸大学自治的进展。然而，当一方面舍不得学术头衔，同时还想用来沽名钓誉，甚至不惜舍下尊严而挟洋而重，这类人应属于不屑的类别，可以称为中国的"人渣"。目前在日本存在好多这样的所谓中国人学者，借学者身份摇旗呐喊，甚至鄙视中国政府，同时还以日文著书立说，抨击中国现政权，并与日本社会中的各种势力勾结，妄图挟洋而重，确实应奉劝这类人卸下学者的身份，专门从事政治，而不应玷污学者的名声，破坏中国已形成的学术气氛，同时忠告不要为西方反华势力所利用，成为西方获取中国情报信息、败坏中国声誉，以及内外唱和的丑角。

作为学者，无论是在国内还是国外，都应以学术研究为职志，以中华民族富强为人生目标，而不应挟学者光环而另有图谋。后一类人必定为人所不齿，更不会起到正面的社会和历史作用。在现阶段，中国出现某些不稳定，不能忽视这类人的坏作用。在中国社会和历史发展进程中，并不禁止学者个人参政，但学者不应发挥政治煽情的坏作用，应有理念和纲领，从事与学术身份相称以及具有政治性质的研究事业，而不应直接地参与政治煽情，否则敬请脱下学者身份的伪装，直接地参与社会政治事务。因为在诸如大学——这类学术机构中，学者始终应以学术志业为重，政治上应保持中立的态度，更不应为了达成政治目的挟洋而重，这样会影响学术机构致力于实现学术自治的努力与进展。

当前在做好学术管理问题上，需要关注与重视学术刊物编辑和发表中存在的若干问题：第一，中国学术刊物的规制相当严格，备案时连刊物的纸张数都需要上报，这有违刊物编辑中的学术自由原则。其实刊物备案之后，可以放开不重要的事项，只需要保证刊物所载论文的政治观点不应与政府的意志相违，在纸张数量、栏目设置和文章编排等方面，则可以完全由刊物主持人酌定，坚持市场导向原则，即只要符合市场需求和政治要求的都应允许。

第二，刊物编辑中的论文篇幅限制和学术规范问题。因为作者阐述相关问题时，提供的每句话甚至文字都经过了斟酌与考虑，若为刊物制定论文篇幅要求，某些优质论文就可能排除在发表之外，或遭受大幅度的删改，这有违学术发表中的自由表达原则，以及作者论述相关学术问题时的主观思想和精神，因此这样的做法不可取。刊物编辑一定要保证论文的原意，切忌对原意进行大幅度的删改，而应按照作者的原意发表，编辑的职责只在于排版和文字校正，即修改别字和错误符号，而不应改动论文的内容和观点，因为这不应是编辑的任务，也是编辑所不能承担的学术职责。

第三，栏目的设置不应太拘谨，力求保持灵活多变，从而保证刊物内容的丰富性。国内刊物都设有固定的栏目，而且明确标注栏目的名称，这样的办法利于读者查阅相关领域的论文，但不利于某些综合性强和涉及面广，以及具有较强研究特征的论文发表，而当前的学术研究需要上述这种类型的论文，因而存在一定程度上的局限，需要进行必要的改正。

第四，存在过度的商业追求和装帧要求，往往对论文内容产生不必要的冲击。学术追求与市场需要总存在一定的距离，学术研究往往需要保持这种距离，因此在编辑和设计中应充分地考虑刊物的内容，而不应过度地考虑刊物的表面，从而透彻地表达出学术研究的气息，而不应只是追求市场的效应。

第五，需要注重相关学术问题的主题组稿。刊物应重视相关学术问题的主题讨论，可以通过主题组稿的操作形式，即每期的录用与编辑都存在重点的主题，比如大学教育财政、本科教学质量保障等，然后进行系列的组稿，形成同类的论文集。若长期坚持的话，就很有可能形成刊物的特色，其实这还利于社会征稿和专家约稿，从而更进一步地提升刊文的品质。

教育行政和管理者：社会角色与岗位职责

教育行政研究当前要把握如下重要问题：一是要清楚宏观大视野的研究特征，即大教育观。分析与探究社会、历史、文化、教育和科技等领域之间的相互关联，在社会大系统中探讨教育行政管理的发展与规律。二是要抓住战略性研究特征。教育行政研究不同于教育管理研究的关键所在，就是必须着眼于战略层面考虑研究问题，当然还应加强教育行政制度和政策的可操作性分析。三是要体现服务性的研究特征。由于教育是服务性特征相对较强的行业，教育行政研究的重要职责就是服务性的教育实践。当然，除服务性的教育实践之外，还应存在科学研究和社会服务的职能。四是要关注引领性的研究特征。教育行政研究是处于上位层面上的教育管理范畴研究，而不同于处于下位层面上的学校教育管理研究，其中的重要点在于其具有引领方向的作用。

教育行政部门应端正职业岗位角色。目前教育行政部门的角色定位不太端正，地方和中央教育行政部门皆存在这样的表现。先就教育部而言，出台政策要求中小学生跑步，还规定不同阶段学生每日跑步的路程，其实这项政策很滑稽与可笑。教育部本来只要组织活动或发布通知，就可以解决的事情，为何一定要制定规则？可以想见，这种角色定位存在误区。另外有政协委员提案"京剧进课堂"，教育部参照执行，规定以后中小学要开设京剧课程。姑且不论是否有师资，单论其作为也知道这是在干角色不当的事情。本来社会和文化部门可以承担的社会教育事务，为何要让学校来承担，更有甚者还规定要进课堂。若什么东西都进课堂，那不禁要问学校的社会职能到底是什么？由上可知，不仅教育部的行政作为存在不当，政协委员的提案也存在不当，甚至连学校教育的社会职能认识也存在不当，即学校也存在角色不当的问题。

从地方角度而言，地市县教委（教育局）本来负有区域教育行政大权，但目前的情形只是负担监管学校的行政权力，而没有承担组织与实施社会活动的行政职责。按道理来讲，地方教育行政部门每年应组织本区域的学校举办各种集体性活动，比如体育竞赛、歌唱比赛、集体旅行、历史探访和科学研究等，但目前地市县教委（教育局）都不干这样的事情，因为存在各种社会风险。于是只做监管学校的事情，比如领导视察、政策制定、通知发布和招生排名等，将应试教育安排得扎扎实实，然后组织一些材料，抓住几个典型，将应试教育说成素质教育，理由是在本区域，北大、清华、复旦和科大等高校的录取人数，以及重点高校的录取比例，其他低年级班的通则就是相互攀比总分、平均分和单科平均分，以此为依据对教师和班主任甚至学校进行各类型评奖。而在给上级的报告中却口口声声地称，本区域在扎实推进和落实素质教育，其实办的全是应试教育。借口是若没有升学率，就会影响学校或班级的声誉，教育行政部门领导也脸上无光。

再就是教师。当前教师只是将岗位职责规定在等同学生家长的层面上，甚至比学生家长更为注重学生的成绩，以至出现学生成绩的排名，出现区别对待学生的情形，比如"吃小灶"，诸种怪现象大都不符合"培养全面发展的人"的根本宗旨。教师的心中只有学生的升学率，因为这关系到教师的教学声誉和绩效奖惩。

可以想见，目前中国教育行政部门以及学校工作人员，上至教育行政部门的干部,下至普通的教师,即从上游到下游,都存在职责与角色不端正的问题。现在已到端正职责与角色之时,因为教育部是教育部,教育局(委)是教育局(委),教师是教师,家长是家长,各种角色不同,对学生的期望亦应有所差异,即职责与角色都会有鲜明的区别,不可能所有岗位和职务的职责与角色都和家长的相同。若与家长的期望完全相同,则可以认定这些部门及其人员存在职责与角色不符的问题。

其实,任何社会部门和教师都应树立为国育才的理念,而家长则允许树立为吾(家)育才的想法,其中存在显著的差异。在实施教育过程中,学校应充分地体现"为国育才"的根本宗旨,每个学生都是国家未来的建设者,都是教育的对象。所有学生肩负着的都是中国未来社会和建设的希望,而不全是学生的个人发展与前途展望。因此,教育行政部门应组织全体学生参与各种活动,教师应树立学生平等的思想观念,多些从人的发展和社会需求角度来思考相关教育的问题,少些从学生发达角度来实施教育教学;多些考虑学生素质的全面提升,少些关顾学生考试的成绩。而教育行政部门连同各大学,应增强办学自主权,逐步落实自主招生改革,推进高等教育普及,降低学生成绩评价标准,并更多地从人的发展和社会需求等方面制定标准。比如,可以组织区域全体学生表演大合唱、体育竞技、美术比赛、书法比赛、爬山比赛(活动)、参观走访、科学研究和认字作文等活动;做好展示和媒体宣传并收藏入档,不仅要进学生档案,而且还要进文化馆和区域档案馆,充实区域文化的内涵。其实,文化与教育就是如此获得融合与发展,社会教育就是因此而获得进步,学生素质和全民公德亦就是由此获得提升,最终学校教育的社会影响也就是由此获得彰显。

大教育观并非虚幻的构图,而存在于现实教育实践之中。鲜活而非虚幻、具体而非庞杂,不仅眷顾学生、教师、学校和教育行政部门,而且还延伸到家庭和社会,由此成为社会大系统的组成部分。因此,教育行政部门及其相关人员必须及时地端正职责与角色,采取正确和理性的政策与措施,努力地推进教育事业的发展,从而为中国社会繁荣和民族崛起提供更多人才智力上的保障与支撑。

目前中国学校校长和教师实现角色与职责的转变，具有极为重要的意义。校长和教师不应成为驻校的家长，而应切实地担负起为国家培育人才的社会职责，树立为国育（养）民的办学理念，教育评价基准则应回归本位，而不应以考试成绩和高校招录为基准，即切实需要放弃应试教育思路，并转向素质教育的轨道。素质教育也并不仅是艺术和外语教学，而应建立在科学教育的基础之上，加强学校与社会之间的互动，以及学校教育与社会教育之间的联系，从而最终脱离应试教育取向的泥淖，真正地确立素质教育的办学理念，并在学校教育中摆脱社会性普遍存在的家长心态，为国家养成（或培育）高素质国民，从而在建设和改造中国社会中体现出学校的存在价值，这也应成为对学校乃至校长和教师最有效评价的方式与基准。但校长和教师转变教育观念，切实地坚守住自身角色与职责，也并非容易的事情，需要整个社会系统的配套改革和社会观念的整体转型，因此也是确立大教育观的问题。

据报道，一位16岁的中学生在课堂上将班主任老师杀害，而且事后无悔意，并怨恨社会的不公平。可以想见，社会矛盾与问题已影响到正在成长中的青少年的心态，并将这种因素转移到师生关系上，由此导致发生恶劣的弑师事件。在事件反省中，应看清当前中国学校教育中存在的诸多问题，特别是校长和教师的"驻校家长"心态已引起学生心理反感与情绪变化，因此当务之急是要端正教育者的角色和职责意识，转变"驻校家长"的心态，真正做到为国育才、积聚智慧、提升素养，而不应单纯地为学生所谓的前途与命运着想，以至避免在学校中采取家长式的教育教学方式。

随着教育者角色和职责的意识变化，必然会引起教育教学模式的深刻变革。不仅能拓展教学内容的空间，促进教学方式的转型，而且能更多地激发学生内心的深层思维，达到师生相互研讨与沟通交流，以及学校与社会及其教育之间经常性的交互联系，形成开放、能动、活跃和全社会介入学生成长与教育的协同系统。同时，能更大程度上激发学生的学习兴趣，使学生做到主动求知、积极思维，注重能力培养和社会适应，特别是培养主动观察和分析社会的能力，以及提升认知社会的素质，从而育成高素养的社会公民，而非培养唯个人前途和利益是求的高等公民。上述这些必将会导致社会风尚的整体改善和公民素质的全面提升，为社会发展提供高素质的建设者和接班人，最终更为有力地推进中国社会的发展与进步。

概括地来讲，作为受教育（相关者），可能具有较强的个体色彩，而作为教育者，却不仅要注重学生的个体发展，而且还要树立国家观念、社会意识和平等思想。主要存在如下观点：教育者应树立为国家培养人才的根本信念；教育方式和内容应体现学校与社会之间的紧密关系，自觉和主动地建立学校与社会之间的联系；需要注重学生个性发展和全面发展，教育者不应具有优劣观念，应平等地对待每一位学生，促进全体学生（每个学生）平等地获得发展；不应将升学率作为教育者评价的唯一标准，要淡化应试教育的评价模式，逐渐地过渡到以科学研究为导向的做法，引导教育者开展实践与理论的教育研究，从而以科研带动观念转变和质量提升；政策和制度应引导教育者开展生动活泼教育的方式运用，特别是形成学生积极参与及以学生为主体的教学方式，并在大学教育阶段更为大力地推进，拓展这种教学方式的功能。而在大学前教育阶段则要逐步引导和培养学生适应这种教学方式，以至进入大学后不会产生某种不适应，从而将鼓励学生参与作为促进学生发展的重要引导方式，积极引导学生参与整个教学过程。

若能做到上述几点，就可以促使中国大学直到博士阶段，基本上可以实现学生参与课程体系的建立。其实，日本学校发表课程就采用这种学生主导的教学方式，中国学校教育对此应积极学习、借鉴与发展。

日本经验：观察与比较

在祖师谷公园散步，无意间在广告栏中见到"勇气"广告，发布者为世田谷区教育委员会，主题是完成人格的目标。其中包括如下方面内容：在外部条件不具备的情况下，如何迎接挑战；在由于自己的原因造成问题时，如何有勇气表示道歉；在由于朋友的原因造成问题时，是否有勇气承担责任？这则广告普遍地张贴在众多广告之中，但却显得相当抢眼，因为落款是世田谷区教育委员会。由此想到中国各地教育委员会（教育局）的工作，感到中日之间存在差距。

其一，理念上的差距。中国各地教育委员会（教育局）只负责学校教育，教育的行政性很强，但组织性不强，很少见到组织本地域中小学校开展集体活动，唯一的集体活动就是每年一度的中高考。素质教育大话猛讲，但内涵深化困难。主要在于理念方面，应试教育的思想已深入全社会的人心，不仅仅是父母望子成龙和望女成凤，当教育主管部门和中小学校及其校长、教师，都与学生家长的期望保持一致时，教育就形成以家为中心的社会活动，而由此抛弃了为国育才的崇高教育主旨。

其二，制度或体制上的差距。日本教育委员会的职责不仅仅是学校教育，而且包括文化、教育、体育和科学技术等广泛的社会内容，其中教育包括学校教育和社会教育的职责。上述广告内容体现的就是世田谷区教育委员会的社会教育内容，即对区域公民开展社会性的教育活动。而中国教育委员会（教育局）的社会职责不仅局限于学校教育，而且还局限于以升学为目标的教育，因而就成为应试的管理机关，而非为国育才的场所。深层的原因在于存在以家为中心的文化，而没有承担社会性责任，即忽视了在担当为国育才的工作，因而机制僵化、态度僵硬，相互敷衍塞责，成为升学的机器。

因此，教育管理者和教师要转变观念，修正教育教学理念，教育行政更应在体制机制改革上下工夫，大力地促进素质教育的内涵发展，而不应将多年以来宣扬的素质教育，止步于口头上和文件中，而应切实贯彻在行动上和实践中，缩小与日本教育行政之间的管理差距，从而更好地为国家培养全面发展和高素质的各类型人才。

作为大学法人，中国大学校长并没有完全掌握学校内部管理和机制运行的权力，而党委书记掌握学校内部管理和机制运行的权力，但又不负法定的责任，形成法律上的矛盾关系，同时大学领导均由上级机关任命，也不利于发扬大学内部的民主，造成大学领导只对上级机关及其领导负责，而不对下级部门和人员负责，由此形成行政主导型的管理模式特征，因而具有很大的局限。

日本大学则建立顺畅的内部管理制度：学长（校长）由大学选举产生，分预选和任命两道程序，预选的参与范围较广，甚至学生也可以参与投票，而任命则由教授会投票；学长（校长）负责行政序列的管理工作，对教授会没有控制的权力，而教授会则具有监督校长的权力；日本大学学部的部长、课长由学部和课的教授会选举产生，并负责学部和课的行政管理工作，学部或课的教授会对其进行监督，但其对学部和课的教授会不具备管理的权限，而后者只接受大学的教授会管理；大学教授会为大学在任教授组成的机构，有权决定大学学长、部长、课长等行政领导人，并对其进行监督，而大学教授会则接受全日本教授会的组织与领导，同时还负责所在大学的教师职称、岗位聘任和工作评价等职能；日本大学行政部门管理具有层级制度特征，且必须接受相应层级的教授会监督，同时为师生提供优质的服务。

鉴此，中国大学应进行必要的改革：一是改革校长任命制度。通过党内选举产生校长，校长可以为民主党派或无党派人士。二是改革党委书记的职权。党委书记负责校长的选拔，组织党内的选举，以及大学中党的组织建设与管理，对大学内部的具体事务不再负责，而由校长负全责，但党委有对校长进行监督的权力。三是大学教授会具有预选校长的职能。由大学教授会提交预备校长的名单，若进行差额选举，则由大学教授会提交多名预备校长的名单，以供党委集体决定与任命。四是大学教授会具有相对独立的权力，大学校长负责行政机构的运行，大学教授会则拥有对校长及其行政进行监督的权力，校长及其行政为师生提供优质的服务。五是学院、系、所的教授会也具有相应的权力。六是大学教授会接受全国大学教授会的管理，接受监督并依照规定行使职能。

卷五

学校教育系统：经验与借鉴

学校教育：体制改革与规制建设

当前，学校教育改革与发展存在三大重要主题：一是中国教育体制仍采取行政主导型的模式，体现集权制的强势特征，这种状况与目前社会治理的模式存在一致性。共同的问题在于集权制下未能突出分权化和民主化的发展趋势，这是中国社会的问题，也是中国教育的问题，即存在制度性或体制性根源。中国教育体制的改革方向应是规制与分权，前者体现集权性的体制或制度基础，后者则体现民主化的发展趋向。上述两者必须更为紧密地结合起来，才能走出当前教育体制改革与发展的困境，真正地理顺各级教育行政之间的关系，以及进一步地深化教育管理机制的改革与发展，从而保障教育组织办学的自主权，维护教育组织办学的积极性，促进教育事业进入崭新的发展阶段。

二是中国学生的减负应主要从两方面着手：转变教育观念，完善大教育系统，增强社会教育系统结构的建设和完善，分化学校教育的社会职能，改进教育和教学方法；改革现行招生和考试制度，给予高校（大学）办学自主

123

权,特别是教授在教学、招生和学术及其管理中的自主权(可以通过教授会组织确定规则之后,由大学行政机关组织执行),以及改进考试制度。比如许可高校(大学)自主考试,实现考试题型的灵活化、论文化和开卷化,面试主要以学术性向为主要,语言类以技能和学术的性向结合,而选择权归于教授(多存在研究生招生之中),同时改革理工科考试,主张集中开卷考试,允许学生在考试时利用计算器,而前述考试则可以携带字典,借以放开考试的严肃度,增进开放度。上述方面需适应时代的发展要求,也是对学生减负所提出的重要措施。

三是中国应对学校学期和年度等日常仪式进行必要的规制。要求各学校班级和学院等遵照执行,并保持仪式的程序性、正规性和教育性,其中包括开学典礼、特定节日典礼、毕业典礼、校庆典礼、特殊活动典礼,以及其他节庆和活动典礼,从而形成学校典礼规制的体系与范式,型塑学校典礼文化和校仪精神,这是继承发扬中华文化和民族精神的重要渠道、办法与手段,具有重要规制性的普及价值与社会意义。

目前中国大学教师完全属于大学的单位人,实质上这种状态是计划经济时代的产物,甚至有人将大学称为计划经济的最后堡垒,其实这种观点也不无道理。中国大学教师完全隶属特定的大学,就是这种人事状态最为明显的表现。日本大学教师首先拥有相对特定的大学,教授成为特定大学教授会的成员,但教师的工作场所不完全固化于这所大学。

其一,大学教师可以成为其他大学的非常勤教师,可以短期或长期在其他大学应聘、教授专业课程。从本科开始,日本大学就实行选课制度,各科目甚至同一科目的教师都可以开设课程,由学生自由地选习,比如经营学课程,可能出现四五位教师开设相关课程,学生可以根据自己的意原,选择某位教师开设的课程,学期结束后获取相应的学分,而且教师开课只限最多的人数,最少的人数一般不予过分的限制。在学艺游学期间,日语高级课程班只有两位女生,亲眼看见她俩缺席时,教师在教室中恭候下课的情形,即在上课时间内,教师不能私自离开教室,否则就是教师的失职,将会扣除工资。

若选课的人数偏少，比如一两位学生，也可以上课，学校管理机关只管学期开设的课程数，以及评估教师的出勤，而选课都由学生决定。因此日本的大学可以规划课程，招聘部分非常勤教师。田中敬文先生虽然任职东京学艺大学，但曾在樱美林大学函授教育部门和立教大学兼任教师，东京学艺大学不管本校教师赴外兼职，而且日本大学教授的地位较高，大学管理机关也无权管理大学教授的在外兼职等具体工作。

其二，大学教师可以参加各种学术组织，这些学术组织为学者提供发表观点和建言的平台。田中敬文先生已成为日本各类学术组织（四五个）的成员，比如全日本大学实务教育协会评议员，专门为大学教育提供建言。当然有建言就有评论，有评论就有对现时大学教育状况的批评，因而日本各类学术组织是大学教授进行评论和提供建言的空间与平台，从而实现大学治理的分权与民主，以其推进其社会的规制与发展。各类学术组织都举办各种发表会，学者的发表将作为社会贡献记入其学术档案，成为学者竞评职称和获取其他学术机会的重要条件，因而日本学术界重视大学教师参加何种学术组织，以及在其中发挥多大的作用，甚至学术发表的情况。

当然，这与当前中国学术组织现状和学者学术管理存在显著的差异。集中体现在：中国学术组织尚未构建健全的体系，学术组织的建立与成长存在多种限制；中国学术组织的社会影响与作用相当有限，源于这些学术组织的职权非常有限；中国学术组织成员单纯地成为身份的象征，学术追求尚未成为学术组织的主旋律。正如樊纲导师朱绍文教授所言，各种研讨会成为俗人对话的场所和机会，而不是与伟人进行的对话，至少尚未成为真正意义上学术交流的场所和机会。

上述方面都会对中国学术的发展产生迟滞和障碍的作用，值得高度地关注并应采取必要的措施予以改正。主要措施：应赋予各类学术组织必要的职权，并与行政放权相结合，当然这里会涉及行政改革中的权力配置问题；各类学术组织应切实履行好职责，并避免自身的行政化倾向，真正将学术研究作为学术组织的灵魂，承担科研、监督、评价、建言和提案等咨询与协助的职能；应保证学术自由和民主发表的重要性，确保学术言论的自由发表，从而真正地发挥其社会的职能与作用，这又与大学教师的身份自由存在联系。由上可见，中国应破除大学教师的专属体制，实现教师兼职的常态化，这样才能有利于保证大学教师学术自由和民主发表的权力实现，体现大学教师的身份自由特征。

学生安全：身体健康与生命保障

北京奥运会之后，中国体育的举国体制最多只能持续四年，以给伦敦奥运会缓冲的时机，随后应进入全民体制，奥运会等大赛的参赛选手可以直接从民间业余团队中选拔，其来源特别应关注大中学生。这样的体制实行之后，可以带动各大中学甚至小学掀起体育的热潮，同时还可以激发区域体育场所的训练，可以由所在的中心将各成绩记录在册、分段上报和存档造册，一旦相关赛事出现，即可依册选拔。如需组建高规格队伍甚至国家队，可以经选拔之后进行短期集结训练，代表中国队出阵，这种体制的转轨应成为发展的必然。在目前中国体育发展情势之下，应在伦敦奥运会之后采取上述的体制，这样有利于国民身体素质的提升，也可以节省国家经费的支出，同时还可以培育全民的体育精神，何乐而不为？

北京奥运会在辉煌中落幕，国际奥委会主席罗格以"无与伦比"（Unexceptional）来形容北京奥运会，为中国的国际形象增添了色彩，这种软实力的展示有助于国际社会客观认识与理解中国，从而提升在国际社会中惨遭抹黑的中国形象。中国运动员在北京奥运会中发挥出非常高的竞技水平，把中国竞技体育推向最高潮。但这种政府财政投入体制存在很大的局限，不仅在投入效益上存在很大的疑问，而且也难以符合当前国际社会发展体育项目的潮流，以及借助奥运会提升人民身体健康的根本宗旨。多年以来，中国奉行举国预备奥运的体制，通过财政力量培养和训练运动员，以夺取比赛金牌或奖牌为目标,而不是以推进全民健康为目标,由此造成诸多问题。在北京奥运会中,中国队获金牌数第一、总牌数第二,残疾人奥运会中更是首屈一指,两项指标都超越倍数地高出其他各国家队,应该说中国取得全球竞技体育的重大成就,本身就格外地值得骄傲。

但当今是以追求经济效益为优先的社会,体育经费的投入也要注意投入与产出之间的关系,也需要考虑体育投入的效益问题。因此,现在应思考从政府财政投入转向市场主体投入的体制,着力促进全民体育的发展。这种转变需要重点关注如下方面:

其一,体育竞技与竞技体育之间存在内涵上的差异。前者体现出体育的竞技精神,从国家和民族角度来看,能体现和影响国家的软实力;后者体现出体育的发展方向,即确立单纯赢得竞技的体育发展目标,通过国家不计成本的投入达成目标,此即投资体育的举国体制。

其二,面向比赛还是面向全民。竞技是体育发展中的重要特征,而竞技体育则是发展体育中的重要体制。竞技展示体育精神,可以通过一定的体制设计,促使全民参与,有利于全民身体素质的提升,在参与中表达体育精神,型塑民族精神;竞技体育表达的是体育机制,通过特定运动员的培养和训练,达到夺取竞技的胜利,其并非面向全民发展体育,而是以狭隘民族精神替代全民体育精神的塑造,结局是牺牲全体而达成竞技优胜的目标。

其三,精神享受与利益优先原则上的选择。竞技体育追求狭隘民族精神,把竞技的成绩作为基本标的,借此表达民族的自豪感和荣誉感,但却通过政府财政投入的途径,不仅损害大多数人参与的权益,而且高强度的训练还造成运动员身体的损伤,存在很大程度上的弊端;而体育竞技更多地鼓励全民参与,不仅鼓励全民参与到举办体育盛会中来,而且还鼓励全民积极参与到体育项目中来,通过体育竞技表达自己的身体与精神,从而达到自身与社会的共融与和谐。

北京奥运会之后,应是中国转变体育投入机制的重要契机,可以逐步地建立将体育竞技推向市场主体的机制。主要理由在于:中国已登上竞技体育的最高峰，可以采取渐进方式，实现机制转变，伦敦奥运会上中国完全可以不需赢得金牌和总牌数的绝对超前，只要保持前五名左右的竞技水平，就足以表明处于世界体育强国的地位。中国体育机制转型将带动体育市场的孕育与成熟，不仅可以极大刺激体育经济的发展，而且还可以带动中国体育向更高层次上的发展，从而建立中国体育发展的良性循环机制，有利于中国体育发展达成长远目标与战略远景。

目前中国学校教育发展得较快，学生数又创新高，虽然学生人身安全问题获得广泛关注，但意外伤害事故还时常发生，往往与家长产生诸多赔偿纠纷，让学校难以解脱学生的生命之重。而学校为防止学生受到意外伤害，尽量减少各种活动的机会，特别是很少组织校外的社会实践活动，这样不利于学生健康成长和学校正常教学活动的全面开展，对学生素质育成和教育质量提升都存在诸多负面的影响。因此应在国家层面上，集体性地建立学生国家保险制度。

若出现学生遭到意外伤害的情形，可以通过正常的法律渠道，由国家依法给予合理的经济赔偿。比如，通过法律的途径，确定各种伤害发生之后的赔偿额度，而不是完全由学校为学生意外伤害担责。若能做到这样，学校就可以放心地开展各类教育教学活动，特别是开展体育锻炼和校外社会教育，比如组织学生外出参观和实习等见学活动，开展科技小实验和"三防"（防火、防水和防灾）演习，甚至交通知识与技能培训、生活自理能力培养和职业技能育成等诸多方面的有益活动。

但目前中国学校担负学生伤害赔款责任的做法（当然包括地方教育当局），不利于学校和地方教育当局开展学校教育教学活动，特别是强化学校与社会之间的联系，实现学校教育与社会教育之间的协同，不利于学生观察、了解和思考社会生活问题。比如，过去学校还组织一些外出参观活动，但近些年来甚至这些活动都呈现出减少的发展趋势。何况学校还应进一步地拓展与社会之间的联系渠道，引导学生自觉地认识和适应当前社会发展的基本规范，防范出现各种社会适应问题，开展相关社会教育活动，毕竟学校与社会之间不能没有这种联系，学校教育也必须与社会教育建立协同关系，因此应建立相应管理制度，将学生意外伤害赔偿纳入法治保障的轨道，而不能将其沦为学校或地方教育当局的负担。相关政策和制度要担负引导的社会责任，比如国家（或教育部）应建立全国学生生命伤害保险制度，将学生伤害纳入法治化的轨道。

日本NHK电视台播放《激流中国》纪实电视节目：《小皇帝之泪》，其中介绍中国云南一所示范学校，内容涉及教学、活动和家庭教育，以及社会对学校教育的影响与作用，反映中国学校的教学特点、学生之间的比较、家长和教师对学生的严格要求（比如存在打骂现象），以及家长与学生之间的"心声"对话。目前，中国教育确实存在一些问题，比如社会教育内容充斥学校教育；以追求分数为目的、采取灌输式的教学方式；学校教育过程与社会现实相脱离，学生"两耳不闻窗外事，一心只读教科书"；家庭教育方法存在失当，教育观念存在问题；用人政策和职业观念等存在较大的问题，关键是社会资源分配依然存在不平等和不公正，城乡和阶层等差距还较大，特别是职业的划分与待遇之间存在较大的差距，甚至关系和权力对学生的学习也具有较大的影响和作用；教师教学方法（模式）和教育评价体系等方面也还存在较大的问题。

三 教育改革：素质教育与系统工程

多年以来，中国学校一直在实施素质教育，但素质教育的真正内涵到底存在何处？至今教育研究者都尚未清晰地认识与理解，而素质教育的研究文献可谓汗牛充栋，此即中国教育研究界的现状，可见由空谈转入实际，即从理论探索转入教育实践相当重要。但从教育实践来看，近些年来中国学校的素质教育实践主要体现在英语教学的早期化和艺能教育的多样化等方面，而上述这些变化就体现出素质教育的实质内涵？显然不完全也并不正确。由此要追问，素质教育的实质内涵何在？其实，素质教育的主要特征还应从教育本质内涵上来揭示。教育的重要内涵是启迪智慧、激发思维、推进科学，素质教育的真正内涵也正存在于上述三方面。可以进行如下详细阐述：

一是启迪科学智慧。人类对自然和社会的认识，经历从混沌到科学的发展过程，因此人类认识史就是人对自然和社会的科学认识过程，这正是人类智慧的突出体现形式，必定是教育的重要内涵，也是素质教育的重要内涵。

二是激发科学思维。思维是人类认识世界的基本意识表达形式。对个体而言，就是思维方式；对群体（国家和民族，甚至其他组织）而言，则体现为思维模式，这种定型化的思维模式存在优劣和对错的区别，也存在非科学与科学的差别，而教育目标就是促使科学思维的激发。对个体而言，就是科学的思维方式；对群体而言，就是科学的思维模式。而素质教育的重要内涵就是激发科学思维，引导个体和群体的科学发展。

三是推进科学技术。马克思说过，生产力中也包括科学，这是从技术角度来看待科学；列宁则提倡综合技术教育，主要也是从技术层面上来认识科学的实践教育模式；邓小平更提出，科学技术是第一生产力，更是从生产性特征即技术角度上，理解科学在社会发展中的重要作用。由此提出，科学技术的阶段发展是社会历史发展阶段划分的根本标准，更进一步地突出科学技术在人类社会阶段性跃进中的重要作用，而推进科学技术也正是现代教育的根本任务。因此，素质教育的重要内涵就是推进科学技术。综上所述，素质教育的完整内涵存在上述三个重要的方面，这是推进素质教育的重要理论基础。

而从推进素质教育实践层面上来讲，这里强调开设学生演讲、发表和活动训练课程的重要价值：有利于推进学生主动和积极的求学精神，发现、分析和解决科学问题，从而增进科学智慧；有利于学生开阔学习和科研的眼界，锻炼科学的思维方式，育成科学的思维方法，激发科学的思维活动，增强在对自然和社会的科学认识中提升思维的水平，自觉地提升思维能力和研究素质；有利于学生实现由掌握现有知识过渡到创新思维，由推进科学理论到促进科学技术，以及由单纯科学技术推进到科学技术应用的社会化过程。素质教育的重要任务就是要推进学生实现上述三个过程，而开设学生演讲、发表和活动训练课程，则是要让学生将科学智慧、科学思维和科学技术成果及其应用，采取逻辑性的实证、精神性的语言、研究性的心态、科学性的思维，以及合理性的安排等形式，清楚和顺畅地表达出来，由依赖个体智慧发展到借助集体智慧积聚，通过交互性的研讨和切磋，达成共同提升和相互补益，从而实现提升综合素质和能力的人才发展目标，这正是实施素质教育的最佳的科学方式。因此，建议中国学校更主动、积极地开设学生演讲、发表和活动训练课程，努力地推进学校素质教育的深入开展。

中国教育必须改革现行面向应试的教学模式，但改革应是系统工程，涉及人事任命和工资待遇等社会政策和思想观念等层面上的改革，甚至需要家庭观念等层面上的改变，教学模式应更为凸显学生的参与性和自主性，以及培养学生的思维能力。教育问题已成为当前中国社会中的热点话题，其中有个问题比较重要：高中阶段应取消文理分科，此问题的解决宜早不宜迟，因为其极为有利于普及科学和技术的知识。同时，还应考虑教材和资料的建设。中国传统文化过于理想化和伦理化，往往对现实社会的诸多问题视而不见，甚至视整个世界为道德的天下，而无视儒家伦理只影响与作用于中华人群，甚至中国人民，而世界存在多种民族和宗教，即存在多元的文化。因此，中国亟须唤醒实用精神，要从文化、思维和行事等层面上体现实用精神，处理相关社会事务时应奉行灵活性的实用精神。中国教育的战略设计应注重实用精神，奉行实用性的发展战略，即实施具有实用性战略的大教育规划。教育如此，文化和科研的发展亦应如此。在教育的具体问题上，要体现这种实用精神，比如教材和资料的建设。

在日本学校教育中，教材和资料的建设具有相当的灵活性。美国总统奥巴马刚上任，日本学校就风靡奥巴马的演说辞，编印成美日文字的对照读本，成为学生学习美文的基本教材、资料和读物。在日本社会和学校中，奥巴马上台后的日美同盟关系也成为时尚和热门话题，体现出日本社会和文化中的灵活原则，即实用精神。其实中国也应遵循这样的精神和理念，社会和文化应致力于这样的实用战略，教育也应主动地参与其中。当然，这就需要进行社会、文化和教育等领域的机制改革，比如出版业要有敏锐的眼光，善于及时地抓住机遇；新闻媒体要快速地捕获信息，并能做到急速跟进，从而顺应世界形势的变化与发展步伐。

职业素养：现代大教育与职业教育

大学起源于社会的职业，大力发展职业教育，是社会发展的需要。因此在发展综合性大学的同时，要给予职业大学以充分的关注，下放权力到职业大学。这样可以促使其根据社会职业的发展与变化，而增减学科、专业和研究方向，以及选择教学组织形式的权力；建立学校与社会职业机构之间的联系。同时应容许职业大学设置研究生院，招收面向社会需求的高端技术人才，以及社会发展中亟须的高素质人才，不能因行政管理体制的原因而造成发展上的滞后，否则对技术型人才的培养，以及国家建设与社会发展不利。

在社会制度方面，要加大人事、工资和社会福利等制度的改革，增强人才流动与任用机制的灵活性，从而真正地实现人尽其才、才尽其用。建立有利于人才竞争与发展的社会环境，增强人才使用中的透明度，增进社会阶层的流动；努力消除寄生阶层，削减行政官员的权力与过度的待遇，实现社会阶层的待遇与福利大致公平；制定以岗设人的任职制度；仿照西方实施年薪制度，实现官员财产的透明。同时要加强有效监管，防止腐败现象的发生与蔓延，增进国家稳定与社会和谐，以及社会公正与公平的水平，推进公民社会与和谐社会的建设，营造良好的社会秩序，从而最终实现共同富裕的宏伟目标。

在国内外教育发展形势下，当前迫切需要认识与理解现代教育科学的三大宏观基础，树立大教育、开放思维和系统工程的观念，认清进行教育系统顶层设计的重要性。在中共中央、国务院所提出"教育是社会事业的组成部分"、"教育改革是社会事业改革的组成部分"，以及在当前大部制改革失速的形势下，廓清教育综合改革与发展的轨迹和趋势，进一步地深化教育领域综合改革，构建中国特色的大教育系统，从而为国家经济和社会的发展与繁荣，以及中华民族的崛起与振兴贡献力量。

在上述方面，职业教育大有可为：要树立大教育、开放思维和系统工程的观念，确立现代大职业教育系统的结构模式；要坚持开放办学的原则和方针，避免造成职业学校到职业教育集团的新一轮封闭办学，在集团化办学的同时还要寻找联盟办学的路径；要认识到职业教育体制的改革成效附着于社会大系统的整体改革与发展，要不断地促进社会事业改革中的基础性公平，并努力地推进自治原则和制度的确立；要突出职业学校的办学个性和特色发展，推进技术的研发和应用，培养具有创意、创新和创造能力的高素质技工人才；要在职业教育中不断地增进社会教育，提升职业院校学生的社会素养和艺术欣赏水平，以及开阔的视野和开放思维的能力，育成应用型、复合型和创新型的现代技工人才。

何谓大教育？确实这是非常重要的问题。其实这并非简单的概念问题，还是重要的范畴问题，关键是如何阐释"大"的含义。从另外角度来讲，既然存在大教育的概念范畴，也就应该存在小教育的概念范畴，两者是相对的。何谓小教育，从字面上来讲，就是表达出范畴较小的概念涵义，即只能使用于某种受到局限的场合，而不能扩展到教育的完整领域。从当前对教育的认识与理解来讲，小教育的概念范畴在很大程度上是指学校教育等具体的实践形式，局限于学校等特定的教育场所，而不是涵盖教育的完整领域。

毕竟除学校教育外，教育还具有更为宽泛的范畴领域，比如家庭教育、社会教育和职业教育，虽然分类的标准并不见得存在完全的一致，但上述教育可能会超越特定的学校场所，即使职业教育也不例外。因为职业教育既可以局限于学校，称为学校职业教育，也可以超越学校这样的场所，称为社会职业教育或社会培训教育。

当然，还存在另外的情形。本来是以学校教育为主的教育内容，却采取社会教育的现实形式，比如新东方教育，它是对社会公民进行外国语言类别的培训教育。当前新东方教育开始出现变化，即逐步地从社会培训和教育过渡为学校教育和社会教育相结合的方式，既创建新东方学校或称新东方大学，即发展成为民办学校性质的社会教育培训机构。其实，新东方教育由当初纯粹的社会教育培训机构，发展成为具有民办学校性质的社会教育培训机构，充分地体现大教育与小教育之间的转变，揭示出其中存在的特别关系，体现出教育范畴的变化，也可以说是经历深化或正规化的发展过程。其实，这是事物发展过程中的必然逻辑，也是新东方学校能成功地立足于中国社会的重要基础。

任何事物的发展总是经历由浅入深和从表入里的发展过程，当然教育的实践发展也不例外。单纯地强调宏观视野，只注重在现代社会中确立大教育系统，而忽视在具体实践过程中的小教育问题，往往也会步入另外的歧途。其实，上述新东方集团的发展路径就是非常好的参照。作为中国语言类教育培训的社会机构，新东方集团是成功的典型，不仅仅体现在新东方集团的辉煌业绩，更为重要的是它揭示出教育的社会功能和范畴变化，即如何由社会性教育培训机构，发展成为兼具社会教育和学校教育功能的社会集团。也就是由大教育的范畴深化到小教育的范畴，或者说扩展到学校教育层面。

当然不能简单地认识与理解小教育的范畴就是学校教育，但学校教育属于小教育的范畴，而且属于比较规制化的范畴。这个深化的过程是社会教育培训机构获取阶段性发展的重要标志。还可以从另外层面上的转化过程来认识与理解，即如何由小教育的范畴扩展到大教育的范畴。其实这是很多教育机构努力奋斗的重要目标，这个深化也是飞跃性的过程，比如很多职业学校就是由举办学校职业教育机构，发展成为社会性教育培训集团，甚至兼具教育、商业、技术和研发等多种社会职能的企业集团。

学校职业教育机构如何发展成为企业集团？在很多情形下，都存在大教育系统的指导作用。毕竟作为职业性的学校教育，首先其人才培养是为了适应和发展社会职业的某种需要，这就要求这种人才培养和教育机构要在教育模式与机制等方面都要适应社会的某种需要。随着现代学校职业教育的发展，职业学校与现代社会之间的联系必须保持得更加紧密，否则人才培养和教育机构就难以适应现代社会的某种需要，这就要求两者之间必须构建更为顺畅的沟通与交流机制，而最为直接的方式就是扩展职业学校的社会功能，即逐步地由单纯从事职业教育的学校机构，发展成为兼具各种社会功能的企业集团，此即学校职业教育普遍所走企业化的发展道路。其实职业学校的企业化发展只是典型的例证，其他类型的学校同样也存在这样的发展思路。

职业教育与大教育是两个关系紧密但又存在差异的概念，需要充分地认识和理解两者之间的紧密关系。从内涵上来讲，职业教育中蕴含大教育的因素，为大教育的重要组成部分；从范畴上来讲，大教育并非就是职业教育。职业教育与大教育之间既存在区别和差异，也存在联系和共性。职业教育也需要社会教育。社会教育的主要目标在于提升学生和公民的社会教养、文化素质、艺术欣赏水平，以及开阔视野、开放思维，而职业教育中的实习、实训和体验等教育活动的目标，则在于提升专业技术和技能水平，上述基地仍可以划归为职业院校的附属部门，仍是学校教育教学的组成部分，具有大教育的因素，但并非就是社会教育的内涵。职业教育改革是国家教育改革的勇敢试水者和探路先锋，现代职业教育的系统建设与体制改革需要注意如下方面的问题：

一是需要转变传统职业教育的观念，树立现代大职业教育观念、职业教育开放思维观念和职业教育系统工程观念，强化大教育观、开放思维和系统工程的思想，正确处理政府、社会行业、企业和职校之间的关系，形成重视技能型人才的社会氛围和发展环境，以及现代大职业教育的系统发展理念，推进现代大职业教育的系统建设和体制改革，从而促使形成职业教育推进经济社会和产业企业的全面、健康与持续发展的局面；各项制度和福利政策等社会事业的系统改革，对实现职业教育的社会职能目标，具有重要的影响与作用，要逐步地消除城乡、阶层和职业等之间的显著差别，提供相应均衡的工资和福利等待遇，着力消除体力和脑力劳动者之间、行业和职业之间的收入和待遇差距过大问题；在教育优先发展战略中，职业教育更应优先发展，并相应地加大职业教育投入的力度；在规模发展的同时，也要讲内涵发展，促使规模发展向内涵深化，多途径和多样化地发展职业教育。

二是需要推进单位自治原则和制度的确立，发挥政府和行业组织的服务、咨询、统筹和协助等社会功能，尽力地避免行政化倾向和政府干预，构建职业院校自主办学和运行的体制机制；改革职业教育管理模式，推进集团和联盟等模式的发展，加快职业教育园区、试验区，以及订单式、现代学徒制等人才培养机制等建设，构建现代职业教育的体系；促进普通教育与职业教育之间的融合和共通，面向社会、市场、产业、行业和职业，实现职业教育与社会、市场的共融，以及与社会产业、企业的共生，适应现代社会对创意性、创业性和创新性的技能型人才需求，推进现代职业人才的培养工作。职业院校注重面向社会、市场、产业、行业和企业等具体实践的同时，还需要推进研发、创新和创业等功能，增强社会产业、企业和职业院校的竞争能力，以及培养人才的创意、创新和创业能力，由此推动经济社会和职业教育的持续发展。

三是当前应用技术大学可以为职业院校提供更多学理和技术兼备的双师型教师，并可以开通高等职业院校与应用技术大学之间的立交桥，以及应用技术大学与普通高等院校之间的立交桥，从而深化普职院校之间的融合与共通，形成系统性和密切联系的体制机制；应用技术大学可以更多地招收来自高等职业院校的专业硕士研究生，甚至专业博士研究生，丰富技能型人才的学理知识。高等职业院校也可以尝试培养来自普通高等院校的专业研究生，强化知识型人才的技术技能，即前者注重学理，后者注重技术，两者各具特色，可以相互补缺，但着力点都是高级技能人才的培养。

四是发挥职业院校在专业、学科和课程等方面研发和设置上的自主性与能动性，不应过于讲求"一刀切"，要更突出个性和特色的发展，促使职业教育内容和形式等方面，紧跟区域经济、社会、行业、产业和企业等发展的实际前沿，以及现代科学技术和教育科学的发展状况，促进现代职业教育的发展，提升人才培养的质量。职业学校的人才培养需要注重创意性、创业性和创新性的特质，而不仅仅强调职业性和服务性的特征，这就对职业教育的战略发展提出时代性的要求；针对职业院校学生的特点，需要不断加强通识课程的建设，推进社会教育，加强国内外范围的交流，从而培养具有较高社会素养和职业道德的应用型、复合型、创新型的技术技能人才。

概括地来讲，就是要注重树立大教育系统的观念，确立系统思维、全局意识和全球视野，增进职业院校与社会、市场、学校、产业和企业等之间的深度结合，构建现代职业教育系统工程。要超越传统教育观点，增强大教育的观念，夯实职业教育与社会、市场共融，推进现代职业教育系统建设；要抓住当前职业教育发展的机遇，撑起中国学校教育的"半边天"，实现职业教育与普通教育之间的共通，推进现代职业教育教学改革与人才培养质量的提升；要紧跟现代科技发展的步伐，增进职业教育与社会产业、企业之间的共生，构建集团和联盟等有效发展的模式，培育具有现代职业技术技能和创意创业创新能力的高质量人才。

高等教育：发展误区与改革构想

在20世纪末期，中国高等教育步入跨越式发展的阶段，高等教育毛入学率迅猛地增长到23%，达日本20世纪70年代的水平。集中体现在如下方面：

其一，高等学校（大学）呈现出急剧扩招的势头。1999年，中国大学和学院（高等教育机构）大规模地实施扩招计划，这是朱镕基总理在任时实施刺激经济的重要举措，同时也是扩大人才培养规模和促进高等教育发展的重要措施，政策实施的重要结果就是高等教育获得空前的扩展。

其二，掀起高等学校（大学和学院）的合并"浪潮"，以及建设高水平大学的"运动"。在实施大学规模扩展的同时，中国高校实施推进合并的诸多改革，造就多所合并后的综合性大学，进行资源优化配置与整合，学生的规模更为壮大，以至出现多所5万—7万学生的大学，最多的为吉林大学，多达 7 万余学生。在合并高校的同时，教育部还推出"211"和"985"重点大学建设工程，加强对上述两类大学的资金投入，努力地打造中国高水平大学，并向世界一流大学靠拢，以至出现建设高水平和世界一流大学的"运动"。

其三，高校依赖银行的贷款，大规模地谋求规模扩张，建设分校或新校区，以至产生很多经费缺口，出现运行资金短缺，造成校内财政恐慌的局面。由于中国高校大多为国立和省立，也存在部分市（地区级）立，对银行而言这是当时最好的资金投向，即不存在太多的投资风险，因为中国高校倒闭清产的可能性几乎没有。因而高校和银行就形成契合，即高校疯狂地贷款扩展，银行也毫无顾忌地将资金投向高校，这样中国高校就出现建设分校和新校区的热潮，于是高校的建筑空间和硬件投入出现前所未有的规模，由此也就形成 21 世纪初期中国高校的财政短缺和资金恐慌问题。吉林大学更是公开大学的财政问题，从而引起教育部和中央政府的关注，最后只能采取财政补助方式，弥补高校扩展过程中形成的资金缺口。

其四，重点大学纷纷建设独立学院（二级学院）。在实现规模扩张的同时，高校通过收取大学生学费，借以补充财政经营中的不足，并普及到整个高等教育系统，从而形成高等教育的收费政策，完结了免费接受高等教育的时代（后来部分师范类专业重新恢复，但要求签订严格的职业定向协议）。独立学院建设和高等教育收费几乎同时进行。独立学院是中国制度条件下私立大学教育发展的特殊形态，创立之初是挂靠大学的二级学院，具有民办教育的性质，采用民办高校的相关机制和政策，但却又是在国立和公立大学的阴底下建立和发展起来的，大多由国立和公立大学投资建设，动用国立和公立大学的资源，其中包括物资和人员，关键是师资，高层管理人员也由大学委派，但独立学院采取高收费的政策，实行资金单独核算的会计制度。随着规模发展及其管理的日趋规范，独立学院逐渐地与大学母体相脱离，成为自负盈亏的大学实体，但终究难以实现与大学母体的完全切割，这既是中国独立学院的发展现实，又是独立学院发展中的必然现象，这是由中国高等教育体制所决定的结果。由此可知，独立学院已形成中国高等学校发展中的独特风景，绝对具有中国独有的特色，并成为中国制度条件下私立大学发展的特殊形态。而独立学院的出现和发展对中国纯粹私立高等教育（大学、学院）的发展造成较大的压力，促使此类型大学和学院的发展进入缓慢期，这已成为中国私立大学教育发展中的突出问题或现象。

其五，强化大学本科教学的质量，推进大学本科教育的评估。但在此项政策执行中，出现诸多的问题。应该说，其中存在较多政策和决策失误，造成大学资金、人力和物力的浪费。关键的问题是此种评估为行政性的评价运动，助长了大学造假、迎合和逢迎的行政习气，而并没有达到提升大学本科教学质量的目标，反倒无形中给大学增加了诸多负担，最终还影响到大学发展与教学质量。

在上述五大高等教育政策中，独立学院的创立与发展最具有中国的个性特征，长期而言其发展趋向将牵动整个中国高等教育系统的发展与完善，涉及国立、公立（省立、市立等）大学和大学系统之间的整合运行、职责分担和发展取向，以及私立大学的教育定位，这是非常重要的战略性课题，对中国大学教育的发展影响深远。

国立、公立和私立大学是目前世界上对大学属性划分的三种类型。中国大学的主体是国立和公立大学，实质上私立大学只处于辅助的社会地位。在20世纪末，中国私立大学出现重要的发展时期，但很快就处于停顿的状态，主要是出现如下两种大学教育发展的新态势：其一，国立和公立大学纷纷开设独立学院，按照私立大学模式经营，但却享受国立和公立大学的资源，其中包括师资和品牌，收费上则参照私立大学的方式，这样就严重地压缩私立大学的办学空间，抑制私立大学的发展。其二，出台《民办教育促进法》。从现实效果来看，与其说是促进法，不如说是抑制法，规制之后私立大学的发展步伐明显地出现迟滞的迹象，比如前些年西安翻译学院的发展势头强劲，声称要打造成"东方的哈佛"，但近些年来"西译"的发展步伐明显地放慢，发展空间受压严重。由此看来，中国私立大学的发展进入调整的阶段。

近些年来，许多独立学院开始出现脱离母体的发展趋势，但无伦如何改革，独立学院也不可能完全地从大学母体中脱离，毕竟独立学院的出现与国立、公立大学存在紧密的联系。但脱离母体大学后，独立学院将会形成中国大学中的崭新类型，但可能将重复走上计划经济转向市场经济的老路，或许这种情形与目前中国社会总体的发展状况相呼应。若分析国立和公立大学举办独立学院的原因，可以归结为利益的驱动，同时也体现出前些年大学扩招背景下国立和公立大学所参与利益角逐的冲动，这也是与当前中国社会的实像具有同一的特征。但国立和公立大学举办独立学院，严重地损害私立大学的发展，压缩了私立大学的办学空间，抢占了私立大学的"利益线"，因而造成私立大学的发展出现严重的滑坡。其实这也是目前中国社会现实中的共同现象，现实经济领域中的私人企业同样也面临这样的困惑。

可以想见，中国大学教育的发展实态与社会体制的构建现状存在深刻的联系，这与社会改革的进程存在一致性，并且也不可能超越社会体制改革的发展步伐，这就是中国私立大学发展所面临的基本现实。但成因的表象体现为利益驱动的特征，实质则在于社会体制改革的现状，这种状况不利于中国大学实现多种类型的均衡发展，这需要认真加以对待。

目前中国大学的类型划分得不清晰，大学的自主权太少。应加大力度将教学和科研的权力下放到大学，由大学负责专业、学科和研究方向的设置。大学依据自身的条件，申报批准授予学位的等级，大学自身承担学生就职及其社会影响。而教育行政部门主要起监管的作用，指派第三方的社会组织，对大学实行常态化的监督和评估，对大学学费、食宿收费和财务收支进行会计核算与监管，而将教学和科研等事务交给大学。由大学依据社会需要，设置相关的学科、专业和研究方向；安排师资教学；组织教学和科研，社会组织可以对其社会声誉及其学生就职状况进行分析和调查研究，实现社会性的监督与评估，并对教育行政部门的拨款产生影响。

中国大学教育系统的学科设置权应放于大学，研究室的新设、课程的设置等，也应放于大学。这样，不仅能调动大学的积极性，而且还能及时对相关机构及其职能，包括学科课程的培养目标进行调整。教育部应进一步地下放权力，甚至学生入试和毕业等审核的权力，均应由大学负责。同时，大学本科层次取消专业，而只限于研究领域，比如教育领域，而不设教育管理专业、学校教育专业和学前教育专业等，由此主要开设三类课程，即通识性（一般）课程、领域必修课程、领域选修课程。而专业取向问题交由学生自由决定，通过领域选修课程解决。也就是说，在大学本科阶段，集中以通识性和领域性的知识教授为主要，以能力与素质提升为导向，而将专业定向权交由学生自己决定，最终在研究生阶段确定专业研究取向。这样的分段设计利于人才知识、能力和素质的提升，以及人才育成目标的达成。

随着现代社会和教育的发展，理工类人才对国家的建设与发展具有特殊的重要价值，应成为中国教育发展的重点科类。中国应引导更多学生走理工科的进学道路；大幅度地削减文科院系的规模，或进行必要的改革；文科院系让位于私立高校；国立和公立高校扩大招收理工科类的学生；加大招收理工科学生的宣传。日本媒体就存在宣传理工科院校的广告，需要学习与借鉴。但这也并不是要排除文科，更不是要减弱人文和社会科学的影响，而是通过加强通识学科来弥补缺憾，即强化理工类教育教学的同时，通过选修通识学科的方式，加强学生人文和社会科学的素养。

从文理选科与招生角度来看，就是要严格比例上的控制，扩大理工类的选科与招生比例，同时严格控制文科的选科与招生比例。从实践层面上而言，目前中国应严格控制文科（本科生及其以下）学生的比例。按本科生计算，应严格控制在1∶9左右。文科类的研究生要倾向于从理工及其他非文科专业的本科生中招收录取，增强文科研究生的科学基础，以及从事科学研究工作的技术与方法，增强文科研究的科学性程度，还可以由此带动高中文理分科的比例日趋合理，促进科学与技术专业的发展。当然，这也会影响到社会上的教育观念，从而建立起以科学为主导的教育原则，更好地推动现代社会和教育的进步与发展。

同时，研究生的学制应实现弹性化，主要内容包括：仍采取三年学制，或两年半学制，但可以实行一年集中在校学习，或在三年、两年半中，每年在校学习两个月的弹性制度。平时导师采取远程指导，或实行按时面见制度相结合，最终实现论文与课程的考核，以及答辩的程序，合格者即授予学位。另外，三年或两年半作为基本的学习年限，学生可以在修满学分情况下，终身保留研究生的资格，论文可以随时按大学规定的时间提交，学校组织专家评审和答辩，合格者授予学位，实现学位制度的终身化授予，激励更多学习者丰富人生、学习新知，做好学术科研，从而推进中国社会、文化和科学的发展，这是相当有益处的事情。

大学生的专业与课程等话题讨论得经久不息，现在又在热议通识教育课程的问题。其实，刚入大学校门的学生，不宜固定专业，应允许学生在大学环境中有适应的过程。而在课程上，主张分成人文组和理工组，但通识讲座的教学课程上，人文组和理工组应作同等的安排。这种课程应少而精，而且要集聚校内外专家学者的讲授，通俗和普及并行，兴味和高深的结合。授者知识渊博、实践丰富，能承担起开设通识讲座的重任，而且这种通识课程亦有人文和理工，兼而存之，从而实现人文和理工的交融。同时，开设全校性的选修课程，公布后由学生自由选择，学校只规定最低的学时数，而不规定下限。两种类型的课程应持续两年。在大学二年级下半期，进行专业性向调查，开始引导学生准备毕业论文的选题。在初步确定选题的同时，一并确定以后的专业课程。若选题出现变化，允许学生改变专业课程的选择，这种情形应允许并给予制度性的保障。这样，大学生在二年级时就已基本上确定了自己的专业和研究方向，开始进入专业学习与研究的阶段，同时也允许学有余力者选修其他通识和选修的课程，直到最后完成相应规定的学时数，通过论文审查的过程，最后授予相应的学位，并准予毕业。

目前，中国大学应注重学生辩论和发表能力的育成，以及进行社会事务能力的适应性培养。当前的中国大学教学评价模式亟须转变，即由注重考试成绩，转移至相关能力和素质培养的轨道，并增进学生社会适应性的培养。集中体现在如下方面：

其一，由注重知识教学到注意能力与素质综合育成的方向转变。人类现成的知识体系相当有限,而且也可以稽查,没有必要将细节知识纳入课程体系,学校教给学生的应是基本框架和核心知识的源流,而更要注重的则是学生综合素质与能力养成,以及培养学生社会综合适应的能力。

其二,教师教学亟须由单纯知识的现场传授,转变成引导性和启发性的科研指导,提供查阅、分析和解决相关选题的必要技巧和方法,并指导学生进行学术交流训练,在相互交流中完善对知识体系具体问题的理解。

其三,将学校建成小社会的性质,仍应成为学校的基本方向,但此小社会与现实中的大社会存在差异,并具有鲜明的自身特征,主要是以学术科学研究为主要任务的社会,即知识型的小社会。当然这与当前提出建成知识社会也存在关联,可以促进现代社会加速步入知识社会,即知识型的大社会。在上述基本方向的要求下,中国大学应主动地适应各方面的种种变化,由注重教师教学转变成强调指导,由注重知识的现场传授转变成学生能动的求索,提出、分析和解决相关的学术问题,而教师职责在于提供基本的知识框架,以及引导学生进行科研型的学习,相互之间在掌握大量前人观点的基础上,对相关的学术问题进行充分的学术观点交流与争鸣,而教师提供相关的阅读资料,以及确立引导性教学的学术选题,也是重要的事情。至于教学形式,则应允许教师主动把握,甚至教学内容也应由教师来决定。当然,这要求教师的知识和技能处于较高的层面,最好先从研究生程度上开始试验性的实施。

其四,学校应鼓励学生自由地结成各种学术型和社会实务型组织,利用学校平台进行各种学术和社会性向的活动,加强构建大学小社会的教育体系,对院系课程和教育教学的建构进行必要的补充。同时这也是综合全校性的资源对教育教学体系所进行的整合与统筹,更加深化大学与社会之间的联系,这应是在大学校级层面上学生组织在大学教育教学体系中应具备的功能,从而加强大学小社会与现实大社会之间的联系和交流,从而综合性地引导学生深入社会的实际生活和活动,培养学生社会适应的能力。

近些年来,国外大学以科研为标准,对世界各国的大学进行排名,结果北京大学由原来排名榜的17位跌至50位之后。其实也大可不必担心,因为此种所谓的排名，也就是一种利益的表达。理由在于：其一，维持西方大学教育和科研的固有声誉，扩大这些代表性大学的国际影响。其二，借机吸引留学生和专家学者会聚，获取经济和其他方面的收益，增强这些代表性大学的吸引力。其三，乘势打压如北京大学这样处于发展中国家中的著名大学，削减这类大学的吸引力，特别是在国际社会中的承认度和自信心。其四，西方国家在大学排名时制定标准的偏好，对其他发展中国家中的著名大学不利，从而达到抬高西方代表性大学排名位次，而又降低发展中国家中的著名大学排名位次。其五，在制定标准和排名操作中，刻意打压部分发展中国家的著名大学名次，从而达到维护西方著名大学的利益目标与比较优势。

据《中文导报》转载，香港高校毕业博士（女）应聘北京师范大学地理学与遥感科学学院未成，发生以自杀相威胁的事件。事情的经过及其结局可做出这样的判断：从程序上来看，北师大的相关学院并没有过错。北师大的相关学院给女博士签发接收函，但问题出在女博士并没有给予及时的回应，也没及时给出未回应的原因，事后声称于情于理都难以辩解。从事件本质上来看，也体现出中国人才观念开始发生变化。过去对留学和港澳回大陆的人才（特别是博士），总给予优于本土培养的相关待遇，即存在"土鳖"和"海龟"之间的分别，但目前这种差异正在逐渐缩小。因此，对"海龟"（或"港澳龟"）的优厚待遇正在消逝。当然，这些地方的人才需要转变思想观念，要积极投入大陆的人才市场，否则将会失去机会。从身份换位角度上来看，女博士也有苦衷，因忙于答辩，未能及时做出回应，这是读过博士学位的人群都能体会到的感受。因此，通过这个事件告诫其他人一个道理，即对待人生道路上的问题，应精力集中。但对待相关的社会问题，则要全方位地考虑，即要思虑全面，妥善处理各种紧要的问题、个人紧迫的问题与社会关键的问题，特别是与己密切相关的问题（比如女博士的就职问题），以给其他人员以回旋的余地，这是作为社会人的基本素质。

另外，女博士可能涉世未深，以及对当前中国职场的现实掌握不足，未回应接收函为一方面，送出馈赠为另一方面。总之，要在学历和为人处世上尽量完备。若不然，女博士的经历或许会重演。最后，女博士存在心理上的优越感，然后转而过激，切忌用忍可以用于处理如此棘手的问题。对已发生的事情，有时要想弥补相当困难，这时应尽量调整心态，做到妥善处理。有回旋的余地可以争取，没有回旋的余地则应另择路途，切不可以孤注一掷（以自杀相威胁，不同意就同归于尽）。在人生旅途中，存在抉择的多项式，关键是要熟悉人生道路中的各种"公式"技法，以达多方求解，当然结果都是唯一，即度过有价值和意义的人生旅程。职场上也是如此，需要有多重抉择的心理预期，不可以冲动求全。当然，女博士最后的结局也在情理和预料之中，只能自己连带家人（丈夫）轻抚人生路途中的伤口，做好反思和总结，丰富与完善自己的社会经验，继续有信心和成熟地走进职场，并不断地丰富人生的阅历。

目前，学术界存在县办大学的构想，讲座相当多，这种借鉴美国社区大学的做法很有意义。但结合中国的社会实际和区域特点，建议县办大学与人民馆系统进行合并考虑，促使黄宗羲所提出学校的社会功能观，获取最为充分的体现。同时促使县办大学（社区大学）发挥其社会功能，而不要将社区大学办成正规大学的行列，还应促使县办大学成为社会教育系统和学校教育系统中紧密结合的部分，以及社区居民进行政策和措施讨论、文教建设、文化涵养、科学普及、艺术教育、社会道德伦理等活动的场所，并成为社区实用技术和专业技术人才培养和养成的基地。这种走向终身教育的设施具有较好的发展前景，可以肯定将是未来教育发展的主要方向。

但是，乡镇级别应只考虑人民馆的设置，开设大学的教学点，或开展相关的教育活动，采取更为灵活的方法，而不是目前大学中采取的课程模式，比如参观、展示、研讨、调查、报告、会议、资料查阅、发表、辩论、比赛（训练）、协助、演习等，并建立相关学级的管理制度，以及进行社区性的规制。比如，社区居民必须每年参加活动，但项目可以自选，或通过一定的办法考核和评估，鼓励社区居民积极和主动地参与活动。再比如，在父亲角色教育、母亲角色教育、妇女教育、社会伦理教育、科学普及教育等类别中，通过规制要求社区居民每年必要参加的时制及评估标准的制定，规范各项活动的程序和要求，但给予参加者以充分活动的空间自由，有些活动可以利用农忙和长假等时间开展，从而充分地处理好教育与工作之间的关系，发挥较高的社会效益。另外，人民馆平时主要进行的项目还有青少年的课外教育，采取思想政治、区域文化、科学普及、动手动脑、小组活动、社会伦理、演练辩论和文体活动等形式，并关注育成学生的技能，培养学生的创新思维和能力，即选择有别于学校教育的形式与内容，开展各种丰富多彩的校外教育和实践活动。

卷六

社会教育系统：构想与建议

人民馆：系统构建与职能设置

　　概括地来讲，对人民馆系统设置存在如下建议：中国中央政府应将各级地方人民政府大楼或机构转变成人民馆设施，以彻底解决社会舆论对地方政府建造豪华办公楼的批评和非难声音。中国政治体制改革不应是自上而下的改革，而是系统设计和大政治体制的改革，社会大系统的观点应是中国政府体制改革的指导思想，社会大系统论应是重要的指导理论。现今中国"解放思想，扩大开放"，关键在于要大力推进社会大系统的思想与观念，解放传统的政治思想，扩大公民的参政权力，从而带来中国政治体制的改革与发展。明末清初黄宗羲的政治思想值得关注，他提出"历史周期率"的社会循环问题，也提出学校所应具有的社会功能观，即将学校办成具有公民参政议政和社会教育功能的机构，而此学校在日本即为公民馆机构。而中国政治体制改革则应在此理论与实践基础上推陈出新，即推进人民馆系统的建构，并将各地方人民政府纳入人民馆系统的机构设置，淡化政府机构的行政权力和职能，而增强人民馆的参政议政与监督权，从而在政府层面上系统性地推进民主政治建设；同时也可以增强社会民主和公民权力，以及开展社会教育及其相关调研职能，从而将人民馆办成中国社会区域性集政治、教育和文化等各职能集合的基层组织机构。目前而言，这不仅有利于推进社会民主、减弱批评声音、杜绝官员腐败，而且也是民主社会和公民社会的根本要求。这可以成为区域公民参政议政、社会教育、风俗改善、权力监督和组织民众等方面事务处理的重要平台，有效推动区域社会的稳定和发展。而这种系统化机制的建立，必将推动中国社会朝向民主政治体制的方向发展，也必将导致中国政治经济、文化教育和社会风俗等层面将发生极为深刻的变化，带来中国社会的繁荣和稳定，以及中华民族的伟大兴盛和崛起，从而开启中国社会发展和文化繁荣的新时代。寻思创建人民馆的益处，有一点是可以与政府机关人员优化结合起来。人民馆创建初始，必定需要增加人员入职。这样就可以通过精减政府机关人员，加强政务电子化建设，减少政务环节，裁剪职数，这些人员可以转到人民馆就职。这种一举两得的益处，需要着重加以考虑，提上政府决策议程。人民馆设置还有另一益处，即构建现代中华文化。新中国成立后的"文革"时期，对中华传统文化有所摧残，但也不妨将其看成中华文化发展的转折阶段，即由传统文化转向现代文化构建的准备时期，现在正是现代中华文化构建的时期。而利用人民馆的设置，可以推进现代中华文化的成型，通过人民馆这种文化涵育的平台，不断推进现代中华文化建设。人民馆内可以设置其他各种文化设施，比如区域性图书馆（资料馆）、档案馆、文化馆、体育馆、艺术馆、博物馆、历史馆、公民馆和社会教育馆（特别是科技馆），以及其他馆舍及其科学研究部门，从而推进区域现代文化建设，这对现代中国社会发展而言也是很大促进，从而逐步建成具有现代中华文化的新中国。而此时的新中国是以现代科学技术为主轴，以丰富文化涵育为手段，以富民强国为依归，建成科技强国和文化大国，构建出和谐的新中国，从而在世界民族之林中占据应有杰出的地位，最终实现"威振四海之邦，福披五湖之内"的强大中国。设置人民馆另一利好：拓展人民参政议政渠道，利用人民馆平台，提出意见和建议，开展政府与人民间的对话，提供人民放松情绪、发泄意见和寻求理解的处所，同时有利于政府科学决策，还可减少人民利用国外媒体发泄对政府决策的不满，从而减少媚外情绪。多次见到日本电视台播放中国民众生活相关节目：一是昌平社区服务和基层政府管理情绪片。二是香港电视台摄播的北京胡同拆迁片。节目在电视台用日文播放，其中有原胡同居民，接受采访时表达对政府决策不满。其实，上述这样的状况可通过人民馆进行理性疏导，比如胡同（四合院）保守性、安全性和现代性等方面问题，当然保留特别有特色的胡同也是保护历史文化的需要，但并不是要保留所有的胡同，因为这不符合城市建设规划的需要，也不符合走向现代化的需要。当然在制订城市规划时，可以适当考虑民众现实利益，扩大城市基盘，向四周扩展；保持孕城市于农村、农村孕于城市的发展方向，进行科学决策；逐步消除城市与农村间的差距，这也是城市发展规划的需要，而不是所有建设都集中在城市中心区，这样既破坏历史文化，造成社会不和谐，同时还浪费建设经费，难以提高资金利用的效益。用一句话来讲，就是城市机能要呈现分散化特征，不断地向农村扩展，这样也有利于新农村的建设与改造，而不能对开发商的短期效益追求视而不见，城市和农村的建设规划必须基于全盘，立足长远，要有"大城市"的规划与建设理念。当前中国学校教育获得迅猛地发展，但却出现学校与社会之间在教育内容上更为严重的冲突，其中的关键在于缺乏社会教育的平台建设。在前段时期，提出人民馆建设的主张。这种社会教育平台立足于大教育思想，在社会、政治、文化和教育等方面，建立相互沟通与联结的桥梁，担负促进基层和谐的社会使命，开展社会教育与风尚改善，以及提升公民社会参与和思想政治素质的重要渠道。因此，这是不可或缺的平台建设。同时，这项举措还有利于建立学校与社会之间的紧密联系，为学校教育向社会延伸，提供建设性和富有活力的优质平台。社会教育系统集中社会组织、文化娱乐、课外教育和社会习俗等相关因素：一是需要丰富社会组织，体现灵活管理和解散机制，构建良性社会组织的生成机制。二是政府机构包括教育、文化和社会等部门，组织各种社会活动，开展各种节日庆祝、要事动员、文化娱乐、学生课外教育和社会风俗改良等各种社会全员参与的活动。三是政府应规划区域居民开展活动的场地，提供设备和资金等方面的必要支持。四是构建人民馆系统，作为基层组织的体系，非常有必要，有百利而无一害，关键是政府要善于经营与利用，对社会稳定、习俗形成、文化娱乐、课外教育、参政议政和政府廉政，以及相关科学研究活动，都有很大的益处。

中国社会教育系统分化严重，必须进行必要的整合、重组和构筑。若借鉴日本的经验，最突出的是其已建立公民馆系统。中国应综合日本社会教育系统的经验，比如其社会教育系统机构包括公民馆、博物馆、社会图书馆、文化馆和艺术馆等，中国在建立人民馆系统时，可以综合这些馆舍，进行统一整合与配置，实现资源综合利用的效果。建议每村、镇、县、市、省，以及中央建立相应人民馆系统设施，提供人民接受社会教育的场所和资料，以及讨论、集会和娱乐等的机会。通过人民馆系统涵养文化、规范秩序、讨论区域发展、参与社会生活、联络乡邻情感、和睦家庭氛围，并对青少年进行课外教育，以及开展区域政策讨论、制定和执行等职能。人民馆建设的选址应靠近政府办公的地点，这样利于政府倾听民意、了解民生、集合民众和服务社区。社会教育系统的整合和构筑需要政府专项的统一投入，并可以在经济发达地区先行测验，在资金不足的情况下可以优先鼓励社会捐助（采用减免税收，以及捐赠者命名等措施），比如社会名望士绅捐建人民馆设施及内部硬件的配置。人民馆内部机构的设置应综括青少年课外教育设施、家庭成员教育设施、图书馆资料设施、社区科学普及与创新馆设施、电子网络查询设施、区域文化艺术收集、整理和展示设施、区域政策研讨设施、体育设施和文娱设施等，并积极开展各项活动。通过借鉴日本学级和规制措施，最大限度地发挥上述设施的社会影响，从而真正起到社会教育的作用。

目前中国存在较为深刻的社会问题，比如发生的贵州瓮安县暴力事件和上海闸北区公安局暴力事件。事件发生的深层原因比较复杂，但根源则同一，即社会治理问题。说白了就是公民没有地方反映自身心声，没有发言权和公正权，从而引发采取暴力手段了结怨恨。从政府角度来看，政府施政存在严重的不和谐问题，没有顾及公民的尊严和社会的公正。但归结起来还是行政主导型模式所造成的结果。

前面提到设置人民馆，其实目前中国各级政府机关在某些地方建设得相当超前，建筑物庞大，空间也较大。若在社会治理和施政理念上存在较大程度上的转变，开辟公民参政议政渠道，主动组织公民参与政府施政，开展各种类型公民参与监管活动，构建公民参政议政的有力机制，加强公民提升政治觉悟和参与施政能力的建设，将人民馆功能逐步纳入政府治理的轨道，可以作为过渡性安排。比如在政府决择时，区域公民代表参与讨论、分析利弊，听取其政策心声；政府施政中存在的问题，应通过设置活动日容许公民提建议，同时还可以建立公民监督的正式或非正式机构，独立于政府行政之外，对政府施政进行强有力的监督，公民有问题找公民代表及其监督机构，而监督机构只代表公民利益，维持公民合法权益，对政府施政和官员行政进行有效监督，形成公民监督机制。在条件成熟之后，可以将政府纳入人民馆，从而形成公民参政议政的政府施政框架，也就构建出学习型政府的大格局，或许这是中国基层政府机构功能设计的重要方向，也是走向公民社会的重要步骤，并在机制上建构出中国基层社会治理的新模式，从而推进中国政治改革的步伐。

要实现行政咨询与监督、社会教化、行政与政策的研究等职能，依靠人民馆设施才是正途。若没有系统建构和现实平台，以及引导与约束结合的办法，还是无法达到社会的根本目标。试想，若没有学校教育，只有网络平台，公民能自觉地接受教育？义务教育能普及？若这样的话，只能回到过去科举制度的时代，养才归于社会，政府只做选才的事情就足够。人民馆就是社会养才的机构设置，类似于学校这样的教育机构，具有从事社会教育的职能。当然，人民馆的职能还远不止社会教育的功能，还存在教养教育（社会教化）、行政咨询与监督，以及行政与政策研究等职能。比如，人民馆有利于加强思想与政治教育，改善社会风俗与习性，以及建构生涯学习体系，改变肆意燃放与吃喝的恶习，增进社会的文明与进步。同时，还可以扩展到人民防灾和少儿实践，增进学校与社会之间的联系，操办社会公共事务，比如葬仪、婚娶、调解和互助等事宜。

在当今网络时代，人民馆的设置不可缺少，应进行试点并渐进地展开，这有利于促进社会最终走向民主与和谐，也有利于基层社会组织中的民主政治获取率先实现。其实网络只是虚拟的平台，而人民馆则是现实的平台，只有做到虚实之间的紧密结合，才能发挥更大的社会效能，从而推进中国社会的良性、健康和持续发展。

近些年来，中国学校教育取得巨大的成绩。当然，这种成就主要还是从规模与投入上来讲的，若从办学绩效上来说，还有很长的路要走。现在学校教学内容无所不包，确实是通病。本来应该属于社会教育的教学内容，也要纳入到学校教育中来。教育部还提出京剧进课堂的举措，这当然也并不是教育部想要做的事情。但迫于社会力量的压力，教育部只好实施这样的举措。从教育层面上讲，这应该是社会教育的内容。

目前问题的关键是中国社会教育到底由谁负责，确实存在问题。文化部，人事劳动部，广电局等部门吗？没有部门去承担这项吃力不讨好的使命，那只有教育部承担。但教育部如何承担起这样的重任呢？只好增加学校教育的课程。因此，现在很多东西都要进课堂，好像学校是可以解决所有社会问题的皮囊。其实，社会教育的内容还是要在社会中寻求解决的办法。在150多年前，黄宗羲不仅提出了"历史周期律"，即黄宗羲定律，而且还提出了著名的学校功能观，将学校置于大教育的范畴，将教育与社会紧密结合起来，从而将学校办成具有政治性质的议政机构，而这正是目前开展社会教育事业所需要的，也就是建立人民馆的问题。

所谓人民馆，应该是社会未来的基层设计，承担基层社会教化、议政咨询、民意监督和科学研究等社会职责。集中体现在如下方面：

社会教化：人民馆需要承担社会教育的职能。比如，开展思想政治教育，包括国家或区域政策宣传与贯彻、社会风俗教化的改良、家族和睦与区域和谐，以及开展儿童少年的社会科目教学，比如防火防灾、科普教育和艺术体育等。

议政咨询：人民馆为区域民众提供必要的议政平台，若注重活动组织管理、信息收集整理与宣传，这些议论材料可以集中整理成文字材料，成为地方施政的重要参考。这里还可以成为区域公民反映意见和解决问题的重要平台，从而构成建设和谐社会的基本单元，把社会矛盾解决在萌芽状态，并逐步形成公民参政议政的意识,开展基层民主选举等活动,从而实现最基层民众的区域自治。

民意监督:区域民众可以依靠这个平台,组成对政府行政的强有力的监督,规范政府行政行为,若确实赋予人民馆及其附设组织这种职能,不仅能大幅度地提升行政效率,而且可以有力地遏止基层行政机关的腐败行为。

科学研究:目的就是要将民众的意见与建议,经验与做法等方面进行科学研究,从而促使人民馆建制与职能逐步发展和完善起来。

鉴于人民馆设置存在众多利好,建议从乡镇级别开始,有条件的地区可以从村级开始,在政府所在地设置人民馆,实现上述相关职能。从基层村或乡镇开始,可以逐步发展到在县至省政府所在地进行相应设置,并在北京设置全国性的人民馆,从而形成人民馆建制系统。

对推进中国社会治理而言,人民馆系统的设置是极为必要的举动,这是实现人民民主专政的重要举措,但必须坚持以下原则,即人民馆系统的设置目标不是为了对抗政府,而是为了避免某些不当行为。也就是说,人民馆系统的设置目标之一针对的是某些不为人民谋利益的行政(或称"政客")行为,而非政府的行为。由此可知,中国政治改革的突破口不是改变现行的政治制度,而是改变社会治理中相关的政策和行为,这应成为基本的认识。因此共产党执政的政治制度可以且必须维护,政治体制改革主要是针对社会治理中的相关政策、行为和模式,由此推进中国社会和政治的健康与可持续发展。

人民馆设置应着眼长远,规划宜雄伟、大方。主要设置基准:第一,人民馆设置与人民政府设置宜相结合,相互依存、比邻而建。相对而言,人民政府宜成为人民服务区的组成部分,规模和设施应不优于人民馆。第二,人民馆要体现出公益性和人民性,最好成为区域文化、休闲娱乐、社会教育和公民议政监督的中心地带。第三,人民馆的周边可以形成大规模的居住、商业、娱乐和体育等服务区,以及卫生管理规范区,成为优质社会环境的典范。第四,基本建构至少包括科学技术普及与创新馆、风俗艺术馆、图书资料与档案馆、体育馆、公民议政与监督馆,以及社会教育馆。人民政府可以作为公民服务区(馆),而列为人民馆重要的组成部分,并独立进行政策制定与执行、传达与阐释，以及提供公民服务，接受公民监督、建议，以及作为社会风尚改良的窗口。当然，有条件的地区还可以设立区域博物馆、文化馆等（可能有职能交叉，进行优选就可以相应设置）。第五，人民馆应成为区域居民重要的休闲地，有条件的地方还可以建设周边公园，并留有发展的余地，以利于进行更为宏远的规划与设计。

文化部门：社会功能与规制建设

中国的教育大多指学校教育，社会教育好像与文化涵育成为同义词，但事实上文化所具有缄默教育的社会功能还是相当有限的，若文化机构不体现出主动和积极的教育精神，不存在具体的政策与措施，其缄默教育的社会功能就难以及时和充分地发挥出来，因此社会教育不可或缺。何况社会教育与文化涵育还存在区别，因而社会教育机构与文化部门也存在不同，比如社会教育中的人民馆、儿童馆和成人馆设置，以及其他社会教育机构所独具的社会功能，是文化设施所不能替代的。因此，社会教育和文化部门可以发挥联合的作用，但彼此的社会功能难以相互替代。

以文化机构替代社会教育的做法，肯定是一种误解或曲解，既是对社会教育功能的误解或曲解，也是对文化部门和机构功能的误解或曲解，而将社会教育的功能理解为一种娱乐节目，更是一种错误。因此，大规模地开展有组织性和目的性的社会教育相当重要，这就要求大规模地建设社会教育的基础设施，以及构建社会教育完整和有效的运行机制，发挥学校教育、社会教育和文化涵育的社会功能，从而发挥最大综合的社会作用。

目前中国文化机构的建设投入数额巨大，各种博物馆、文化馆和图书馆等设施的建设规模庞大，可谓宏伟、壮观，但其职能和地位并未界定清楚，关键是文化机构如何发挥其社会作用？顾名思义，文化是社会中的物质与精神沉淀，具有潜移默化的社会教化功能。现代文化是构成社会进步与发展的重要涵育因素。文化部门的教育职能集中体现于社会教育的职能。当然，潜移默化也是社会教化,但与主动施教的教育职能还是两回事情。主动施教体现出文化部门主动地进行调研、组织、指挥、协调、总结和研究等施教的程序,制定相应的政策和制度,从而实现社会教育的根本目标,提升国民综合的素质与水平。同时,主动与学校教育、成人教育和职工教育等紧密地结合,实现包括文化和教育在内、潜教与施教结合、特殊与综合的功能和作用,发挥文化机构建设与投资的现实成效,从而为国民素质的整体提升,以及社会行业时代的繁荣,做出应有的贡献。

因此,需要文化部门改变工作方式、更新思想观念,以及采取切实步骤,主动和积极地开展各种有益的社会教育活动,从而达成文化涵育和社会教育双重的使命与任务,真正发挥文化机构所应具有社会教育的功能与作用。现在中国文化部门还存在较多薄弱环节,亟须增进一些社会功能,包括教育、区域服务、居民素质提升、科技普及、文化传承与发展、政策调研与提议等。要增强自主性和主动性,建立相应文化传播制度和制定相应政策,运用各种手段和方法,开展各种活动,比如研讨、会议、课程、报告、展示、视听演示和参研等。手段和方法应多种多样,前提是要建立国民文化素质提升的制度。

日本有学级制度,也就是建立居民参与社会教育的学级程度登记和等级制度,并提出最一般性的要求,比如居民应在每年参加社会教育活动的时间、项目和参与程度等。这样,社会教育就体现出生涯学习、普及教育和义务教育等特征。因而,日本社会教育机构活动丰富,同时也就造就出高素质的国民。

目前中国存在的问题集中体现在:文化部门局限于文化领域,这就矮化了文化机构的社会功能,因为文化注重涵育,与教育还存在一定程度上的区别。因此,由文化部门转化为社会教育机构较为合适,而且中国还缺少人民馆的设置,主动性普遍较弱,关键是没有一定的政策、制度和措施,保障其运行和顺利开展活动。在上述方面,需要向日本或其他国家学习。

中国社会文化机构已形成一定的规模和体系,但往往缺乏实现社会功能的主体性,主要的传播方式仍然为举办各种参观及相对固定化的实物展,而缺少主动地开展各种社会教育的活动,比如讲座和体验,工作人员及其职责基本上还是扮演公务员和服务人员的角色,而没有以引导者和教育者的角色出现，即机构的性质仍然停滞在担负社会文化部门的职能，而没有定位于社会教育部门（或机构）的功能，导致降低社会教育的职能权重，失却与学校教育相结合的分量，难以适应当前社会发展的需要，以及完成社会教育的角色任务，从而又加重学校教育的负担，造成学校教育和社会教育的机构在社会职责上划分不清，难以凸显学校教育的社会职能，同时对国民素质的整体提升也带来深刻的影响。

中国社会的未来根基于教育，但并不只是学校教育，应存在思想观念的解放或转变，即其中应包括社会教育。因此，应注重社会文化机构的转型，即促使其由社会文化机构转变成社会文化教育机构，加强机构的教育性职能，从而增强学校教育与社会教育，以及学校与社会之间的紧密联系，逐步划分学校与社会教育机构的社会职能，即分别承担教育与教养的社会职能，凸显学校在基础知识和科技教育中的核心地位，而社会教育机构则应承担科普与文化，以及艺术与体育等方面的社会职能，从而促使两者相携实现培养现代中国人的根本任务，推进中国社会的发展和公民素质的提升，从而加速实现中国崛起和民族振兴的复兴目标。

有组织性的主动施教和全民参与的规制建设，是当前中国文化机构工作中的当务之急。近些年来，中国文化部门的基础设施建设已取得较大程度上的发展，但学校教育与社会教育的机构建设与发展没同步，关键是学校教育与社会、学校教育与社会教育机构、学校教育与文化机构间并未建立相应衔接和运行机制，同时中国文化机构并没完全承担社会教育的职责，而只承担潜移默化的涵养职能，表现为主动施教的积极性和能动性不足，尚未建立社会教育的职能与作用机制，而且也没相应制度或规划进行约束与引导，因此工作范围和层面呈现出相当有限与宽泛的特征，而且并未与学校教育及成人教育机关建立必然的联系，更未与社会基层组织和团体建立相应的联系，因而社会教育的职能发挥得相当不够。同时，社会文化机构并未形成完整的体系，特别是基层社会文化机构或组织建设相当薄弱，而且形式和内容单一，对文化涵养和发展的推动作用并不大。

日本社会文教机构和团体组织遍布列岛，甚至建立具体性质的设施，比如区域民俗馆、科技馆和图书馆，公民馆更深入社会基层，建立公民馆分馆，为公民（市民）议论政事和开展活动提供必要的平台。而中国社会文化机构虽然投入大幅度地提升，但并未进行系统性的社会规划，且只担负文化涵养的社会职能，而未承担社会教育以及公民参政和监督职能，即承担的社会职能尚未完全，同时布局还存在较大问题，需要统筹规划与系统设计。

当前中国文化建设还有很长的路要走，问题还相当多。集中体现在如下方面：其一，文化单位或组织尚未完全承担社会教育的基本职能，主动、积极地施教职责并没有很好地担当起来，被动地吸取民众参观，难以更好地起到文化传播和社会教育的作用。其二，文化生成的机制尚未完全地确立起来，文化机构的系统也还是粗线条的模式，并未深入社会的基层。中国应在乡镇级别大力兴建公民馆、文化馆、博物馆、图书馆和风俗馆，以及其他具体类型、担负特殊文化涵养职能的机构，积极和主动地收藏、保管与研究区域内具有文化因素的相关物件，发掘其中文化的意味和内涵，并做好宣传和推广的工作。

另外，有必要建立广泛区域性的科技馆设施，保存推进社会生产发展中的各种物件，从而挖掘区域或广泛范围内的文化内涵，进一步地推进区域科技文化的进步与发展。

上述方面都应建立一定的文化生成与传播机制，从而推进现代文化事业的新发展。同时，还应注意到，中国在文物保护、收藏和传播方面存在唯古独尊的倾向，这无疑推动了中国考古事业的发展，以及对古文物的收藏和保存，但却无形中缺失对现代文物的收藏、保护和研究，没有做好现代文化的涵养和生成工作，这是极为重大的缺憾。

当前，中国文化领域应掀起文化再造的运动，摆脱对传统文化的过分依赖，并坚决杜绝传统固有糟粕，积极发展和再造现代的新文化，从而以文化再造和发展推进中国社会走向现代化，促进中国现代文化的繁荣时代到来。同时，应在文化发展中加强制度建设，加紧制定《文物捐献法》，采取馈赠和捐赠文物管理机构，以及对私人购置文物采取回购等方式获取收藏等措施，加强收藏、保管和研究，促进文物相关知识和价值等的宣传与推广，构建学校与相关机构之间的定期联系机制,推进学生对区域文物价值的认识与理解,进行爱国和爱乡的教育,这比任何课堂上的爱国主义教育都更有效率。

毕竟上述具有区域特色的文化场馆及其收藏、保管和研究文物,不仅具有实物保存的历史价值,而且文物本身所蕴含的文化和精神,也具有非常重要的价值与意义,对区域社会乃至文化再造和思想传播、社会风尚流转、社会文明推进,以及社会政治改善等方面,都会产生极为深刻的影响与作用。因此这种做法值得在中国社会中实践,并逐步获得全国性的推行,从而推进中国文化再造、重建、研究和传播,即由重视传统文化,转向注重现代新文化的生成与发展。对中国文化的发展来说,这是非常重要的社会作为。

节日黄金旅游逐步由原先名胜旅游品种发展到目前特色旅游品种,特别是具有教育和科普意义的科学展示场所及其相关活动受到特殊的关注,但其中还是存在某些问题,集中体现在:其一,中国的科学中心等类型的科普场所还并不很普遍,造成开放之后出现爆棚的现象。其二,中国社会文化(教育)的场所管理与引导措施尚未到位,及时提示没获关注。其三,中国社会文化(教育)场所尚未由社会文化的特性过渡到社会教育的特性,潜移默化的文化特性表现浓烈,而积极和主动施教的教育特性未获充分重视。其四,中国社会文化(教育)场所尚未发动社会人群的有组织参与,其实更应做好经常性的有组织参与,比如社会群体组团和学校组织学生参与等,但目前中国呈现松散、自发和个体的特征,容易造成秩序的混乱。其五,中国社会文化(教育)场所利用的规划尚未到位。由于惯常将这类场所看成是社会文化的设施,在工作方式上是被动地接收公众参访,将机构人员看成公务员的性质,坐办公室仍是机构工作人员的思维认识,因而并没制定详细的年度(或季度)教育规划,比如少有讲演、报告和导读等教育引导举措,即便作为社会文化(教育)机构,某些展示也未直面讲解,参访者获得的知识和信息较少,体验性的展品更无人指导,操作技能不熟谙的参访者容易弄坏展品。其六,积极和主动地接受社会公众的反馈信息较少。这类机构很少进行社会调查,对公众的意见和建议并不是采取积极吸收的态度,更没有组织人员进行深入的分析和研究,造成主管方与社会公众之间缺乏必要的沟通,信息交流相当迟滞,影响这类机构工作绩效的改善。

总之，由社会文化机构转变成社会文教机构，并非几项举措就能解决问题和达到目标，而要有思维和意识层面上的深刻转变，并要求主管方（者）转变工作的态度和方式，更为积极和主动地发挥文化和教育的双重功能作用。在当前情势下，更应强调这些机构的施教功能，从而保证其具备社会教育的职能，实现社会文化与社会教育的职能相统一，这也为学校教育与社会及其教育相结合，创造更为有利的实现条件和可能，从而更好地推进科教兴国战略的实施，以及促进中国现代社会的进步与发展。

二 新闻媒体：舆论宣传与普及教育

日本电视台经常播放大众的生活技巧，比如饮食行业的技术，如何做特定的菜肴，几乎每天都有很长时段的节目。这种节目的安排可供借鉴，因为毕竟这比唱歌、跳舞和电影等娱乐性的节目，更具实用性的特征，而且也不需花销多少制作的费用，既节省开销，同时还对大众生活质量的提高大有裨益。中国新闻媒体过于注重娱乐性，教育性的节目全部推给学校和教育电视台，仿佛其他电视台就可以摆脱教育的社会职能，而只具有娱乐性和文化性的功能，其实这是极大的错误。

当前中国社会存在的诸多问题，其中应有新闻媒体的原因，因为这些新闻媒体推卸所应承担的社会教育职责，从而造成中国社会呈现出崇尚浮躁、奢华、娱乐、金钱和权力等不良现象，而中国社会中具有文化和教育意味的优良因素却遭到忽视与排挤，从而造成中国社会民众的整体素质普遍下降，日益呈现出情仇宿恨和奢侈虚华的场景，这与电视新闻媒体中的各种浮华节目存在紧密的关系。若电视新闻媒体能更多地接触基层民众真实的社会生活和问题，则会产生直面的教育影响，必定会给中国社会带来新的面貌，而不是目前的这种样态。

因此，应重新界定电视新闻媒体的教育职能，而不是将教育的社会职能，全盘托付给学校和教育电视台。毕竟社会是存在紧密联系的大系统,教育不可能脱离社会大系统而存在,而只有学校和教育新闻媒体承担教育的社会职责,则无疑窄化教育的基本内涵,同时也促使学校教育与社会及其教育之间日益相互脱离,以及教育电视台所播放的节目内容日益窄化,因为它也会将社会中具有教育意味的内容抹去,造成教育电视台(新闻媒体)与社会其他新闻媒体所播放的节目内容之间出现严重的脱离,形成各行其是的基本格局,造成学校教育与社会及其教育的社会职能异化,产生重大的社会影响和问题,导致社会的发展出现各种异常的现象,表现为中国社会及其民众中存在各种事态,对整个社会的生活和生产造成危害,并严重影响中国公民的整体素质与水平,对整个中国社会的稳定与发展也产生深刻的影响与作用。

  中国电视台的社会职能具有分类鲜明的特征,甚至将教育作为一种类别划分出来,比如有中国教育电视台、北京教育电视台等,但对教育的界定又相当狭隘,教育电视台播放的节目大多与学校教育存在关联,而家庭教育和社会教育相结合的节目则相对较少。当然,存在的更大问题是其他电视台,以为有独立设立的教育电视台之后,它们就没有了教育的社会职责,殊不知教育是所有文教机构所应尽的普遍社会职责,而不是教育电视台独家所承担的社会责任,从而导致这些电视台的节目趋向娱乐的性质:播放电视剧,普遍多愁善感、俊男靓女、明星涌现,即推出男女明星,保送海外移民;展示歌舞剧,极尽华丽奢侈、庸俗之态,将原始、古朴和现实的社会基层生活忘记殆尽,文化之根尚不扎实,何以催生出新的文化。同时,各色娱乐的节目充斥荧幕,而社会现实体裁的写实性节目却廖廖无几,只图感官享受,尽显浮靡之态,而尽失文化机构的社会教育职责。

  可以从日本电视台(当然,日本也有教育电视台,但思路较宽,家庭、学校、社会教育的节目皆有)经验中,提取一些合理和可供借鉴的元素:其一,社会生活类。老人入浴监护的知识与技术。其二,家庭生活类。各式菜肴制作的方法。其三,社会文化类。各种文化和艺术(比如书道)的教学,以及各种文化遗迹、历史名胜、大自然的美景介绍与历史回顾。其四,少儿教育综合类。主要体现为社会教育,以及学校、家庭、社会及其教育联动机制性质的节目等。其五，社会文化机构教育职责（节目提供）类。主要是通告这些机构近期将开展各种具有教育意义的节目，鼓励学生和社会民众积极参与，呈现出社会教育的职能。其六，历史地点、人物与事件解读类。主要是历史地点、人物、事件的追溯性节目，比如神社文化、武士道精神。具体而言，日本战国时代的各路英雄豪杰及其功业，以及现实中的各种神社供奉节目，或二战时期日本出现的各种人物、事件，以及靖国神社的国际争议和日本观点。

诸如此类，富有社会教育意义的节目在日本电视台占有较大的比重，而日本电视剧类的节目，特别是浮华、戏说类的电视节目，却明显较少。当然，上述电视节目对日本社会起到了潜移默化的文化功能以及具有社会教育的现实意义。

当然，中国电视台也具有上述两项功能，但所播放的有些节目让人匪夷所思，政府要达到何种目的，难道官方设置各种电视台，就是单纯为娱乐而浪费税金？如此看来，还是要来点具有原始性、古朴性、现实性和历史感，以及雅俗共赏的节目，而不需太多单纯寻求感官刺激、制造明星的节目，关键造出的还是所谓"先富"明星，但并没有带动广大民众"后富"，大多卷起铺盖，成为了海外移民，而感官的刺激也只是图一时之乐，并不能解决诸多社会的矛盾和问题。

因此，今后电视台可以多实录一些比如惩恶扬善和执法公正等宣传与警示片，从而发挥作为社会文教机构的功能，发挥社会文化生成和教育的功能与作用，而不是将社会教育的职能抛弃，或转移到教育电视台。这样，也就不会出现"京剧进课堂"的闹剧，岂不更好。

中国社会的一些问题还是由于职责划分过细、部门设置过多，然后各部门之间的职责又不清晰、权责划分不明所导致，归结为一点就是缺乏系统性的设计，产生不出综合性和协调性的效果，比如新闻机构的规划，中国将社会性职能的各级电视台与教育性职能的中国教育电视台，完全进行职责上的分离，前者主要进行综合性的新闻服务，而后者单独进行教育的服务，从而造成的现状是前者不涉及或少涉及教育，后者则偏重进行学校辅助教育和成人学历教育，而教育中的重要环节和内容，即社会教育，在两类电视台中都受到忽视，前者在播放文化节目中不涉及社会教育的主题，后者在播放学校辅助教育和成人学历教育时也少延伸到社会教育，结果是造成社会教育的失落。

其实，这种职能上的失落也可以从中央部委机构的职能设置审视出来：教育部主要负责学校教育事业的行政管理业务，而文化部则主要负责社会文化事业的行政管理业务，而介于文化与学校教育之间的社会教育则成为"弃儿"，即在中央部委层级就已缺乏主要负责社会教育的业务机关。可以想见，这些部门所辖的各系统当然也不会注重社会教育事务及其发展，这就是目前中国社会教育所面临的现实状况。

而结果必然是中国社会的风气变坏、社会暴力和不文明风行，同时由于超利性的社会风气诱导，导致文化浮靡日益加剧，追逐歌星、文星和影星成为社会的时尚，赶官成为社会的正途，而没有组织和人员关注普通社会公众的生活和风气，没有组织和个人致力于社会教育，这必然又加剧社会文化生活的堕落和失范，社会公德意识、集体合作精神、关爱扶助行动等，诸如此类的表现都成为社会中的稀缺之物，甚至造成社会生活中存在对善心和好事的质疑，以及对扶危和帮困的迟疑，因为好事可能成为自身安危和利益受损的原因。

曾经有报道，在好心人路遇车祸、及时施救，没想到受害者及其家庭指定扶助者为施害者，好心人成了受害者，而施害者则逃之夭夭，真是让人叹息。在社会失范之后，将会出现何种状态？而社会失范现象出现的深层原因在于社会教育的缺位。在这一点上，也不应只是广播电视等新闻单位要担负社会责任，全社会都应给予关注和重视，并及时地化解这种社会教育的困局。

近些年来，随着中国社会和经济的加速发展，社会文化呈现出浮华和糜烂的趋向，甚至不择手段地造就灿烂的群星，社会文化浮靡日显，并对整个社会文化造成非常不好的引导效果，而所谓的影星和歌星，出尽风头和赚足腰包，然后卷起人民的血汗钱，变身西方的公民，抛弃养育的视众，留下奢华与浮靡的印象。对此，中国文化管理和影视宣传部门应承担失职的责任。

作为营造社会意识的影视作品，应在更大程度上关注现实社会的生活和生产，创制出符合历史与现实、高品位的文化作品。日本社会显得比较成熟，电台节目大多反映公民社会的生活和生产。当然，任何事物都不应绝对，但掌握分寸相当重要，主流文化的作品应返璞归真和回归自然，体现社会的生活和生产，而不应刻意地创制明星，以及迎合社会的浮糜习气。

二 图书馆：资料建设与教育服务

图书资料建设与教师队伍建设是学校教育质量保障的"两翼"，前者应关注图书资料建设的丰富性，后者应关注教师教学的引导性和启发性。目前中国学校忽视图书资料建设，原因在于中国社会科学研究状况，以及相应杂志刊物、报纸传媒和出版系统的服务品质。上述方面与图书资料建设存在紧密的关联，应搞活相关运行机制，以及建立图书资料建设的支持机制。

在教师教育艺术方面，也应建立相应多样化的模式和机制，鼓励教师开发研究型的教学模式，而减少灌输式的教学模式。教师应真正成为指导者，而不是灌输者：应该更多地指导和启发学生自己阅读，以及分析和解决问题；开发学生自主学习和科研能力，以及阐述自己观点的论证和发表能力；鼓励学生组成研究小组，开展合作性学习和研究，展开观点探讨和辩论；建立学校教育中的图书资料阅读和研究，以及教师引导和启发之间的相互联结机制；促进学校教育与社会文化机构及其他社会组织之间的结合，开发学校教育与社会及其教育之间的联系渠道和形式，建立开放型和研究型教学新模式。

综上所述，中国学校则应逐渐地在知识教学与教学新模式之间，开辟出相互沟通与衔接的渠道，从而建立有利于学生自身发展的完整学校教育系统，在此基础上建成并完善学校教育系统与社会教育系统及其教育功能之间的紧密契合，形成大范畴、全社会同步参与，以及教育和教养有机结合的教育大系统，即建立大系统的教育体系，真正地实现中国教育系统的完整构建，从而促进人才培养和科研水平提升，推进中国社会加速步入现代化的发展进程。

中国外文图书相当缺乏，可以在使馆教育处设置图书（包含资料）收集办公室，负责采集驻在国的图书资料和内部文件。通过华人和华侨，特别是留学生，收集驻在国的现本和古本图书，凭单由教育处支付相关的图书费用。

这种做法存在两大好处：一是鼓励留学生多买书和看书，收集资料，扩大阅读面，同时解除后顾之忧，并可以向大使馆教育处提供相关的专业研究资料目录，有利于教育处掌握驻在国的文化信息。二是有利于国内图书馆的外文资料建设，有利于国内的外国科研发展，可以对制定相关政策更好地提供必要的咨询与服务。国外现刊与过刊的采集也很重要，寻找适当渠道的收集很有必要，甚至可以由使馆教育处代办托运。同时，国内也应建立收集和保存古旧图书资料文献的设施，这类文化信息丰富的图书资料对科研和社会有益，区域性的图书馆建设应覆盖乡村，可以建成区域性的图书资料、民俗文化和博物综合馆，集中于人民馆之中，并将政府机构附设其内，从而建设学习型政府，提升政府行政的文化品质。

文明礼仪：公民教养与社会教化

中华传统文化立足于古代图文典籍，目前中国尚存无多的风俗礼仪，反而较多地留存于周边韩日等边远地域。韩国申报江陵端午祭为世界非物质文化遗产，让中国人感到无比的震惊；日本更为大量地保存中华传统文化中的风俗礼仪，比如日本的射礼、服饰和祭礼等皆源于中华传统文化的精髓。因此有人惊呼，中国已丧失中华传统文化的国际地位，甚至呼唤学校来涵育、发展与保存，但还是感到此心好意、此行欠妥。

学校是现世教育的场所，基础知识和科学技术的教育是学校基本的正务，人才的培养是学校职责的正途，文化的涵育是学校应尽的社会责任。而将文化的继承妄附于学校教育的场所，可以称占现世的庙堂为古时的博院，得失尽在不言之中。中华传统文化的信息并非要展现于学校教育的场所，而应体现于社会的风俗与时尚之中，此种职责亦当属于社会。

因此，亟须建立和完善社会的规制，并树立维护其运行的机制与平台，比如加强区域性的风俗馆、科学馆和博物馆等建设，举办各种民俗祭礼和民间传承的特色文化，更应大力地发展和促进社会教育，并与学校教育并行，达成两厢结合，从而为传承与发展中华传统文化做出应有的贡献。

在获取社会和经济发展之后，重建文明礼仪是现时代必不可少的重大任务，这是增强国家和公民软实力的重要环节。目前中国社会出现很多非理性、暴力化和不文明的社会现象，其中的原因大多是硬软实力的不均衡发展所导致。在社会和经济获取长足发展之后，软实力也应获取对应的发展，否则社会将因软实力不足的原因，而陷入思想观念上的混乱，而其中的多种不足在很大程度上则表现为文明礼仪的缺乏。因此，重建社会的文明礼仪，就成为中国社会发展中的当务急事。

目前中国社会出现诸多不良社会现象，存在如下比较典型的表现：群众非理性暴力案件：带有集体性特征，比如贵州袭击警察局大楼事件；重大食品安全事故：远因在于利益纠纷，比如河北三鹿集团为代表的牛奶生产企业（奶制品生产企业）产品质量事件；企业重大人身安全事故：主要是安全监管不力所导致，或行政权力滥用所造成，比如山西省煤矿瓦斯爆炸和溃坝事故；群众个体性破坏社会秩序案件：带有报复的性质，比如上海宝山发生袭击警察局，并致六名警察死亡案件；群众集体扰乱社会生产案件：群众集体为了自身利益，而采取非理性方式，故意破坏社会生产，比如江西群众集体破坏铁路系统安全生产事件；官员身涉经济案件之后故意潜逃海外事件：涉嫌重大经济案件的官员潜逃国外，上海还发生两起出访官员滞留不归，这种作为有损国家和官员的群体形象；遇事不理性而相互施暴事件：由于存在无限制权力的因素，造成部分年轻人恃权欺人、或性情粗暴，遇事不理性，从而造成群众之间的暴力冲突，造成伤亡事故，比如哈尔滨发生六名公安人员休闲时打死林松龄事件，虽后者非理性在先，而前者防卫过当，构成伤害罪，从而造成不良的社会后果；社会服务行业暴力及不公平案件：发生列车员绑死存在神经问题的民工案件，同时出现飞机为日本人延迟起飞，以及火车为日本人临时停站的社会事件，反映出权力行使中外柔内刚、崇洋媚外和内外有别的处事方式，造成不必要的社会心理伤害；致富明星、官员移民海外或境外（比如香港）等事件：中国明星、官员先富起来，然而并未协助政府实现共同富裕，而是移民海外或境外，从而达到转移资产，以及出现明星、官员（或贪官）通过先由子女出国探道,然后移居海外或境外案件(性质相同,贪官非法致富而移民海外)。

同时,中国社会还出现整体性的社会公德、风尚和礼仪等方面问题。上述方面的案件和问题表明,中国亟须进行必要的思想和政策调整,此即重建文明礼仪的社会过程。但这却不会像社会和经济等硬实力建设那样简单,而要经历相当漫长且复杂的转化过程,需要进行系统性的社会改造,即从家庭伦理、学校礼仪教育到社会风尚的重构,包括加强家庭伦理的重构、学校文明公德和集体主义的提倡,以及社会理性和公正的回归等。比如,实施计划生育政策以来,中国城市地区的多数家庭都形成"三口之家"模式,养育独生子女过程中形成儿童用品的一次性消费,而其中存在大量二手用品需要及时处理,因此应建立以城市地区为中心的儿童用品捐赠机构与机制,并在广大农村地区建立儿童活动中心(社区),从而形成儿童二手用品的重复使用。当然在此过程中,加强卫生监督和使用安全保障相当重要,即需要采取相关配套和技术措施,借以提供必要的安全保障。

中国在目前社会情势下,还需要社会性的改革相适应,因此也就更为艰难和复杂。但重建社会文明礼仪和增强软实力,是中国社会发展到特定阶段之后难以逾越的过程,必须在正视之后,才能克服困难和达成目标。若长期存在硬软实力发展上的不平衡,不仅将会损伤硬实力,造成社会和经济等发展的动荡,而且也会进一步地危害社会文明的发展,甚至会出现重大的安全危机,这是需要切实关注和解决的社会问题。因此,只有重建社会文明礼仪,不断增强软实力,才能逐步地实现长治久安、民族崛起与文明光大的宏伟目标。

少儿理财教育:金钱意识与财富观念

少儿理财教育是当前受到世界各国关注的重要问题,其实已成为中国开展素质教育的重要内容。目前中国已初步形成家庭、学校和社会联动的育成机制,当然也还存在诸多尚未解决的问题,需要吸收和借鉴国外少儿理财教育的优秀传统与有益经验,并结合中国社会发展实际,进一步地推进少儿理财教育的发展。

中国家庭特别注重少儿教育，少儿理财教育也是中国少儿接受家庭教育的重要内容。中国少儿首先从父母处习得初步的金钱概念，确立基础的理财意识和相应的金钱价值观，从而确立人与金钱之间关系的基本认识。因此，少儿父母是少儿理财教育的最初指导者，在少儿理财意识和财富观念的形成过程中，具有非常重要的地位与作用。

中国学校教育将少儿理财教育作为当前推进素质教育的重要内容。中国学校力求深化少儿对理财知识的了解，比如增进少儿对银行、股票和债券，储蓄、借贷和市场，以及其他金融概念及其相关知识的认识，并开展初步的实习或演习活动，让少儿熟悉基本的理财程序，确立正确的理财心理和行为意识，加强财富与理财方面的人格培养，积极组织班级银行演习、组织银行参观、实地存取演练，以及其他了解市场和金融的活动，同时开展劳动付酬方面的演习，从而培养少儿确立正确的公民观与劳动观，树立金钱与劳动之间关系的初步观念，理解劳动的社会和个人价值，以及金钱在劳动和商品交换中的地位与作用。

另外，包括银行、保险公司、股票交易所等社会金融机构的积极参与，是中国家庭和学校开展少儿理财教育的重要环节，成为嫁接少儿掌握理财知识与理财实践之间的重要桥梁。比如，中国光大银行与中国少儿报合作举办少儿理财教育的夏令营活动，以及中国建设银行开办少儿教育储蓄的金融业务，上述做法都是发挥"桥梁"作用的典型运作方式，具有较好的示范作用：既是中国家庭对少儿理财教育的超前投资，同时也是学校开展少儿理财教育的重要途径和步骤，因此具有极为重要的社会和教育双重意义。

在家庭、学校和社会三者之间联动的育成机制中，家庭是少儿接受理财教育的基础环节。中国家长将理财教育视为少儿人生的必修课，重视理财教育对少儿健康成长的重要性，因此在家庭环境中开展少儿家庭理财的实践活动，比如开展少儿"压岁钱"储蓄活动、少儿储蓄捐献活动，以及少儿家庭"打工仔"角色扮演活动。通过开展上述家庭教育活动，力求帮助少儿树立正确的理财观念，了解初步的理财知识，训练基本的理财能力，培养正确的理财心理和行为，从而尽量避免或减少出现"日光族""啃老族"和"透支族"等不良的社会现象，为少儿健康成长和顺利成才奠定较为坚实的基础。

世界上许多国家不仅具有少儿理财教育方面的优秀传统，而且也具有少儿理财教育方面的有益经验，对中国少儿理财教育具有重要的借鉴价值。比如，犹太民族的财富佳话就是世界理财教育的典范。犹太少儿理财教育的传统在中国已成为经典。犹太儿童出生之时，首先听到的是金币敲击的声音，这是犹太少儿所接受最初的理财教育。此后，犹太人更为注重少儿理财能力的育成。因此在遍布世界各地的犹太人中，多数家财殷实。这与犹太民族传统中注重理财教育存在较为紧密的关联。日本在少儿理财教育方面也具有较好的传统，比如日本有一句谚语："只有阳光和空气是大自然所赐予的，其余的都得靠劳动获取"，这对日本人从小树立正确的劳动观和财富观具有非常重要的意义。日本学校的理财教育开展得比较深入，也取得较好的社会影响，值得吸收与借鉴。欧美国家也注重少儿理财教育，从小就培养少儿正确的金钱意识，训练少儿现代金融运作的基本技能，注重少儿生活中的相关理财细节，也已获取较好的成效。

中国学校理财教育起步较晚，但近些年来发展比较迅速。中华传统文化中也存在大量理财方面的经典，比如有一句谚语"仓廪实而知礼节"，这些方面促成当前中国社会出现各种加强学校理财教育的呼声，以及建立家庭教育、学校教育与社会教育之间的联动育成机制，并将儿童理财教育看成学校素质教育的重要内容，以及视为培养现代国民的重要环节。当前中国社会和经济获取较大程度上的发展，居民收入也获得较大幅度上的提升，再加上独生子女群体的出现，导致少儿储蓄和消费出现较大的增长，由此也就促成少儿理财教育在社会中逐步升温，以致成为少儿教育中的社会热点话题，最终导致当前逐步地确立家庭、学校和社会联动的少儿理财教育机制，并将少儿理财教育看成学校素质教育的重要内容，以及提升现代国民综合素质的重要环节。中国在少儿理财教育实践中，已推出众多理财教育产品，比如儿童理财故事（包括图书、光碟）、儿童理财游戏、儿童理财计划行动、儿童理财课程和儿童理财卡等。

当然中国少儿理财教育也还存在诸多需要解决的问题，已引起各界包括教育和金融相关人士的高度关注。比如，如何解决因家长和教师理财知识的欠缺，而影响少儿家庭和学校理财教育的成效；学校理财教育的实施是否需要纳入学校正式的课程体系；社会金融机构所提供的少儿理财产品和服务，如何做到与少儿理财教育的要求相契合等。因此可以说，中国少儿理财教育的深入发展还有很长的路程，需要及时地吸收和借鉴世界各国的优秀传统和有益经验，并结合中国社会、教育和经济等各领域发展的实际，形成具有中国特色的少儿理财教育模式，借以推进素质教育的内涵发展，并培养出具有现代理财知识和财富观念，以及善于理财和勤劳致富的高素质国民，从而进一步地加快社会发展和民族崛起的步伐。

集体餐叙：休闲社交与素养育成

西方学生之间的沟通与交流频繁，英语国家的学生经常聚会，积极参与会馆举办的集体活动不说，还自己举办各种休闲社交活动。在国际交流会馆后面的空地上，西方学生经常举行聚餐活动，此间相互交流和聊天，而且每次参加的学生还很多，边吃边聊，足见西方人交往的方式。或许在这种局面的形成与西方的教育和休闲方式存在紧密的关联。

中国旅居会馆的学生也较多，但都各自为政，为自己的前程在奋斗，基本上与上述活动无缘，而且内部还存在不同的小圈子，不时地出现相互排挤现象，可以说这是中国社会生态延伸和教育影响的结果，甚至为中国教育的失败。中国学校长期进行知识教育，忽视人格养成、公民品格，以及思想熏陶和道德涵养，缺乏基本的人间关怀。即使出现社会关怀，也是组织约束下达成，没有发自内心，以及体现为日常人间和社会关心，这是非常危险的社会问题。其中的关键聚焦于家庭、学校和社会三要素之中，最为根本的是社会。

中国社会教育的缺失是最大和最根本的问题，认为开放博物馆、科技馆和文化馆等社会公共设施，就是社会教育，这种想法和观点完全错误，社会教育必须具备教育的要素，即教育者、受教育者、教育介质和教育活动。若教育者无主动性、规划性和服务性；受教育者无固定性、长期性和目的性；教育介质无课程性、正规性和激励性；教育活动无项目性、标准性和检测性，这样的社会教育只具有文化涵养的功能，并不能起到教育的成效，因此注定不会产生太大社会影响。即便再先进的技术设备和再完善的硬件设施，若无上述教育要素的积极参与和配合，无实质性的教育内容和教育活动的实际开展，教育介质再先进和完善，也起不到应有的教育效果。

因此，社会教育必须纳入现实教育的范畴，要将社会教育机构（包括学校之外的其他社会机构和文化部门）、学校教育机构、家庭环境与条件、社会风俗改善等紧密地结合起来，与社会政治、经济、文化和教育等领域的发展紧密地联系起来，才能真正地起到整体教育的成效，形成教育合力的作用，从而造就全新的国民形象。

卷七

出国留学教育：战略与决策

出国留学教育：开放思维与国际视野

实施对外开放政策已 30 余年，成效相当显著，但依然存在诸多突出的问题，特别是在思维观念层面上尚存在有待深化的问题，即应确立对外开放战略的思维模式和思想观念。其中包含如下两层涵义：一是对外开放，即中国对外部世界的开放，就是要敞开胸怀，吸纳西方世界的资金、技术和现代管理方式。二是实施"走出去"战略，即促使外部世界也对中国开放，应积极发挥自身的比较优势，主动和能动地将目光投向海外，促使中国的资金、人员和产业走向世界，从而谋取国家和民族的最大利益。或许，这是当前对外开放战略落实中的软肋，亟待进一步地加强。

目前改革开放已进入重要的转型阶段，如何在此基础上更为向前推进一步，现在看来显得相当重要。中国对外开放经历了三个阶段，即器物技能、政策和战略，当前处于对外开放的政策阶段。在这样的社会情势之下，亟需由政策阶段向战略阶段转型，即落实"走出去"战略，将国内的重心转向建设，以及将国外的重心移至信息与合作。信息收集、处理和应对日显重要，关键要有国际视野和战略眼光。合作基础必须是维护国家和民族的根本利益。而国内建设则应重在制度性的战略设计，关键是民主和法治，保证社会和谐、公平和公正。政策性的制度构建则为主轴，迫切需要增进公民参政、财务透明和任人唯贤等发展力度。从对外开放角度来讲，出国留学教育是对外开放的重要体现形式，也是对外开放实践的组成部分，因而是构成对外开放战略的重要一环，时逾卅年，当可纪念和深思，从而推进留学教育实践达成更多战略目标，并借此推进中国社会的进步与发展。

邓小平1978年大力倡导留学以来，留学教育获得了巨大的发展。出国留学生已达121万余人（1950—2008），其中自费出国留学生居多数，而其中留日人数占的比重较大。但通过对目前留日学生群体和个体观察，大力提倡出国留学教育并非培养海外人才的绝好途径，应逐步地落实在改革开放政策之中，贯彻"走出去"战略，教育上则要强化通过海外产业和商业发展途径来培养人才。因此，亟须建立发展产业和商业的海外人才培养计划，减少人才培养成本和养成风险，从而切实地育成利于国家和民族复兴、熟知海外事情的高素质人才，这与当前各类出国留学教育相比，具有极为明显的比较优势。

若现实性地考察当前留日学生的生存状态和成长情况，深切地感受到所存在各种人才培养和养成的风险，比如教育资源和青壮劳动力的流失、学生人身安全保障的漏洞、女学生成长风险的增长，以及学生思想政治素质养成的失控，甚至存在滋生中国人反华势力的土壤，为日本实施"以华制华"政策提供机会等。因此，应加大海外产业和商业人才培养及养成的权重，制订国家海外产业和商业人才培养计划。这样，就可以达成事半功倍的现实成效。

当前大力开展出国留学教育，要着眼于社会大系统，从大教育视野出发，这是造就现代外向型人才的重要路径。在"走出去"战略实施中，随着资金和产业的海外拓展，人员交流也会扩大，不仅海外中国企业内部要承担人才培养的社会职能，而且还可以推动日益扩展的出国留学教育，即可以在留学生中选择人员，就地专职或兼职上岗。这样，也对出国留学教育具有强大的推动和保障作用。比如，大量自费出国留学生就不必再在所在国家的职场中挣扎，可以到海外中国产业中从事兼职或专职工作，其意义非同小可，必定会进一步地推动海外产业和出国留学教育的发展，起到相互推进的社会作用。

在北大博士学位论文中，多有提及留学词汇的弊端，主张沿用清末早期提出的游学游历概念。而中国留学概念（或词汇）运用的起始时间，现在还未找到准确的文献确认，但极有可能受到近代日本相关文献的早期影响，或者由早期游日学生通过翻译或著文传入中国，并逐渐地成为专门的词汇。正如孙中山之名，渐成固定的用词，反映出清末中国对日本词汇引入的历史实际。但也正如孙中山之名，让人逐渐地淡忘其真实姓名（孙文）相似，留学的词汇逐渐地替代了游学游历概念。

其实，清末前期统称游历，觉得似乎更为妥当，其中不仅涵盖游学，而且还涵盖其他海外的体验。在日本，留学的概念现已出现内涵上的变迁，即由过去提及的留学词汇，逐渐地发展成洋行概念（或词汇），甚至称为海外体验，反映出其内涵上的深化和扩张，同时也体现出日本社会对海外学习观念上的变化。现今日本社会对海外学习有其独立的观点，应该说与中国目前偏重海外学历教育存在显著的差异，但感觉还是日本对待海外学习的观念比较正确。具体表现在如下方面：

其一，日本社会并不特别看重海外学历教育，而更为关注其国内的教育发展和质量提升。日本博士学历和海外博士学历在拥有者的任用上，并没有特别的看重，主要是以实际科研和教学能力为依据，而且特别看重科研的能力，有时还更为偏向其本土的教育。

其二，日本海外学习不只是追求海外学历，而是注重实际科研的能力和成果。日本不是注重学历教育的国家，其大学教育已进入普及（全入）时代，本科和修士（硕士）阶段教育实质上成为日本人并不难达成的学历目标，而更多日本人更愿通过实际工作体验的经历，提升科研的素质与能力，从而获得职称上的递升，因为日本社会特别是大学和科研机构，并不是以学历为标准作为职称递升和待遇提升的重要标准与条件，而是以实际科研能力和成果质量为评判标准，甚至不看成果数量的多寡，以至大学多只有本科学历的教授和博士生导师，这已成为司空见惯的学术现象，但这些学者的科研能力极强，科研成果的质量高，在日本具有较高的学术地位。相反，那些在日本国内或海外获取博士学位，但科研能力不强，科研成果的质量不高者，在日本难以占据显著的学术地位，有的也就慢慢淡出，这就是日本学术界的现实，即以科研能力和成果质量为学术评价标准，这是实事求是的做法。这样，就不可能形成单纯地追求学历的教育风潮，也就不存在大规模地追寻海外学历的教育潮流。

其三，日本海外学习存在多种形式，以至现今以洋行或海外体验代替留学词汇，这种概念性转变（或变迁）体现出其社会在海外学习观念上的变化过程。在日本海外学习范畴中，包括学生在海外大学接受正规学历教育，同时也包括赴外考察、参观、合作研究、经商和旅行等各种海外交流与体验，而洋行和海外体验的概念内涵准确地体现出这种观念与行为上的变化。当然，这与中国目前的状况形成鲜明的对照，应引发教育研究者的特别关注和政策制定者的深刻反省。目前中国存在的问题主要体现在：

一是学术评价标准的固定和僵化，主要以学历和科研数量为指标，对学术成果的质量并没有给予非常充分的关注，也并没有机制对发表论文和出版图书等进行质量上的寻证措施，造成出现学术评价上的泡沫化倾向，这就进一步地促使学历成为学者及其学术评价的重要指标，以至大学教师必须是博士，博士在学术组织中自然地拥有比非博士人员更多的便利，比如学术的机会，以及职称、职位的递升，以至福利待遇的获取等方面，这也就造成国内博士与海外博士之间存在更为明显的区分，即出现"土鳖"和"海龟"之间的显著区别，造成学术评价标准的异化，以及对学术人才评价的简单化，而且造成科研能力和成果质量——这种基本学术评价标准的丧失。

二是学历社会的现状造成全社会出现追求学历的风潮，更为加重教育和教学模式的应试化倾向，压抑大学教育和教学的自由、民主精神，而关注学历更为增添学历追求的社会动力，并形成追逐海外学历的教育风潮，因为海外学历比本土学历具有更重的含金量，回国后具有更大的发展预期，从而激发赴海外接受学历教育的热情，这也就是清华和北大双双成为美国大学博士预校的重要原因。

三是当前教育国际化的潮流日益汹涌，国外大学机构面临利益需求和学生缺乏的困境，因而大规模地加大对中国人学生的吸收力度，以至出现中国人从精英出国留学到大众出国留学的转变，也就出现海外学习人员由"海归"（"海龟"）到"海待"（"海带"）的发展，但这种社会变化也并没有消除接受海外学历教育的驱动力，海外学历教育的潮流正风起云涌，规模日益扩大。

当然，这对中国是利弊兼具的事情。

其利在于外向型人才的培养规模扩大，有利于促进中国改革开放的事业，从而加强中国与海外国家在社会和经济等各方面的联系与交流，借以掌握海外科学和技术知识，培养兼具中外类型和特色的高水平人才；其弊在于造成中国资金的大量外流，信息情报资源的大量外泄，比如日本公司招聘大量中国人在校学生或毕业学生，从事中国情报信息的收集和分析工作；日本大学及其导师大多鼓励中国人学生做中国相关的研究选题，借以收集中国的情报信息，而学历追求和生活压力又迫使中国人学生给予配合，从而导致中国情报信息的大量外泄。同时，上述学生也成为海外与中国进行沟通与交流的桥梁，但大量学术论文和专著在海外发表或出版，学术科研的成果为海外所用，而上述人员却以这些成果在国内获得更高的待遇，包括职称评审、职位升迁、生活和工作待遇改善，并由此在中国社会中形成崇洋媚外的思想，进而由学术界扩展到社会生活，造成全社会弥漫崇洋媚外的思想与文化。

因此，中国应改变海外学历教育的政策，实现海外体验的多样发展，降低海外学历教育的热度，更多地采用选派短期研修的形式，以及实施双学位的制度，并要求派遣出国留学的学生，要做国外相关的研究选题，同时在海外不能顺利毕业的情况下，可以借助保留国内大学学籍政策，回国继续完成学业和学位，从而降低出国留学的求学和选题风险，这对文科学生相当重要。同时，应允许学生以中文形式撰述研究海外的相关论文，回国后完成学位授予程序。类似这类的政策应受到鼓励。除接受海外正规教育之外，还可以扩大中国企业的海外发展、企业海外养成人才的比重，以及海外体验或活动，比如短期参访、考察、实习、交流和合作等出国活动，从而促使出国留学教育概念回归到游历内涵。当然，上述目标的达成还与中国内部学术和社会制度的改革存在紧密的关联，应有连动（或联动）的改革举措。因此在社会大系统中思考和分析相关问题，显然相当重要，这有利于进行系统性政策架构，从而制定系统、高效和合理的相关政策。中国海外学习模式的改革与发展存在同样的道理。这也就表明，中国要加强出国留学教育的政策改革，鼓励海外学习观念的多样发展，以及完善相关的政策等，这应是战略性的重要改革与发展措施。

出国留学政策：管理制度与战略设计

在中国，应更为深化开放政策，努力发掘政策的核心内涵，即逐步由内部向外部开放，转向内部要素"走出去"，致力于实现外部向内部要素开放的转变，从而达成社会发展的战略转型。实践需要理论来支撑，也需要法律来规制，因此要在开放理论上深掘内涵，以及在相关法律上进一步规制，从而推动开放在实践层面上获取更为深入的发展，其中内外部人员要素至关重要，包括学生、学者、商人、官员和民众等群体，游学、游历、交流、商贸和移民等活动类型。在经济层面上的内外部关系已存在相关法律和法规上的规制，但涉及游学、游历和移民等管理问题上，显然还相当薄弱，而且由于历史上的原因，造成移民管理更为复杂，因为境外和海外各种群体（比如移民）存在政见和观点上的较大分歧。

规范大陆和港澳移民的管理，显得日益急迫和必要，并需要对中国台湾地区的移民提出核心利益维护上的要求，这也具有相当的必要性和意义。而对中国大陆和港澳的游学游历（考察交流和旅游等），更需进行必要的规制，必须进一步地深化组织和管理，并将其涵义延伸至海外，基本上包括规范组织和派出，加强海外管理，以及组织回国和保障安全诸项事宜，必须加强海外驻在机构对上述赴外群体的组织与管理、安全提醒、见学和实习，以及其他旅游活动的组织，还有其他的具体事宜，尝试推进群体组织的规条建设，建立海外游学生的区域自护团体,自觉地维护海外生活和学习安全,并由国家拨出相应的经费,鼓励游学生开展团体性活动,拓展对海外了解和生活视野,掌握管理的自主权,从而让海外游学生自觉地感受到中国利益、护卫力量和组织体系,建立牢固的国家和民族意识,包括国家安全和荣誉意识,同时应大力开展企业海外经营的特殊优惠政策和管理措施,包括增强海外中国人包括游学生和华人的信息共享与利益共同体意识,鼓励海外经营企业招收(正式或临时)中国人游学生和海外华人,从而强化海外中国人的民族、国家意识和共同利益,同时也是对海外中国人游学生的见学和实习锻炼,以及教育形式和人才使用模式,从而形成海外中国人的利益共同体,这是具有相当必要性的战略措施。

实现上述目标,可以通过制定和修改相关法律法规形式来实现,而目前亟需制定《中国游学教育管理法》、《中国游历及管理法》和《中国移民组织法》等法规,修订或制定《中国海外企业经营促进法》,并展开各种规制之间的协同,以利于实现海外中国人的核心利益,共同开创中国人海外事业发展的新局面,从而促进中国社会事业的系统发展,以及推动实现中国繁荣昌盛与中华民族崛起的宏伟目标。

目前,中国游学教育仍存在较多导向性的偏差,严重地影响到游学教育的社会效益,需要做好游学教育的战略与管理设计。上述导向性偏差集中体现在如下方面:

其一,过分注重语言的学习。目前外语教学已贯穿于整个学校教育系统。从小学甚至幼儿园开始,学童就已开始学习英语等外国语言,而这种惯性也延续到游学教育;大多数游学生不仅在国内学校已学习外语多年,到国外后还在外国大学预科补习语言课程,这既体现出中国外语教学存在实用性差的问题,而且体现出中国游学生学习意向的问题,即以获取文凭为第一要务,而非提升综合素质与能力(即学力)。

其二,重视学术科研的力度不足。游学生在国外大学热衷于学习外国语言:熟悉外国口语,便于外出打工,利于补充学费和生活支出;以获取文凭为第一要务,但以语言(口语交流和书面表达)为基础;以在外国就业和生活为人生的志向，熟练外国语言是步入外国社会的第一步。因此，中国游学生将语言学习始终列为第一位，而不是以学术科研为主要，甚至波及公费和短期游学生，表明对游学教育的目标性、实用性（对中国和学生回国工作）和组织性等认识不清晰。

其三，在学术成果发表的语种上多选择外国语言。目前中国游学生和海外华人专家学者在学术成果发表时多采用外国语言，甚至在外国杂志上发表论文，而较少采用中文语种，当然也就较少在中国期刊中发表论文。

其四，学术评价过于重视外国语言、外文杂志和出版物，也影响到游学生对学术的评价取向与认识。目前无论是日常学术评价活动，还是升职称或评博导，都过于重视外国语言，以及外文杂志、期刊及出版物，而不论其在中国的影响度及其质量与水平，盲目地信任外文科研成果的质量，体现出学术评价和科研上的崇洋媚外心理。

其五，游学生的学习主体性不足，经常受到自身和导师引导等因素的影响，多探索中国相关研究问题，严重地影响对外国相关领域的认识、了解和探究程度，比如游学生为获取学位的需要，专挑于己有利和熟悉的中国相关研究问题，或因外国导师的安排，搜集中国相关领域的情报信息，即借助中国游学生收集和分析，引导其专门选择研究中国相关领域的研究问题，而且成果多以外国语言完成，以及在国外发表或出版，而在中国的学术影响却非常有限，甚至毫无影响，反而对外国相关领域的认识和分析不太深刻与透彻。

其六，获取国内学位的绿色通道尚未建立，影响游学生对研究选题的选择。中国应在相关机构之内，建立游学教育的战略与管理研究所，并建立海外博士研究生国内学位申报、答辩和授予的绿色通道，即专门设置以别国相关领域研究为博士选题的特殊通道，从而设计出海外游学生独具特色的学位授予新模式，解决游学生博士学位论文研究的选题取向集中于以中国相关领域为主要的突出问题，并引导以海外相关领域研究为主要的选题取向，鼓励最终以中文形式完成，从而提升游学博士研究成果在中国学术界的影响。

由上述对游学教育的导向性偏差分析可以知晓，中国应增强游学教育的战略与管理设计及其科学分析，从而大幅度地规范游学教育的管理，建立游学教育质量的全程跟踪机制，有效地提升管理的效益和水平，这对高素质和外向型人才的培养，以及高水平海外学术研究成果的出现，创造更为有利的制度环境，从而推进游学教育事业的新发展，并对社会发展产生更为积极的影响与作用。

中国政府实施万名博士生出国游学一年计划（2008），正契合对来日留学生群体的风险观察。当然，随后应注重引导出国游学博士生做好研究选题。集中体现在：国家亟须利用外国设备和条件攻克的相关研究选题；在外期间需要具有严保国家机密的思想与意识；人文学科倾向国外相关研究选题的思考与确定；重视国外相关领域资料的收集与整理，并与国内博士学位论文相结合。关键是利于减少中国出国游学生的海外风险，可以研究的兴味为主进行相关选题，而不必单纯地依照外国指导者的要求，做其他特别是中国相关的研究选题。人文学科可以更多地将选题集中到国外相关的研究领域，从而培养研究视野更为开阔的科研人员，增强学术领域对外开放的程度与水平，从而推进中国的学术科研创新。

做好上述方面，可谓意义非凡，由此也就有必要提出国家公派留学的战略构想：一是学历程度规划。作为数额有限的公派留学，应对留学生既有的学历程度进行规划，首先需要考虑在学状态，即无论何种留学项目，都应是在学状态（或在业状态），最好处于博士或硕士的在学状态，然后作为留学生选派出国留学。二是留学选题规划。作为公派留学，应对研究选题做出方向性规制，即首先应做国外相关的研究选题，而不是在国外做有关中国的研究选题。三是国内在学保障。若在国外不能获取博士或其他学位，国内在学状态可以随时恢复，回国后可以继续从事相关研究，并由在学单位委派导师指导，最终保障完成学位。四是在留管理规划。国外留学生管理现在基本上全部由在留国家负责，中国驻外机构的管理程度相当初浅，应加强留学生的在留管理，特别是提供相关的信息和帮助，组建强有力的学生组织，并定期举办各种活动，比如文娱、舞会、聚会、游戏、参观和见习等，通过组织和开展各项活动，推进在留学生之间的交流与沟通，以便在留学期间可以相互帮助，协同克服各种困难，同时增强留学生群体抗击国外各种洗脑活动，以及在国外社会所存在中国人反政府活动的影响，增强群体性的抗变能力，并在学成归国之后，为推进国家富强和民族崛起做出更为重大的贡献。

因此从某种视角来看，国家公派留学和开放性的自费出国留学政策是把双刃剑，需要调正剑锋。剑锋所指应是对国家和民族的利益存在助益，这就需要政府及驻外机构做好在留学生思想和实际生活等方面的工作，提供必要的管理与服务，并努力保护在留学生的人身和财产安全，从而成为在留学生的重要"护身符"，这是政府及驻外相关机构应分担的重要责任。

出国留学误区：社会风险与管理问题

清末兴起出国留学教育以来，中国高官子女留学逐渐地成为社会潮流，同时也为外国政府和反华势力控制中国政治发展提供了极为便利的条件，甚至出现高官子女在国外遇害的事件。张之洞是近代著名洋务官员，号称"洋务殿军"，教育上主张留学日本，因此在其主政"两湖"期间，湖北和湖南成为留日学生最多的省份，其子亦前往日本留学。张之洞还协助清政府制定留日政策，将留日由地方措施升格为国家的政策，从而极大地推进了清末留日教育的发展。其子在留日期间突然暴亡，日本调查之后提供的死因是乘马时摔下，真实的死因现在已难以查询清楚。但有一点看来很清楚，高官子女留学必定会成为外国政府和反华势力的现实人质，成为外国势力与中国政府高官进行利益交换的把柄，当然笼络也是其中重要的策略。若笼络与人质的策略不能达成，中国高官子女必将存在人身和其他方面的安全风险，历史上存在先例，张之洞之子在日暴亡的事件，就是非常典型的事例。在现代中国游学游历中，也不乏类似的典型例证，因此应引起高度的关注与重视，并应采取必要的对策与措施。

目前，中国海外游学生经常会出现各种问题，比如精神和心理、人身安全和健康、国家安全意识、交友障碍、语言屏障等问题。出现上述问题的深层原因，体现出中国对海外游学生的管理和组织存在某些不足：

其一，组织性差。在出国之后，基本上是放任自流，没有一定的组织性，除驻在外交使馆教育处（机关）之外，难以找到中国海外游学生的居住地组织，有的大学存在中国游学生会之类的组织，但由于管理经费较少，组织的活动并不多。

其二，疏于管理和服务。更多地受到所在国家志愿团体的思想影响，自身组织较差的重要表现就是疏于管理和服务，因而其他国家的思想意识特别是反政府和反华意识容易乘虚而入，极易造成思想观念上的波动与变化。

其三，失于引导。在入学之后，大多受到所在大学和教育部门的领导与指导，管理权和指导权完全交予所在大学和教授，中国主体意识难以对海外游学生产生引导的作用，而西方思想则借此引导机会，灌输于海外游学生的心间，从而造成思想和理念上的波动与动摇。

其四，缺少绿色通道，包括学位的获取和就业。要最终获取学位和海外就业，就必须依照国外导师的安排，处理好与导师之间的关系，必须按照其指令去做事情，即便是于国不利的事情。若有违抗，就难以毕业，进而影响学位和就业。而中国又没有绿色通道，因而造成只能完全地听命于国外导师的安排。同时，由于中国人事制度和高校扩招，以及职业岗位的流动性又不强，造成回国之后的就业难度加大，只好选择在海外就业作为退路，因此也会产生部分思想和精神压力等问题。

综上所述，中国政府应加大对海外游学生的组织与管理力度，需要提供专项经费，调派专职人员参与，并逐步地举办各种服务业务，比如创办面向海外游学生的交流刊物，提供发表和出版基金，建立海外游学生的项目活动基金，从而有利于交流和活动的组织，以及提供学位授予和就业等国内绿色通道，解决海外游学生在海外学习和生活上的困惑与问题，以及学位和就业等方面上的后顾之忧，从而真正地可以主体的精神和意志，处置在海外学习与工作中遭遇的各项事情，多做有利于国家需要的相关选题研究和其他各项事情，最终为国家发展和民族崛起多做贡献。

游学教育在中国已存在百余年，但还处于单纯派遣阶段，并没有纳入教育战略管理范畴，相关研究基本上还处于空白状态，更谈不上教育组织和政策研究，因此大有关注这类研究课题的必要。目前游学生在海外基本上处于无组织状态，比如在日游学生虽然有全日本中国游学生会组织，但过于单一并没有太强的组织性，也没有举办多少项目活动，只是服务于政治和外交事务的需要。其实，海外游学教育需要更为细致的组织和管理，比如上祖师谷国际交流会馆就应建立"上祖师谷中国人游学生之友会"组织，每年举办各种活动，比如见学、见习和联欢等，并在生活和学习上建立相互扶助与关爱的组织制度，从而凝聚在日中国人的力量，这是相当必要的措施。但所有上述都需建立在对游学教育战略管理和组织政策研究的基础上，否则就难以做到可持续和健康发展。因此，中国内部应建立中国人游学教育战略管理研究会等组织机构，专门推进游学教育战略管理研究，并由理论到实践，从而具体到游学教育组织与政策课题，深化到海外大学、区域和国别等游学对象要素的选取，以及组织和管理等微观研究的课题。

同时，还应掌握留学（或游学）教育的主动权和管理权，主要存在如下对策与建议：第一，建立游学教育研究机构，加强游学教育理论与实践研究，并要格外关注战略性和策略性研究。

第二，建立海外游学生管理机构与机制，确立资源投入与运行机制，以利于海外游学生的学习、生活和联络，比如建立"上祖师谷国际交流会馆中国游日学生之友会"，建议会长由新入馆的学生担任，党委书记由老入馆的学生担任，提供举办活动的经费，开展各种联谊活动，并可以拓展为区域性中国游学生联谊机构。

第三，加强海外游学生信息收集和资源拓展意识，并提供发表言论、论文和出版图书的机会，打通信息公布的渠道，以及资源积累和存储的处所。

第四，开拓国内对海外游学生在学习和生活上的援助渠道，比如设立海外游学生国内学历授予机构，引导游学生研究海外相关领域的选题，鼓励游学生申请国内相关机构授予的学位。

第五，建立以海外游学生为对象的发表介质和出版单位，比如允许举办面向海外游学生的杂志社和出版社，鼓励游学生出版图书和发表论文。

第六，确立海外游学生支持的图书、仪器、资料和信息收集、整理与分析机制，并建立相应资源存储设施，比如图书馆、仪器馆、资料馆、档案馆和文化馆等，发挥其综合的社会职能，比如社会教育、文化展示、信息收集和科学研究等，增强对海外信息收集、整理、分析、思考与研究，并进行综合利用，从而发挥实际的社会功效。另外在预备游学教育过程中，应建立正式学生组织，加强学生之间的沟通与交流，形成具有组织性和目的性的学生团体，鼓励相互之间的理解、宽容和帮助，增强团结与合作，并由驻外大使馆教育处（机关）进行海外活动的相关指导。

近些年来，中外人员交流的规模日益扩大。据2007年统计，新中国成立以来，海外游学达121万余人，现在每年均在12万人左右，可见海外游学人员逐年增多。但海外游学管理的相关配套政策还不完善，导致当前海外游学教育管理尚存相当多亟须解决的问题，比如出国前存在安全教育问题，包括国家利益与安全，以及游学权益保障和人身安全管理等，本来都要做到未雨绸缪，但现在却并未给予足够重视；在出国中也存在某些具体问题，比如需要处理电脑和磁盘安全、国家情报信息和交友等常见问题。

在2007年日本文部省资助博士生项目游学生中，就存在如下"两大"典型事件：单君遭受东京大学教授和职员联合迫害的事件；冯君心理和精神出现紊乱的事件。单君现已回到华中科技大学上班，此事告一段落。冯君回国之后，经过短暂身心调整，现已恢复并返回东京大学继续学习。冯君是北京大学硕士，没有工作经历，因而心理和精神调节能力较弱，赴日后感受到从未经历过的巨大压力，心理和精神防线出现某种障碍，最终由同学紧急打车送往机场，返回国内调整心理和精神。

冯君心理和精神压力主要来自东京大学的学业。集中表现在：东京大学存在不同的教学模式，比较注重学生的自我表达与发表，因此出现上课不适应的问题；语言尚未最后过关，主要是尚未达到精确表达的程度，因为赴日博士生在国内只学习十个月的日语，并且学前毫无日语的基础，其实按理说到她这种可以进行交流的程度，显然已相当不错；博士学位论文已开始发表，但导师要求以日语的形式完成，因而出现语言上的难度，一时难以承受遽然增添的压力；北大硕士阶段是研究美国近代科技哲学问题，如今转而研究日本科技哲学,出现研究方向转型,学业压力增大也就成为必然;在日交友不多,缺乏及时勾通与交流,造成心理和精神宣泄不畅;可能还存在个人或家庭情感问题,难以疏通和清理。

从冯君事例可以做出如下判断:

一是需要改革中国学校的教学模式,必须着手改变当前单纯的灌输式教学。主要存在如下做法与建议:本科阶段就应注重学生的自我表达,开设相关发表训练课程,硕士阶段应完全采用发表课程,兼选习专业和报告课程,借以开阔视野,而专业课程则应采用发表的形式;中国应改革外语教学模式,即基础教育阶段应采用多语种的基础教学,而不纳入考察范围,大学阶段采取自选方式,加强两三门外语教学,并于三四年级开始集中一门专业外语教学,同时应注重工具交流,而不应是词汇和语法记忆,硕士以后阶段则应加强学科专业的外语文献阅读、分析和研究,实现紧随专业的外语教学与研究实践;配合中国学校外语教学实践,在大学本科二三年级、硕士生后阶段,采取保留学籍一年左右的留学制度,即选择具有相关外语兴趣,成绩较突出者,公费派出相关国家、相关专业,研修一年左右,借以提高专业外语的研究和阅读水平。

二是加大公派留学生规模,并加强留学制度改革的力度。主要存在如下做法与建议:以博士生留学为主,推动大学本科和研究生阶段在校学生一年左右留学制度的确立;在海外建立留学生支持机构,以及开展留学教育调研,加强留学教育的实地化管理研究;建立相应区域的留学生组织,加强组织和管理,开展各种以调研为目标的海外见学、旅行和科研活动;为长期在海外的留学生建立风险保障机制,比如本科出国留学而后继续在海外攻读硕士(修士)者,可以获取国内拥有学士授予大学的硕士生资格,以后在海外继续攻读博士者,可以获得国内拥有硕士授予大学的博士生资格,而出现本科出国留学、海外续攻硕士和博士者,则应获取国内大学或国家留学基金委调配大学的博士生资格,完成学业年限和学习过程,可以申请论文答辩及其他审查程序,当然此仅限公派出国留学者。若存在上述风险保障机制,公派留学生的学习风险就可以降到最低限度,在选题、学习和科研等方面就更加具有自主性,而不会过多地受制于外国人导师,也就可以在海外开展现地和自主科研活动，同时还可以增加以中文完成海外课题研究的成果数量，这对中国学术界内部的海外科研具有重要的促进作用。

在东京学艺大学游学期间，和歌山大学发生中国人游学生（修士生）石君在毕业典礼后被杀于宿舍内的事件（2008），并在一周之后才被发现。最后调查的结果：石君在大学与日本姑娘恋爱，由于某种原因出了问题，石君毕业后将返回中国，因此临近毕业时被日本姑娘杀害，案件由此定性为情杀，这在日本是罪不致死，何况在日本法庭之中，即在日本社会制度和体制以内。由此奉劝来日游学生，需要警惕"予子以性，要汝之命，凡事当三思"。石君之死到底原因存在何处，可能将永远成谜，但此案应给游日学生敲响警钟，要安心学习、归国报效，不做违法之事、违规之行，这样的厄运也就无由降临。慎始慎终、首先慎独，当为人生之诫。

另外，日本采取扩大中国留学生的政策，除为解决劳动力不足问题外，还存在对中国进行学术、政治、经济、金融、外文和军事等方面情报收集目标。在此简单阐述东京游学中了解到的两个现象：一是专人找单君谈话。谈话并非要解决单君宿舍，也非要解决单君与原先导师之间的矛盾，而是咨询单君专业、单位、工作经历和研究领域，以及中国在此专业领域的发展情况。由于单君专业为通信工程，还涉及高校前的工作情况。单君回到会馆后，谈论当天遇到的事情，并说还没谈完，明天还要继续谈。于是告诉单君，谈话时最好要注意一些。二是郭君硕士学位论文的翻译问题。她与单君皆为东京大学预科博士生，尚未进入录取阶段，但郭君导师提出要求，即将在中国完成的硕士学位论文翻译成英文。郭君称若做不好，会影响博士录取，因此需要努力做好这件事情。中国培养近20年，最终完成硕士学位论文，但日本人很聪明，只需把住录取关卡，就能将此论文成果以最适合的语言形式获取，这种收支的比例谁优谁劣，当然可以想见。

日本在大量利用中国留学生和华侨等资源，收集中国各种学术和信息资料，进行海外国家相关学术和政策研究，有组织地开展海外学术著述和论文成果的国内引介，借以解决目前其国内科学研究对国外新近资料的急切需求。因此可以说，日本人正在利用扩大接收中国留学生的教育政策，收集中国相关情报信息，同时也是利用年轻学生的社会经验不足，以及求学目标性强的弱点和困境，这对中国决策部门提出崭新的挑战，需要提出强力反制的措施，以便在确保机密情报和信息安全的同时，积极维护中国留日学生权益，减少来日留学风险，其中保留国内学籍是非常不错的办法，需要进行充分的论证，从而制定出相应的对策与策略。当然，还存在回国后的管理问题，比如电脑和磁盘安全再处理、行李检查和成果发表，以及回国后再出国的要求，特别是要堵塞相关政策的漏洞，比如国家公派游学生归国之后，按照政策必须回国服务两年，但目前从游日人员方面来讲，就存在部分政策的漏洞，甚至归国办完押金等手续之后，即可以再次来日，而且日方则留有政策余地，允许入国一段时间，这就出现国费游学人员在国内未服务两年以上，即回日就业或游荡，成为日本社会中的"打工族"。对中国而言，这是资源和人才浪费，因此相关部门应采取必要措施，有效地堵塞相关政策的漏洞。

在东京，有很多中国留学生，有公派也有私费。公派留学生的生活存在相当程度上的保障，无论是由国家协议项目公派，还是由政府协议项目公派，都由政府每月提供经费资助，这批中国留学生在此间的生活与学习基本上都很顺畅。当然也有例外，比如同来东京世田谷区会馆的单君，就是由于与导师之间的关系不畅，导致存在入学的担忧，当然可能还存在其他的原因。但大部分的公派中国留学生都较顺利，学习也较刻苦，也不排除一些结朋唤友、经常出去旅游和购物者，其中女生一般较喜欢逛街购物。有人说，中国来的女生爱日本。但我来到日本，感到很压抑，因为街道狭窄，岛民狭隘的心态表现强烈，对外国人的规制甚多。公费中国留学生的日常学习也很刻苦，由于没有生活负担，去公司或 Mini 店（コンビニ）打工的学生很少，确实，这批学生是国家政策的受益者。

但日本对中国存在强烈的戒备心理，其大学和教授对中国留学生总存在某种隔阂（日本人存在集团性，传媒影响较大，在日本社会，反华表现得非常突出），因此对中国留学生的态度就存在两种可能：一是对中国留学生较关心与爱护，多方提供力所能及的帮助，进行学习上的引导，虽然在关键知识或技术上可能存在保留，但至少在生活上是相当关照，在态度上也较友善。

二是对中国留学生的态度恶劣,刻意地打压中国留学生的求学热情,刁难和恶意中伤的事件经常会发生,单君就是明显的一例。

除公费游日学生之外,在日本还存在大量的自费留学生,这批学生就成为欺压和剥削的对象。他们大多读本科,国内没有上大学的机会,到日本上大学,其间的程序简单,毕业也容易。他们的家境一般较殷实,家庭可以提供部分经费支持,但以日本高昂的消费,单纯凭借家庭部分的支持,肯定难以为继,除非家族成员在国内是公司老板、大款或政府官员,这类家庭可能会采取各种手段,积有大量的钱财,从而能支持子女在日惬意地生活与学习。比如,新宿有位来自武汉的官员子弟,居住宽敞房子,驾驶高级轿车,学习十年还没有大学毕业。但大多家庭难以全程资助子女在日完成学业,这样就得依靠打工和出卖劳动力,因而在学同时还要兼职打工挣钱,血汗钱转而作为学费和生活费进入日本社会,最终获得贬值的学历文凭。

自费留日学生的数量不在少数,每年从国内带出的外汇也很多,并且还要为日本社会提供廉价劳动力,以完成在日大学本科的学历。但很明显,这批学生大量的时间用于找工作、挣钱,没有足够时间用于学习,而且学习的专业多是文科,因为这类学科在日本的大学容易毕业。大多自费留学生也有深造的愿望,因为在日本上大学院(研究生院)也较容易。因此,日本为中国留学生制造很多高学历文凭者,真正的能力是在打工中获取的,而没有掌握确实可需的科学知识,但社会经验较丰富,擅长抓住各种机会,当然得益于在日打工的生活,但也不失有个性和品质较优者,比如住在隔壁的刘君(拓殖大学自费生),毕业后不准备继续学习,而决定寻找工作机会,并想与家族在日发展经贸关系,为此打下基础。

自费留学生由于大多时间花费在打工上,日本借此政策而获得大量廉价海外青壮年劳动力。可以说,自费留学生为日本社会付出宝贵的青年时光,最终打工的钱还是回归日本社会,获取的是目前在国内也没有太大价值的本科文凭,但其中也不乏有毅力强者,读完日本的大学院博士。虽然日本大学对私费学生可能会多网开一面,但博士文凭可以在国内以海归身份获取更多工作机会和升职资本,虽然在科研能力上可能还不如中国本土的博士或硕士学位获取者。

日本社会不关注学位。陈君介绍一本书，作者为东京大学大卒，即本科学历，从事三年助手工作，后升为助教授和教授，著述大量高水平的学术书籍，现已为大学院的教授，具有培养博士生的资格。同时，日本职员在薪水、晋级和职位等方面也不与学位挂钩。因此，大多攻读学位者对学位并不看重，而比较看重学习的过程和科研能力的提升。当然，这对中国留学生不利。陈君还讲到，早稻田大学法学专业很少能在正常年份毕业，大多未毕业就去工作，担心自己也难按时完成博士学业。陈君为人踏实，确实是学术的苗子，但在日本大学获取博士学位，特别是文科博士学位，还是存在相当艰难的学习过程。其实，中国可以建立承认学习课程机制，对日本重点大学的留学生给予课程学分上的承认，并允许在国内大学申请论文答辩，并授予相应学位，以减轻来日攻读学位者的尴尬。

中国留学生在日本是成分相当复杂的群体，可谓"龙"与"虫"共染于一缸。因此，中国在制定游日政策时，应明晰日本吸收中国留学生政策对中国的影响，采取措施区分"龙"与"虫"身份，对"龙"给予政策扶持，对"虫"尽量阻止赴日留学。毕竟对这批人而言，自费来日留学的代价太高，且消耗大量外汇，并造成中国青壮年劳动力流失，即便中国劳动力太过丰富，也不能在政策上让其自然地大量流失，而且还支付大量劳动力培养的前期成本。

中国赴日博士生项目招生模式应有所改变，这应成为必要的步骤，以减轻来日博士生的学习风险。建议采取的基本方式：原则上在中国各大学和科研院所的在读博士生中选择；可以扩大某些大学和科研院所的博士招生名额，以及自由报名和指定赴日的方式满足名额需要；鼓励人文社会科学的赴日博士生专门研究日本相关选题，未完成在日学位情况下启动国内获取相应学位的绿色通道，由中国大学和科研院进行学业审查之后，进入论文答辩等程序，理工科博士生也应存在这样的绿色通道；招生时明定可以适当延长就读期限，给予赴日博士生充足攻读时间，并以此为绿色通道的重要内容。毕竟，目前在硕士生中招生，学生的学习风险明显较大，而且在学习过程中还容易受到日本大学和教授的控制。从人文社科类角度来讲，现在论文研究的选题还多以中国相关的研究问题为主要，这不仅有损中国情报信息安全，而且也不利于中国学术开放进程,难以推进对日本相关问题的研究。其实,赴其他国家游学项目也可以依此原则办理。

目前,在日中国游历者已达七万—八万人,这已是相当庞大的数字。据调查,来日游历者在日本大学接受高等教育时,大多选择人文社会科学,而非自然科学,这与中国现实需求存在诸多的不一致。但这种状况存在历史上的根源。清末中国掀起游日浪潮,最多时达五万—六万人,在当时国际游学中这个数字是无前例的,而且大多也是学习人文社会科学,特别是政治和军事科学。当时中国社会正处于激烈变动时期,这种历史现象存在特定的社会背景,但却何以维持到现在?关键的问题还在于中日文化存在的同源性。但现代日本文化已出现巨烈的发展与变化,西方化的现实与传统性的社会同时呈现,而上述两种不同文化的融合却又符合中国社会的现实需求,这才造成日本成为中国游历者的重要选项,而且来日后多选择人文社会科学。

日本社会和大学导师也正看到存在的这种现象,因此在指导中国游历者过程中,要求和引导游日中国学生提供中国社会相关领域的情报信息,选择中国社会相关领域的研究选题,长久以来也就形成特定的思维惯性,即中国游学生在日研究中国社会的相关问题,并成为日本大学科研中的一道风景。当然其中不乏出现佳作,比如在日本《中国问题研究》中时常刊有具有相当高质量、中国游历者提交的研究论文,而日本社会和研究者则通过中国游历者的学术成果,深化对中国社会相关问题的认识和理解,可见日本人教授是最精明的导师。

中国游历者需要在日本学习之余打工赚钱,然后以学费和生活费等各种形式,回归日本社会,由此无偿地奉献了青春年华和劳动力资源,而且还义务地为日本社会捐献中国社会各领域改革与发展的情报信息,几年奉献之后最终拿到日本大学的学历与学位文凭,有的甚至连文凭也未必能拿到,而其中也不乏有才者,只因开罪日本人导师,或见隙日本社会,因中国社会未网开一面,即未设置中国海外游历者的学历和学位授予程序,而导致承受各种游学风险。但对日本社会而言,这是无本万利的事情,可谓送上门的买卖,以至其社会和导师已不适应中国游历者选择日本社会相关的研究选题。若出现这样的特例,终将遭受日本人的多方打击。日本人导师以要求日文完成博士学位论文方式,增加中国游历者的心理压力,而其他中国社会研究的相关选题则可以学习多年的英语形式,完成论文的撰述。

综上所述,需要建立中国游历者海外学习风险预防机制,实施相应的战略与措施,前提是先期设立专门研究组织,开展相关调查研究,为制定战略和策略奠定理论与实践层面上的坚实基础,从而有效地实现游学教育的现实目标,做到海外游历者多研究所在国家的相关问题,真正地成为具有国际研究视野的外向型人才,而并非拿着海外学历文凭,却做着中国社会相关问题研究的"二传手",不仅有损国家和民族的根本利益,而且也不符合中国游历教育的政策初衷。而改变这种状况则需要从调查研究和制定政策入手,并在减轻海外游历教育风险的同时,加强引导、管理和监督,从而真正地实现开展海外游历教育的根本目标,为中国社会的进步与发展注入更为充足的现实活力,有力地推进中国社会的现代化发展。

出国留学规划:政策评论与对策建议

当前海外游学教育呈现出加速发展的趋势,已成为中国教育重要的组成部分,因此加强海外游学教育的组织与管理,具有非常重大的社会价值与现实意义。在日游学期间,对落实中日政府间的教研生、日研生、博士生和博士后等游学项目,具有了更为深刻的认识和体会,感受到开展海外游学教育研究存在非常的必要性。主要存在如下看法:目前海外游学教育管理存在中国主体缺位的问题,导致外国大学等机构及其导师对海外游学者具有现实控制,存在国家海外游学教育和游学者学习上的风险,而且情势还显得相当严重;海外人文和社科游学者存在研究方向上的误选问题,在海外过度地分析和研究中国社会各领域的相关问题,不仅造成情报信息外泄问题,而且也不符合实施海外游学教育初衷,造成教育资源浪费和人才培养失向问题。

由此出发,提出强化海外游学教育规划建议:加强大学在读学生接受海外游学教育,期限以一年左右为主,比如日研生项目,而且应扩大规模和范围，大学应制订海外游学教育和学习计划，应以课题研究而非语言学习为主，必须做出明确的规定，并要求回国之后提交海外具体领域的研究报告，而非在海外研究中国的相关问题，必须确立这样的研究取向；加大毕业生和社会人赴海外攻读双学位的教育与学习机会，并提供相应鼓励的政策，条件是在国内确立海外相关领域研究的计划，并完成海外相关研究课题，奖励则包括可以回国完成学历和学位授予程序，机制则是在国家留学基金委设立海外游学教育研究所（或中心），负责海外游学教育的研究与服务，由此减少学生求学风险，以及制定相应待遇优惠的政策。

中国内部对选送海外攻读博士阶段的高层次人才，应给予学位授予上的绿色通道，因为选送的博士生在海外通常遭遇到各种因素，导致难以最终完成学业，比如选题的问题，即选择海外的研究问题，要比选择中国的研究问题，更加难以获取学位；爱国与护国的问题，即国外大学教授的背景相当复杂，有可能在维护国家和民族利益的情况下难以获授学位。当然，还存在其他各种原因。因此，中国负责海外游学生接收的大学、国别研究所及各大学海外的游学生院，应承担中国人海外游学生在国内学历和学位的审查与授予职责，掌控中国人海外游学生教育的管理权和主导权，并形成中国人海外游学生教育的国别评估机制，增进国家派遣和自费中国人海外游学生教育的效益评估，提升中国人海外游学教育的质量和人才培养的水平。

海外博士生应拥有部分特殊的权利，集中体现在：一是国内大学或科研院所的在读博士生出国深造，若出现国外未获取学位的情况，可以允许继续完成国内原大学或科研院所的博士学业，给予年限延长的特殊待遇。二是国内大学或科研院所的硕士毕业生直接报考海外博士生，回国完成博士学业者，应特别需要满足的条件，即人文社科类的博士生需要选择海外相关的研究问题，理工类的不限；使用中文撰述，质量要求等同国内的在读博士生；提交海外大学的课程学习证明；通过国内大学或科研院所的答辩程序。同时，不属于国内大学或科研院所的出国攻读博士学位者，可以通过向国家游学（留学）教育机构（或相关大学或科研院所），比如国家留学基金委或北京语言文化大学等，提出答辩申请，并满足学位攻读的相应要求，最终达到各项要求与条件，即可以颁发学位和学历证书。但国内给予海外博士生的绿色通道，也并非没有设定的必要条件：需要在海外期刊或国内核心期刊上发表专题论文；需要进行课程学习的学分和成绩认证材料审查；需要进行学位论文全部的审查程序，并应有中外文两种版本的授予审查；学位授予进行统一的管理，并由审查单位担保论文的质量，接受相关部门的评估，从而保证学位授予者的能力，以及教育的质量与水平。

留学教育政策应积极鼓励学者游学，支持研究生留学。在这一点上，特别是针对留日教育而提出来的。从目前留日学生的在日学习状况来看，应首先着眼于学者游学。主要优势在于：学者在国内具有一定的社会身份与地位，具有稳定的工作岗位和经济来源，从科学研究角度来讲还具有自己研究的领域和兴趣，因此在日游学没有太多的牵挂，可以放手思考日本社会中的各种研究问题，不必为生计和未来担忧，也可以及时摆脱指导者对游学者的科研面向限制，减少在日研究中国相关问题的概率，也便于控制国内相关信息资源外泄的发生。同时，研究生留学也有诸多的好处，特别是博士生留学，应进行大力的支持。这样，来日留学生不仅可以攻读日本的学位，而且还可以在国内同时保留攻读学位的机会，即便由于何种原因发生失去在日获取学位的情形，也可以在国内相关机构中完成学位，同时还可以增加在日学习的经历。这样，就可以减少指导者对中国留日学生的多方掣肘，可以放心地研究日本的相关问题，而不是在日研究和讨论中国的相关问题。

目前海外游学生已形成庞大"军团"，但如何发挥"军团"的综合效应，这是需要思考的重要问题。事实上在海外游学生中，大部分人仍停留在语言学习阶段，这种现实的状况存在问题。从游学策略角度来讲，海外游学生应脱离语言学习的误区，而要将更多精力投入观察和分析外国社会、文化、历史、地理，以及其他专业领域，特别是学习专业知识，而不仅是在外国环境中观察和分析中国的相关问题，为外国人提供中国相关领域发展的情报信息，而且还是免费和无偿提供，最终的结局是拿回学历文凭，成为就职或炫耀的资本，即今后海外游学生不应成为现代"方鸿渐"（单纯语言学习和混取文凭者）和"汉奸走狗"（出卖中国情报信息者）。

近些年来，中国人赴海外游学、游历和工作的人数呈现出显著增长的趋势，其实这是国家的宝贵财富与资源，应通过各种渠道和途径加以充分地利用。因此亟须设立中国海外人员学术助成基金，用于资助海外学术交流事业，比如提供海外相关领域的重要资料和学术文献，资助学术成果的发表和出版，以及助成返国举办学术研讨会，进行各项学术交流活动，从而将国外最新相关信息带回国内，并与国内同行进行相互交流，从而推进国内对海外学术前沿的认识与了解，以及对海外相关领域的深入探究。同时，基金还可以助成海外人才为国服务，协助将海外前沿成果介绍到国内，以及推进海外人员返国工作与生活。由此可见，设立中国海外人员学术助成基金大有必要、益处多多。

目前留学教育获取了巨大的发展，每年留学生规模都达12万人左右，其中留学博士人员应成为中国智力利用的重点考虑对象，而作为中国本土人才培养的重要基地，大学和科研院所应更多地注意到留学博士人员回国就职的重要性和社会意义，积极地鼓励和接收学有所成的留学博士人员回国担当教职，并及时改革教育教学的具体环节及其评价体系，以及推进中国大学教学模式的改革与发展。

海外大学比较关注本科阶段教学的通识性，以及研究生阶段（比如日本大学院）教学的专门性，并采取各种激发学生积极性的教学方法和手段，比如开设发表的基础知识和能力训练课程，增加课堂教学中的互动活动，开设学校教学与社会及其教育机构教学的互动课程，鼓励学生参与组织和开展各种能力和素质训练活动，加强教学内容的现实性和实用化改革。国际上各种教学模式应逐步地引入中国大学教学过程设计之中，并结合中国大学和社会的实际，逐步地形成具有中国特色的大学教学模式。

日本大学教学注重学生发表课程的开设，甚至在基础教育阶段就开始注重教学过程中学生表达能力的发展，在大学本科阶段继续开设发表的基本知识和能力训练课程，而处于大学院学习的各类学生则从预科学习（针对国际学生）就已完全进入发表课程阶段，讲义类课程是辅助和选修，而发表课程则为专业必修课程，并且成为学位论文重要的交流形式。

日本大学课程发表具有相当严格的程序：在学期学习始发时，教师拟定课程计划，并征询学生意见，形成课程发表专题；教师提供给学生大量与各专题相关的中外文参考文献，供全体学生在课前阅读和体会；划分和确定发表的学生，在自选与论文相关主题的基础上，由学生自己选择发表的题目和时间，一般由新生和修士生先选，然后由博士生（后期）选择，确定以后按照预定时间进行发表；课程发表时原则上每位学生都应参与，并在此前阅读文献，以便发表时能提出相关研究问题，深入地参与研讨的过程；课程发表会上教师只是作为引导者和参与者，原则上不过分地强调权威，从而保证思想和学术自由，并引导发表过程的进展和问题讨论的深化，而发表的学生也可以由此深化对选题问题的认识，完善选题研究报告，当然发表的学生还应在发表前完成书面研究报告，内容包括文献综述、基本观点与问题揽括、提出研究的新问题，并提供相关建议和意见，即解决问题的策略，提交给教师和其他参与的学生（或电子版提交），以便教师和其他同学提前了解发表的内容，以及思考相关的研究问题；发表的学生在结束之后形成完整的研究报告，吸收他人相关的观点，也可以提出异议或不予采纳，但最后的研究报告应对选题研究的深化起到推进的作用。由此可知，发表教学比中国大学现行的讲义教学更加具有比较的优势。

  归国留学博士人员在担任大学教职之后，势必会借鉴海外学习的各种有益经验，推进中国大学的教学改革和专业研究，其中外语学习的专门化也将是其中重要的方面，可以对中国大学的教学和科研带来正面的影响。同时，留学博士人员担当大学教职，还可以推进外文授课和文献研究，开阔学生学习和研究指导的视野，并逐渐地形成中外文兼懂的专业指导教授和毕业学生群体，从而改变学生整体知识和能力结构。从教学模式角度来讲，则可以推进规范研讨（发表）模式的传播和发展，促进大学教学模式的改革，从而提高中国大学的人才培养质量与科学研究水平。

  随着近些年来海外游学教育的规模不断扩展，加强相关研究和管理工作必须提上议事日程。因此应设置相应研究与管理机构，以提升海外游学教育的整体社会效益。目前，国家留学基金委负责管理海外游学生派遣事宜，但派出后的海外游学生管理却存在严重的缺失问题。教育部应归并文化和劳动等相关部门的社会教育职责，成立社会教育司，专事社会教育管理事宜，从而促进学校教育与社会教育结合，进而建立见学制度，加强学校等教育机构与社会企事业及文化部门等之间的联系与合作，促进学生的社会性型塑，加强科学素质的养成，以及促进教育内涵的深化。

同时，还有必要成立海外游学教育研究所（或中心），专事海外游学教育及其他相关问题的科学研究，并承担海外游学生管理研究与实践等相关职能，比如开展对海外游学生学习情况和风险调查，加强海外游学生在论文选题取向上的引导，强化海外游学生学历和学位获取情况的调研，并寻求遭遇风险的应对之策，也就是赋予海外游学研究所（或中心）相应的社会职能，即授予海外游学生的学历和学位，以解决选择那些进行海外相关研究，而未完成海外学历和学位的遗才问题，建立相应程序和机制，降低和防止海外游学生的学习风险，提升海外游学生在学习和选题上的积极性与主动性，加强对海外相关领域的调查研究，提高海外游学教育的质量和效益。其实，这不仅有利于引导海外游学生的研究和学习取向，而且也是维护海外游学教育的中国主体地位，防止海外游学生过度地偏向中国相关研究选题，造成游学教育的名额和资源浪费，同时也有利于国家情报信息安全，真正地培养熟知外国业务的外向型人才及其群体，因此上述措施具有非常重要的社会价值与历史意义。

海外游学教育研究所的职责除进行留学教育的相关科研之外，还应设置办公室，服务于公费留学生回国完成论文答辩程序的接待，以及学籍互认等相关工作，将在国外攻读而因各种原因未完成学业的公费留学生，规划到相应大学继续完成学业，并授予学历和学位证明（书）。可以做出如下初步设定：将国外和国内大学统一进行评论等级，进行A、B、C三类确认，国外未完成学业的公费留学生，甚至博士后期阶段的优秀私费留学生，容许按照此种程序办理。

在政策实施的初期阶段，主要类别划分的标准可以初步设定为公费留学生，甚至扩展到国外著名私立大学博士后期的私费留学生：原则上回到在国内上一学位毕业院校申请学籍互认（本校有下一学位授予的单位）；原则上同类别范围内申请学籍互认（本校不具备，但同类其他学校具备下一学位授予的单位）；原则上在上一类别院校申请学籍互认（本校和同类院校都不具备下一学位授予的单位）；国外进行私立大学教育而未完成博士后期学业者，先进入学籍鉴别和成绩确认，然后直接进入中国海外游学教育研究所推荐的大学完成学业（参照公费留学生）。在这种学籍互认的留学生资料中，不应包括未经录取、中途退学者，即需要完成国外的在学期限，并有合格的学分。

在申请国内学位和学历的同时，尚需具体提交相关证明材料，其中应包括：相关国外证明，比如大学在册和在学证明、学习专业科目及其成绩证明，以及正式发表和出版成果，比如论文、调研报告和出版专业图书等科研成果；需要相关学位论文并通过审查程序，以及确认国内相应大学学籍互认的资格，随后进入论文答辩程序并完成答辩，最后进行相应学历认可与学位颁授。

现在中国经济呈现出大发展的趋势，社会民众在经济上逐渐地走向富裕，出国旅行成为时代的潮流。但目前也还存在很大的问题，即有目的、有计划的旅行较少，大多观风景、看商埠，以及享受生活和悠闲，而缺乏探究性的出国旅行。其实目前中国应大力地规范出国旅行市场，引导出国旅行的发展方向，积极鼓励出国见学、修学和研修旅行，要有具体规划和详细计划，团体出国要体现出目的性和研修性特征，而不是到国外走马观花，看风景、买物品。国家在政策上要有引导，比如可以开发国际修学和见学旅行等业务，以及项目类出国旅行业务，将具有相近兴趣和研究方向的人员集体组织起来，派遣出国旅行。当然个体旅行也应允许，但要积极引导，促使其成为探究性的出国旅行。若如此，才能真正地获取出国旅行的社会成效。要不白费金钱、流出外汇不说，出国旅行也会令人感到疲惫不堪，而且毫无收获，导致其成为无效益的旅行。因此，提议开展有效益的出国旅行，这对旅游发展和市场开拓也具有重要的价值与意义。

驻日大使馆教育处发来邮件，邀请参加海外游学生和研修生座谈会。于是，汇总东京游学以来的观察与经历，思考一些必要关注的问题，归纳和提出如下建议：

提议建立海外信息采集处，特别是图书和资料采集处，对海外最新图书和资料信息进行必要的收集、整理、分析、翻译和出版，改变当前国内在外国研究过程中所存在文献资料少且陈旧的问题，提升中国海外信息的掌握程度，包括新颖度、信度和有效度，推进国内海外研究成果的时效性和品质度，并且身处海外的游学生和访问学者，可以有效地参与其中，并与学业和研究紧密联系，起到事半功倍的效果，当然这需要存在相应的政策和经费，以及组织与管理制度的支撑。

教育决策者应存在深刻的反思，尽快地将海外留学生和访问学者组织与管理事宜提上议事日程，制定适宜的战略决策和政策措施，并纳入国民教育发展规划，以及中华民族崛起与复兴战略。海外中国人目前已形成庞大的社会群体，如何实现相互联系与结合，已成为亟待考虑和解决的紧要问题。其中的核心就是要强化海外游学生和访问学者的组织与管理，需要制定必要的组织与管理制度，以及相应的支撑政策和具体措施，并有组织性地采取适应海外社会特点的实际行动。比如，建立海外游学生和访问学者的联络与交流据点，即在人数相对集中的区域，建立中国人游学生和访问学者联合会等组织，有计划地开展各项活动和工作，在条件比较成熟的区域甚至可以建立海外区域性的中共党支部，加强海外游学生和访问学者中党的领导作用，并做好在海外游学生和访问学者中的党组织发展问题，同时还可以解决海外游学生和访问学者中的弱势群体关怀问题。

中国社会应关注决策者的国内和国际双重视野，以便在制定相关政策和确立相关制度时具有战略性的考虑。从中国社会和教育发展角度来看，就是要能从国内外双重角度来看待中国社会和教育发展中的相关问题，应该说中国社会和教育改革还任重道远，解放思想、实事求是仍是需要坚持的基本准则，改革开放也依然是需要坚持的发展方向。因此，任何改革和发展的政策与决策都必须具有战略层面上的斟酌与考量。比如，目前处于国际金融危机和货币币值波动的背景下，应首先着力推进富民政策，真正地做好藏富于民的工作。从具体步骤来讲，就是要缩减贫富差距和区域差别，必须不断地增加农民等低收入群体的收入，然后逐步地增加城镇居民的收入，尽力地缩小城乡差距，包括居民收入和社会投入。从处理收入、消费与生产之间关系角度来看，伴随中国城乡居民收入的不断增长，应逐步地调节收入、消费和生产之间的关系，保证居民收入与社会物价之间保持比例上的均衡，而且还要逐步地保持与海外社会之间的相近水平，这就要求增长居民工资和提高生活质量，同时不断地提升生产水平。从而实现相关社会因素的变化及其幅度，保持与国外的同一水平，即国内外物价比处于相对均衡的状态。同时，还应加大国内居民的社会生活保障和优质政策实施力度，推进对外国赴华人员的有效管控，保障国内居民生活的稳定。毕竟在社会生活方面，现在仍存在国内外的反差，主要体现在居民社会生活的质量和水平等方面。而在社会规制和管理等方面，国内外收入差距和物价比存在较大落差，导致中国赴外人员面临社会和经济损失过大，特别是国际币值存在较大差异，导致国内外同等货币的购买力存在差异。比如，现在（2008）人民币对日元比值在1：13左右，但在日本实际购买力还存在1：5—1：10的差距，从而形成人民币与日元之间的实际购买力差距扩大到1：65—1：130，造成持有人民币的赴日中国人经济损失巨大。相反，外国赴华人士却能在中国的消费中获益颇多，其中的反差体现为外国人对中国居民的变相消费，从而有损中国居民的劳动价值，也不利于提升中国居民的赴外信心和能力。若进行社会性和战略性改革，可以大幅度地改变中国居民的国际观念，也可以改变现存大量人才外流和资金流失等社会治理的问题。比如，目前旅居日本的中国游学生将近八万人，其中大多是私费游学生和研修生，他们带走大量社会资金，同时还存在人才流失等方面的问题。上述方面都要求中国社会和教育发展应加强战略性决策，推进社会组织和管理的系统工程建设，提升管理决策的科学性和有效性，从而实现中国社会和教育的可持续发展。

日本社会存在大量社区图书馆、资料馆、文化馆和儿童馆之类的设施，具有发展社会教育和文化的性质，在居民社会生活中扮演重要的角色。借鉴日本社会和教育发展的有益经验，中国社会应逐步地加大社会图书馆、资料馆和儿童馆之类的设施建设，向社会开放各类学校、研究机构中的图书馆和资料馆等资源，加强相关设施内部研究机构的建设，加强和落实内部管理制度与措施，并建立社会各设施及机构之间的相互协同与配合，从而发挥综合利用的社会效益。同时，还应在社会范围内建立图书收集和保存系统，即将社会中废弃和陈旧的图书资料进行收集、整理和保存，要具有组织性和系统性，从而发挥其社会功能。日本社会已建立废弃和陈旧图书资料收集、整理和保存的系统机制，集中体现在：统一社会居民家庭废弃和陈旧图书资料的处理方式，要求居民打包整理并集中摆放住屋门前，区别社会居民厨余等垃圾，而清运工人则进行统一清运，从而达到循环利用的效果，同时集中建立陈旧图书资料获得重新利用的二手书市场，即日本社会中大量存在的"古本书店"。东京知名的"古本书店"主要存在两处，即在早稻田大学周边和神保町，而且古本图书资料的定价还很高昂，而不是给人以废弃和陈旧的观感，有的图书资料定价远超原始定价，以至达到其几何倍数，甚至让欲购者叹为观止。这种景象值得中国决策者反思，即如何建立循环经济的形成机制，以及如何解决废旧图书资料等资源的循环利用问题。

日本社会特别是东京都市区的电车轨道交通系统非常发达，导致汽车公路交通系统反而处于次要地位，这就与中国城市交通系统存在较为明显的差异，因为中国城市交通系统（2008）还是以汽车公路交通为主要方式。电车轨道交通与汽车公路交通之间在效益上存在很明显的差异，主要表现在：电车轨道交通更具有效率，社会效益明显，而且电车轨道交通采用的动力是电力，属于无污染的能源，而汽车公路交通则需要以汽油燃烧产生驱动力，它是具有污染性的能源，过度地发展汽车交通，会导致城市的污染加重，这是必然的结果，同时电车轨道交通留给乘客更多闲暇和思考的时间，而汽车公路交通则可能会产生更多的事故，难以适应现代城市居民的现实需要。中国城市内部应逐步地加大电车轨道交通的发展力度，从而贯通城市血脉和增强城乡融合，并有效地改变目前汽车公路交通发展导致的拥堵现象，以及严重浪费燃油和产生环境污染等社会问题，同时还应防止国外利用中国大量进口燃油机会，悍然地哄抬燃油价格，从而造成和扩大中国外汇储备的损失，因此中国在发展交通系统方面应进行战略性考量，何况加强电车轨道交通还有利于社会的和谐，以及有助于改变所存在的社会不公等不良现象。

当前中国社会和经济获取较大发展，科学技术研究无论在层次还是规模方面都具有较大程度上的发展，与之相适应的是科研经费投入也呈现出几何级数的增长，这对科研经费的使用监管和制度建设带来严重问题与严峻挑战。日本社会注重科学技术研究，确立科学技术立国理念，科研经费投入异常巨大，同时在科研经费的使用监管和制度建设等方面也积累了很多经验，科研经费使用管理严格，采取严格的审批和监管制度，并存在事后监督和追究制度。比如，研究者在与海外研究机构之间进行合作项目后，研究成果发表和结集的同时，必须附有项目经费的使用清单，接受相应机构的定时审查。日本社会也已形成注重信誉的惯例和常态，研究者非常看重组织和个人的社会与学术信誉，因此项目经费基本上都使用得法，很少存在科研经费没有使用在科学研究中的情况。但中国社会尚未完全形成这样的惯例和传统，科研经费的使用监管和制度建设存在较严重的问题，科研经费没有完全使用到科学研究中的情形时有发生，并反而形成惯例和常态，这已成为中国推进科学技术研究中亟待解决的问题，即应逐步确立科教兴国和可持续发展理念，并在实践层面上加大对科研经费的使用监管和制度建设：要严格科研项目审批中预研项目经费的报价数额，增加科研成果的事后拨付额度，推进项目成果奖励的制度，逐步加大项目成果奖励的比例，同时要建立科研经费使用的监督机制，防止将有限的科研经费消费在社会生活领域之中，建立科研经费使用中的信誉制度，严格科研经费使用的途径与方式。

　　加强科研管理相关制度性问题的解决，比如要加强科研成果的开发和转化，建立相关专利保护的制度；鼓励社会常用小科技工艺的研发和应用，丰富居民的社会生活，方便居民的日常生活；加强高科技研究并占领国际科技发展的制高点，鼓励相关企业科技开发、人才培养和科学研究的热情；鼓励设立相关企业和公司科研部门，以及建立学校与企业、公司的科研联合机制；实行"两条腿走路"方针，鼓励开办私立研发机构，并进行成果开发与专利保护；在科研领域中采取分利于民的政策，加大科技开发力度并实行多元特色的科研发展模式。同时，还应加强科研人员和过程的管理措施，以及提供必要和优裕的科研条件，仿效日本建立社会各组织、机构和人员之间的协同和助手制度，增加向社会图书馆、资料馆，以及其他文化教育设施的文献库建设拨付相关发展费用，并逐步地形成尊重科学技术，支持和发展科学技术，鼓励和奖励科研成果的社会氛围，大幅度地提升科研人员的相关福利和待遇，包括社会待遇，尊重科学研究的成果专利及其开发，并将科研成果开发纳入应然的轨道，疏通科研成果的宣传、发表和出版渠道，改变目前科研成果开发、出版、发表中存在的问题,并切实加强敏感科研成果的保密管理,增加内部资料成效标准的衡量分量,建立相关科研成果的内部发行和解密制度。比如,建立敏感科研成果五—十年后内部资料的解密制度,保密期内仅限制内部的阅览和使用,相关资料仅供相当级别的研究人员查阅和研究。当然,对其他非敏感的科研成果,特别是人文社科类的相关成果,应逐步地疏浚成果发表渠道,形成百家争鸣的生动局面,并逐步地建立学术观点与社会主流观点之间相区别的政策和措施,容许发表与社会主流观点不一致的其他观点,给予学者参政和议政的权利,但学者参政和议政要坚守有言说权而无施政权的标准,应坚守可以有言语但不可以有行动的原则,即坚持学术研究与现实政治相分离的原则。学者若想介入政治,必须首先成为政治家,然后以政治家的身份参与政治决策,而不是以学者的身份参与政治决策,因此学者参政和议政权利与参与政治决策之间存在实质差异,也是不能相混淆的基本原则,即学者可以享有参与政治的权利,但不应具有政治决策的权力。但学者可以通过学术组织的力量,即以组织的名义参与相关部门的决策,特别是学术管理中的相关决策。

  推进学习型社会建设,建立各单位、文化、教育、科研和出版等机构的图书资料信息收集、整理与研究工作机制,将现行相关图书资料及时进行收集、整理与研究。加强社会文化和教育机构整备,加大社会文化馆、图书馆和资料馆建设的力度,鼓励私人投资建设文化馆、图书馆和资料馆,甚至建设陈旧图书和资料馆,并加强相应防范和管理措施,形成科学研究和阅读图书的社会风气,还可以有组织性地开展乡村和社区小型图书资料馆建设的力度,采取措施来丰富居民的文化生活,改变社会陈腐的传统习俗,形成爱书、读书和研究的社会氛围。比如,在图书资料的处理方面:通过对外出版和内部编辑等形式,实现图书资料的保存、备案和宣传,并有组织性地将各种图书资料,配发到社会各图书馆资料馆,以供保存、查阅和研究,同时建立政府发行的制度,防止图书资料信息的流失,甚至泄密事件的发生,而且更应着手收集、整理、分析海外相关图书资料信息。日本非常关注海外图书资料的建设,东京游学时经常在东京都内走动,曾经到达横滨等地,亲眼看到东京的地方性和专题性图书资料馆,即日本人海外旅游和见学之类信息的资料馆,当时很存在兴趣,因为近些年来中国海外游学生数量猛增,海外旅游人数更大,但还没有建立专题性海外信息的资料馆,即没有将海外旅游和游学相关信息进行收集、整理和汇总,以作为观察和分析海外情形的基地。但日本人就已做到这一点。其实中国在宏观层面上已意识到,但落实不到实在的地方,比如"以人为本"理念,中国社会中已成为响亮的口号,但具体落实到社会行动中,还有一段很长的路程。在对海外相关信息的收集、整理和分析等方面,也现实性地存在这样的问题,这就提出了相当严峻的挑战,关键还是要尽快地建立有利于中国社会文化和教育事业发展的机制,而不是简单地提出口号式的发展理念。

增进社会治理的组织性、制度性和系统性,建立战略性的评估和激励长效机制,以及促进形成有益于公正和公平的社会规制和风气。其中应注意做到:要进行社会规制改革,建立遗产税制度,改变和取消长久以来奉行的后代食利遗产制度,活化社会竞争机制,保证做到社会的公正和公平,并且要建立自愿捐资和免税等配套制度和措施,鼓励个人将遗产用于社会发展事业,比如鼓励捐资建设文化馆、图书馆和资料馆等类型的社会文化与教育设施,容许享用设施命名等各项权利,最终目的就是要消除后代食利的遗产继承制度,同时要鼓励建立各种社会组织及其系统,加强各种类型组织的建设,并赋予相关的社会职权,活化社会管理和组织运行,加强评估制度的建设,引入自己评估、第三者评估和组织评估等各项程序与制度,激活组织管理的机能,从而保障系统的有效运行,同时还要建立评估中的反腐机制,从而保证做到公正和公平地评估,并逐步地形成社会性的规制与风气。

卷八

中国大教育系统：整合与构建

确立大教育办学理念：素质教育与学力社会

  二战后日本借助朝鲜战争的时机，获取20世纪60、70年代发展的黄金时期，实现金融和经济上的巨大成长，并在现代科技发展上占有一席之地，以至再次成为东亚富强国家的象征，在文化教育上也成为了东亚的重要代表。日本在20世纪70年代实现了义务教育上的巨大发展，并逐步地实现普及义务教育，现在已达高等教育的"全入"阶段，即普及了高等教育，但这还只是对其表面上的认识与反应。从更为重要层面上来讲，日本已逐步地实现由学历教育向学力社会的转变过程，这是其社会阶段发展中质的飞跃，其中的价值与意义主要存在于教育理念上的发展与变化。

  在学历教育理念中，获取学历成为教育的目标追求，但这只是工具性的目标，而实质性的目标则是对社会地位与利益的追求。在学历教育理念的指引下，社会呈现为以获取学历为目标推动的教育氛围，比如以传授知识为主要，以发展能力为次要，即竭力地获取一纸文凭。但在学力社会的教育理念确立之后，目标追求的思维模式出现具有转折性特征的发展与变化：教育不再只是学习知识，而且还是能力提升的重要形式；教育不再是工具与手段，而是成长的过程与方式，并且与社会紧密地联系在一起。在学力社会的教育理念指引下，教育从古典观念走向现实主义，并在知识学习与能力提升之间建立起崭新的平衡机制。

伴随提出学力社会的教育理念，日本社会同时建立一系列的社会和教育制度，并对社会和教育发展起到规范作用，比如人才招聘和工资福利制度出现历史性的发展与变化，即不再以学历为衡量人才的唯一标准，而明显地出现社会人才的岗位分工，这就避免造成人才浪费的社会现象和劳动待遇的显著差别，减少社会矛盾出现与冲突发生。因此，日本不再存在低级岗位而招聘高层次人才的社会现象，因为社会规制已决定不会出现这样的用人动机，其中最为重要的原因就是高层次人才必须享受高级别的社会福利待遇，比如博士人才存在最低工资待遇上的明确规定，招聘单位必须在满足规定前提下才能实现人才招聘，否则就会界定为违规。这样，就把高层次人才的使用集中到科学研究与技术创新领域之中，当然这也是通过一定的规制，借以获取对高层次人才在工资待遇上的保证。由此也就造成这样的局面：人尽其才、才尽其用，以及优才优用。健全的社会保障机制也对日本居民生活起到较强的保证作用，从而其社会中不会出现绝对的贫困阶层，这样也就维护了社会的基本公平，其中存在一些社会组织的作用，特别是相互之间形成某种平衡和牵制机制，起到信息传递与利益中和的社会作用，从而自觉地调节社会的稳定与发展。

学力社会的教育理念以及由此所确立相应的社会规制，对日本社会稳定与发展起到非常重要的作用。由此看来，学力社会的教育理念不只是日本社会中实现个人目标的工具与手段，而且还是其社会规制中的重要环节，并与各项社会制度建立起紧密的联系，即日本已构建大教育系统的结构体系与运行机制。

中国尚未建立大教育系统的结构体系与运行机制，集中体现在教育理念的设计上面，即尚未建立学力社会的教育理念，而只是确立素质教育的理念。相较于学力社会的教育理念而言，素质教育的理念存在一定程度上的局限，比如针对的对象集中于个体而非社会；现实的目标还是人生的追求，并且尚未摆脱学历教育的桎梏，只是增加能力提升的时代要求。素质教育理念衍生的教育体系与制度，还残存深刻的学历教育印记，并且也没有脱离传统教育价值与意义的设定，即依然存在"学而优则仕"的禁锢，但素质教育理念的提出也体现出历史与时代上的进步意义，比如从注重知识传授的传统转移到提升素质上来，提升能力开发在教育中的发展性向，同时也会对社会观念、规制和制度发展产生深刻的影响，特别是对教育体系和制度的建构带来引导性的作用。随着国民素质的普遍提升，也必将对社会发展与民族崛起进程产生实质性的影响与作用，从而间接性地发挥教育所应具有的社会价值与意义。

素质教育理念提出之后，职业技术教育在教育体系中的地位与作用明显地获取提升，逐步地成为教育体系中的重要组成部分，并获取其自身系统的延伸与发展，比如职业技术教育长期处于中等专业教育层次，只存在零星的高等专科院校，但目前开始向高级层次扩展，不仅出现大量高等专科层次上的院校，而且还出现更为高等层次上的职业技术院校，甚至存在或筹设具有授予硕博阶段教育的职业技术院校，同时高等教育系统中的各大学内部还出现大量以职业技术教育为特征的院系设置，这无形中也是当前职业技术教育发展的实证。

上述教育发展情形的出现并不是社会发展中的偶然现象，而是素质教育理念提出之后，在教育体系与制度中出现的崭新现象，确实是中国教育获取进步与发展的鲜明表征，其影响与作用还体现在教育评价标准设立和人才质量提升等方面，比如教育培养人才标准出现时代的转变，不再将掌握知识作为唯一标准，而是将知识掌握与能力发展要素更为紧密地结合起来，形成具有综合特征的教育质量评估体系。素质教育理念的提出在现实性上也对社会选聘人才标准产生一定程度上的影响与作用，比如强化人才职业能力考查，而并非只看学历等硬性条件。由此看来，素质教育是介于学历教育与学力社会之间的理念。

在现阶段，针对素质教育理念存在的注重和强化个体发展特征，迫切需要逐步地确立国民的社会意识和国家观念，注重塑造国民具有参与社会组织的意识与集体主义的精神,并在社会工作与生活中摒弃传统教育中的浓厚个体意识与发展观念,即实现由个体人发展的意识转换成为社会人发展的观念,教育上就是要确立学力社会的教育理念。

中日在教育理念上存在阶段性的巨大差距。正是因为这种差距才导致中日教育体系与制度存在明显的不同,并出现具有差异性特征的教育景观,由此对中日现实社会和教育发展产生深刻的影响与作用。比如,中国教育系统就没有涵盖社会教育系统,而只有学校教育系统的制度设计,其中明显地存在偏颇。但日本却不是这样的系统设计,其教育系统明显地存在"两大"系统:学校教育系统和社会教育系统,而且还赋予社会教育系统极为重要的地位与作用。中日在教育系统设计上存在的显著差异,正是教育理念上的差异所引发出来的,而且还远不止于存在这样的差异,比如教育制度设计上的差异,以及对社会其他相关制度所产生深刻的影响与作用。日本在教育理念上存在一定程度上的比较优势,可以为中国提供有益的启示与借鉴。由上可见,推进教育理念的转型,确立学力社会的教育理念,已成为当前中国教育改革与发展的重要任务,亟须提上议事的日程。

构建大教育系统模式:战略规划与系统设计

中国教育系统只有学校教育系统,而没有完整的大教育系统设计。教育文献更多谈论的也只是学校教育系统中的相关问题,而很少涉及社会教育系统,除非这是社会教育研究的专门著述,这是当前教育研究与实践中所存在严重的偏颇与问题。也就是说,中国教育研究与实践更为关注学校教育系统,而忽视社会教育系统,这样的结局就只能在狭义概念架构中分析与探讨教育的相关问题,即缺乏在社会大系统层面上考察教育的相关问题。

由于存在偏重学历教育的现状,教育概念通常只理解为学校教育,社会教育内涵却在无意间排除在教育话语之外。这种状况甚至延伸到教育研究与实践领域之中,由此就会出现以此为基点的教育相关规制与制度,从而对社会和教育实践产生深刻的负面影响。最为突出的表现就是社会教育的内容与形式不受重视,由此又导致社会教育机构的教育功能逐步湮没于社会的"河川"之中,毕竟社会教育系统只是社会性的事业部门,难以在市场经济的社会环境中凭借自身的力量,获取更大程度上的发展与壮大,由此造成的结果就是社会教育系统发展的萎缩。

实际上来讲,社会教育功能存在于中国社会机构的职能设置之中。随着中国社会和经济的不断发展,社会教育功能也获得缓慢的发展,并逐步形成社会教育系统模式,但相对中国社会对学校教育系统的关注和重视程度来讲,社会教育系统建设存在较大的落差,这是当前中国社会中的现实。正是由于存在这样的发展落差,因而就会出现社会性的负面影响,即减弱社会教育系统的功能,造成单纯地依赖学校教育系统的功能,借以维系中国教育事业的发展,这对学校教育系统而言也是难以承担之重。由此可见,当前中国教育系统存在巨大的缺陷,体现在制度设计中存在亟须解决的诸多偏颇与问题。

从当前中日教育系统建构角度而言,中国注重学校教育系统,而忽视社会教育系统的功能与作用;日本则构建出学校教育系统与社会教育系统并行并交互作用的结构体系与运行机制,即大教育系统模式。日本高度注重社会教育系统的功能与作用,甚至低级政府机构也设有社会教育委员会,担当市町村级别的社会教育事务,并在教育系统中陈列社会教育系统的结构体系与运行机制。日本大教育系统构建模式具有非常大的比较优势,对其社会和教育发展产生重要的推进作用。但中国却忽视社会教育系统的构建,而对学校教育系统则表现为情有独钟,由此导致出现明显的负面结果,即难以实现学校与社会的有效衔接,造成教育培养的人才难以适应社会的发展与变化。

应该说,中国注重学校教育系统的构建与传统学历教育的思想观念存在密切的关联,毕竟知识传授可以选择在学校场所中完成。但随着现代社会的发展,人才培养不能仅仅依靠知识储备,更为重要的还是育成综合素质与能力,特别是培育通识人才。针对这种人才培养需求的变化,单纯地依赖学校教育的系统设计已不可行,必须进行一定程度上的改革与发展,从而有效地适应现实社会对人才培养等方面的需求,这就对社会教育系统功能与作用的发挥提出了社会性和时代性的急迫要求。

日本在教育系统构建模式方面存在明显的比较优势。对此，中国社会已意识到存在的差距，开始关注素质教育，但目前这种教育理念的提倡还局限于狭隘的范畴，虽然已部分地溢出学校的场域，开始关注社会教育系统的功能与作用。这种理论与实践上的变化必将对中国教育系统的构建模式产生深刻的影响与作用，从而逐步地引发教育规制和制度上的改革与发展，并在更大程度上推进中国教育的理念发展与系统重构，由此产生寻求教育变革的内在力量，从而推进中国教育在实践层面上的创新与发展。

在当前迫切寻求教育理念发展和系统重构的情形下，中国教育景观会出现具有转折性特征的发展与变化，其中重要的特征就是强化社会教育的内容与形式，推进学校与社会之间的紧密结合。但当前中国社会教育系统建设还没有达到完善和发达的程度，社会教育机构的功能还尚未充分地发挥出来，出现只注重学校教育而忽视社会教育的局面。

从现实表现上来讲，目前中国社会教育机构还主要局限于县级政府及以上的层次，而且社会教育机构的种类和层次还较单一，比如尚未出现具有完整社会功能包括教育功能的公民馆设施，文化馆、博物馆、图书馆、科技馆和纪念馆等设施也还没有最大广度上的建设与发展，更谈不上体系的建设，同时还存在这样的情形，即学校教育与社会教育之间存在相互脱离的现象，比如学校很少主动地与社会教育机构合作开展校外教育活动，社会教育机构也没有足具吸引的项目活动，特别是针对学生和社会人开展的项目活动。当然，中国社会还缺乏中介机构，难以把学校与社会教育机构更为紧密地结合和组织起来。

上述方面都只是局部的社会现象，而不具有普遍性的社会意义。毕竟中国也存在少年宫、体育馆和文化馆等社会教育机构与设施，而且也发挥着社会教育的功能。但这种作用的发挥与中国教育理念及系统应赋予的功能还存在显著的差距，毕竟这只是零星作用的发挥，而不是理念和系统层面上的作用凝聚，还不具有系统性的力量，难以产生社会性的聚合作用，即在社会大系统的构建框架需求中，学校教育系统与社会教育系统之间尚未建立起紧密的联系,更谈不上在确立各自社会功能与作用的基础上,发挥具有系统性和聚合性特征的教育功能。

其实,日本已为中国提供了可资借鉴的经验,比如日本设有诸多社会教育机构,其功能不只针对学生而且还包括居民,然而在针对学生方面则明显地体现出强烈的主体意识与精神,学校教育也存在这样的意识与精神,因此日本学校与社会教育机构之间建立起紧密的联系,并且通过开展项目活动来强化这样的联系,从而获取各自社会功能发挥的聚合效果,对学生的知识积累与能力提升具有重要的作用,同时还建立起学生走向社会的实践路径,这正是日本所确立学力社会的教育理念所赋予的结局。正是存在这样的教育理念,并构建出这样的大教育系统模式,从而为日本教育、社会规制与制度建设提供具有指导性特征的纲领,即在学校与社会教育机构之间建立起极为紧密的联系机制。

从中国教育和社会中的客观现实角度而言,素质教育理念还处于学历教育和学力社会之间的过渡阶段。教育系统的构建模式还只局限于重视学校教育系统的功能,这就对社会教育系统的构建与发展产生深刻影响,而且还会妨害学校及社会教育机构充分地发挥作用,更谈不上充分地发挥聚合的作用,并且还会对中国教育、社会规制和制度建设产生阻碍的作用。因此,中国教育改革与发展并非只是教育实践问题,还是关乎教育理念与系统设计的宏观战略问题。若只是局部解决教育实践问题,则难以产生实质成效。

当前,教育研究过分地强调"小题大做",虽然从教育研究层面上来讲这是相当重要的研究取向,但中国社会常常存在"一阵风"的现象,教育研究也时常会出现这样的情况,从而逐步地削弱对宏观战略问题的分析与探究。当前中国教育理念和系统设计问题就是这样遭遇时代集体性忽视的问题,从而导致产生全局性和全面性的负面影响,并对中国教育的改革与发展造成重大的危害。这绝不是危言耸听,而是慎重分析之后获取的研究结论。

建设大教育系统工程：结构体系与运行机制

科教兴国战略和人才强国战略不仅仅是长期和宏观的战略部署，而且还是系统工程。落实上述"两大"战略，要具有系统工程的思维模式与行动方向。从思维模式角度来讲，要依据上述"两大"战略的根本要求，认清现代教育对社会发展所具有的重大影响与作用，以及由此对现代教育提出的时代要求。其中包括如下多重内涵：

一是要认识与理解现代社会发展的阶段性特征。现代社会并不是人类社会中固定和孤立存在的形式，而是在漫长发展进程中呈现出的发展形态，其中科学技术的阶段发展是人类社会飞跃发展的根本原动力，这是社会阶段划分理论揭示出的基本发展规律。无论是托夫勒浪潮理论还是马克思主义经典理论，虽然对人类社会发展阶段的分析基点存在某些差异，但分析结论可谓殊途同归：人类社会的发展阶段应以科学技术的阶段发展为基本划分依据。由此看来，科学技术的阶段发展是人类社会出现阶段跃进的根本标志。科教兴国战略和人才强国战略也正是从上述研究结论出发提出的"两大"战略。

二是要确立符合时代特色，以及满足社会发展需要和构建系统结构体系的思想观念。从教育角度来讲，就是要构建现代大教育系统模式。现代社会发展对教育变革提出时代性的需要，导致不能秉持固定和孤立的思维模式，而是要以系统思维模式来指导现代教育发展；要树立现代教育系统发展的思想观念，具有社会大系统的宏观战略视野，而不能再就教育而讨论教育的问题；要构建现代教育系统及其运作机制，体现出现代社会对教育所存在的时代需要。

当前，中国教育中的最大问题就存在于系统结构体系设计方面，毕竟现代中国教育起步较晚，鸦片战争之后才经由新式教育转型而来，而且还浸染浓烈传统教育的烙印，其中最大的问题就是教育系统并不完善，存在设计上的诸多缺陷与漏洞，况且新中国成立后还出现意识形态上的破坏与干扰，比如教会学校被封闭,特别是"文化大革命"对教育的摧残,同时还存在更为深层的思维与意识问题。换句话来讲,就是对教育的认识与理解还存在某些缺位,关键是对教育的内涵还存在认识上的狭隘偏向。说得更明白一点,就是偏重学校教育系统构建,而忽视社会教育系统构建,或把意识形态凌驾于教育发展之上。正是由于长期存在这样的认识,导致现代中国教育系统构建出现认识与实践错位,也就难以形成完善和发达的结构体系与运行机制。

从行动方向角度来讲,无论是社会人还是教育者,首先应树立"教育是系统工程"的思想观念,关键就是要促使在全社会范围内实现教育观念上的巨大转变,由此才能实现行动方向上的根本变化。其中的内涵突出地体现在如下方面:

一是要着力建构完善和发达的现代教育系统。其实,日本在此方面给中国提供了重要的借鉴。现代教育系统构建必须放眼于社会大系统视野,而不能仅局限于狭隘的教育概念及其范畴。首先,要解决认识上的关键问题,比如教育是为了什么?此问题看似简单,其实却相当复杂。依照经典的说法,教育是培养人的活动。但在现代社会大系统中,教育日益成为服务社会的工具与手段。全面发展的内涵也在不断地丰富与扩充,不再仅仅是以人的全面发展为局限,而且广泛地涉及适应与改造社会大系统的素质与能力。教育的发展也不再仅仅是为了丰富人生和完善人格,而且包括提升适应和改造社会的素质与能力,甚至发展到直接地服务于社会的发展,比如科学研究与应用活动。其次,现代教育系统不再仅仅指学校教育系统,而且包括社会教育系统。中日教育在此方面存在较大差异,表现为日本已构建完善和发达的大教育系统,其中包括学校和社会"两大"教育系统的结构体系及其运行机制,但中国却明显地存在教育系统发展的不均衡问题,即表现为学校教育系统已初具发展的规模,而社会教育系统却并不完善,甚至可以说还只处于初级发展的阶段,并没有充分地发挥其系统的社会功能。最后,要发挥教育系统的聚合功能。现行中国教育系统的社会功能并没有获得充分的发挥,这里存在其本身还并不完善和发达的原因。主要表现在:社会教育系统的社会功能还尚未充分地发挥;学校教育系统的社会功能出现社会性的扩张;学校与社会"两大"

教育系统之间并没有形成紧密的机制联系；教育系统与社会大系统之间还尚未形成具有聚合性和系统性的关系特征。因此，着力构建完善和发达的现代教育系统，是当前建设中国教育系统工程在行动方向上的重要方面。

　　二是要构建和形成具有现代大教育系统特征的规制与机制。在现行学校教育系统构建背景中，难以形成具有大教育系统特征的规制与机制。没有构建大教育系统模式，何以出现具有此种特征的规制与机制？由此看来，教育系统的改革与发展必须首先着眼于社会大系统的环境与氛围，形成大教育系统模式，即构建出学校与社会"两大"教育系统，并赋予相互集聚的社会职能，从而形成完善和发达的现代教育结构体系与运行机制。只有在这样的前提条件下，才能构建具有现代教育系统特征的规制与机制，实质上这是由战略转向政策层面上考察构建中国教育系统工程行动方向中的相关问题。政策属于中观层面，主要包括规制与机制问题。其实，中日教育在此方面也存在较大差距。集中体现在：首先，日本已构建符合现代大教育系统特征的规制与机制，确立社会大系统背景中考察具体教育问题的思维模式，但中国却习惯于在学校教育系统的狭隘范畴之内考察具体教育问题，这是传统教育思维惯性所导致的结果。其次，日本已在现代大教育系统模式下构建出完善和发达的教育相关规制与机制，并对其教育系统起到规范作用，同时还表现为社会大系统中的政策、制度和机制。但目前中国教育规制、制度和机制还很不完善，更谈不上提升到发达的程度，甚至某些程度上还表现出浓厚的行政色彩，残存传统社会的人治文化与精神，对教育系统运行的作用也表现得很有限，难以起到规范性的社会功效。最后，日本在教育系统模式构建上已形成完整的结构体系与运作机制，诸多组织机构承担其中的社会职能，比如存在很多教育评估与监督机构，但目前中国还存在较大差距，表现为社会组织较缺乏，而且承担的社会功能非常有限，甚至只扮演行政附庸的角色，这就难以有效地实现应肩负的社会功能。由此看来，现代大教育系统模式并非是僵化和固定的结构体系与运行机制，必须定格于社会大系统的背景，并在社会和教育系统运行中逐步地走向完善与发达。

　　三是要落实到学校教育系统和社会教育系统的运行实践过程之中。科教兴国战略和人才强国战略的核心思想存在于如下方面：首先，科学技术的进步与发展在现代中国社会和教育发展中具有重要的地位与作用，即需要促进科教兴国战略发展目标的实现。其次，要努力地把中国人口数量转化为人力资源优势，即需要促进人才强国战略发展目标的实现。中国已具有实施教育系统工程的传统优势，比如体育发展中的举国体制就是很大程度上发挥了聚合性和系统性的社会功能。由此可知，中国对系统工程的概念含义不陌生，并且还正是中国社会制度赋予的比较优势，因此现代中国教育系统的构建及其系统性社会职能的发挥，存在坚实的社会基础与保障条件。

实现科教兴国战略和人才强国战略的发展目标，可以在现代中国教育系统构建中获取与达成。其实存在历史实证：新中国在成立初期，面临西方列强的压制与威胁，先是以美国为主要，其中以朝鲜战争为标志，极力地压缩中国发展的空间，特别是在科技发展上采取诸多封锁政策；之后是以前苏联为主要，其中以发动珍宝岛之战，以及撤走专家和催要贷款为标志，对中国科技的发展带来重大的影响。在纷纭变幻的国际社会环境与氛围中，中国采取"集中力量办大事"的发展策略，不仅获取研制原子弹与氢弹上的巨大科技成就，而且还积聚了大批具有前沿科学研究素质与能力的专家学者，为科学技术的进一步发展奠定坚实的人才基础。上述历史过程是科教兴国战略和人才强国战略的最佳佐证。

在当前国际社会情势之中，更为重要的是要将上述战略的发展目标与现代教育系统的体系构建和运行实践紧密地结合起来。具体表现在：要转变教育思想观念，由知识传授过渡到素质倡导，甚至发展到学力社会，从而为实现上述战略的发展目标奠定思想观念上的基础；加强教育学科和课程的改革与发展，赋予学校和社会教育机构更多自主选择的权力，当然包括赋予学生及其家长在发展方向上的更多选择权力；强化教师职业素质与能力上的要求，建立规范化的教师职业认证制度，并提供教师业务进修和技能提升的更多机会，引导教师积极、主动地改革与创新教育教学方法；建立日益完善的教育教学评估体系与机制，特别是要引导社会组织介入教育事业之中，承担评估和监督的社会职责；完善教育教学发展的制度与机制，不断地激发全社会关心教育发展的热情,并在教育系统内外形成强有力的支持与监督力量。

综上所述,虽然科教兴国战略和人才强国战略是社会大系统中的教育发展战略,但要实现上述战略的发展目标,还是要落实到学校教育系统和社会教育系统的体系构建与运行实践过程之中,可谓"不积跬步,无以至千里"。

附录

大教育系统漫话

大教育本原略论

教育职能的社会协同论

谈及教育职能,常指学校教育的职能,其实它的范畴应更为广泛。在古代猿人转换的时代,教育职能尚涉及社会的广泛领域,传授的是采集、狩猎、种植和用火等知识与技术,以及群体或部落成员之间的礼仪。而当学校教育出现之后,教授的内容逐步单纯化和狭隘化,比如传统儒家学说等知识,而忽视社会系统的广泛内容,特别是科学知识和技术内容,此即中国封建巅峰时代之后走向滞后的根本原因。当然这种发展经历长期的过程,而且受到东西方社会思维模式和文化观念的深刻影响,存在比较上的发展差距。

在经历黑暗的中世纪之后,西方经历文艺复兴、第一次工业化浪潮、资本主义革命,以及侵略殖民,逐步超越东方古老的中国,但还是经历复杂的发展过程。在长期封建思维模式和文化禁锢政策之下,中国社会虽然出现最初资本主义萌芽,但扼杀在孕育和发展的摇篮中,东西方的发展差距逐步扩大，最终在西方侵略和殖民政策之下，难以逃脱遭受欺凌和悲惨的命运。

从宏观和系统角度来讲，思维模式和文化秩序是教育的基础，当然此为大教育的基本观念。思维模式会导致社会呈现出某种固定化思考问题的路径和方式，并由此形成常态化的社会风俗形态，最终型塑出具有某种思维模式特征的文化秩序，从而更为深刻地影响与作用于现实社会。当然也会对教育产生深刻的影响与作用，即产生既定的教育职能，并反向作用于社会的发展。

学校教育是大教育中的教育形态，而并非独立于大教育之外。但在现实中国教育认识中，却长期将此特定地指向教育的全部内涵，反而忽视教育职能的社会协同，造成单纯依赖学校教育的作用，即强化小教育的社会职能，由此造成诸多社会问题。何况在长期学校教育发展过程中，教育内容又遭受狭隘的认识，长期忽视科学技术的社会功能，特别是没有充分地将科学知识和技术纳入学校教育的课程中，造成对教育职能的片面理解。

对社会而言，教育职能既非全为科学知识和技术，也非全为人文社会科学知识，而包括极为广泛的内容，其实原始社会教育就是最为基础和深刻的职能展示。但在认识教育职能过程中，绝不可以忽视这样的社会规律：科学技术的阶段发展是社会历史发展阶段划分的根本标准，这也就为教育职能做出最为根本的界定，即科学知识和技术应成为最为根本的教育职能，其中并没有否定人文社会科学知识的重要价值与意义。

如何认识上述观点，显然非常重要。毕竟人文社会科学知识对社会思维模式和文化秩序存在极为深刻的影响与作用，因而会对人们思考问题的途径和方式，以及社会文化风俗和形态，产生隐性影响与社会作用。但在认识教育职能过程中，还必须理解科学知识和技术在社会发展与进步中的决定作用。其实马克思主义经典理论和托夫勒浪潮理论已进行非常深刻地阐述。作为物化的科学技术，生产工具是社会发展中最为革命的力量，并由此成为社会历史发展阶段划分最为重要的影响因素。

综上所述，教育职能的认识必须着眼于社会广泛的领域，即社会大系统，而不能仅仅从学校教育角度来理解，即要区分小教育与大教育的概念内涵，并需要高度重视教育职能的社会协同，而并非只是在学校狭窄视域中考虑教育相关问题，必须构建学校与社会协同机制，强化学校与社会共育，从而为社会发展提供更为坚实的人才基础与智力支撑。

原始社会大教育本论

教育渊源问题并非指最初学校教育问题，而是指原始大教育问题。在人类教育的初始，教育在口口相传、亲手示范中进行，传授的知识与技术只是人类最初的生产和生活技能，比如采集、狩猎、用火和种植等，当然亦存在最初的人伦常识。前者属于最初的科学知识和技术，而后者则属于人文社会科学的知识与技能。

美国教育家杜威将教育划分为小教育与大教育，前者指学校教育，后者指除学校教育之外的社会教育，包括目前家庭和社会教育内涵。但从大教育内涵而言，大教育亦应包含学校教育，即包括目前学校教育、家庭教育和社会教育在内的全部教育范畴，而不应将学校教育排除在大教育之外。

原始大教育尚未出现学校教育，只是在人群或部落中推进最初的大教育活动，传授社会生产和生活的基本经验。但随着人类社会的推演与发展，最初的教育处所固定下来，由此出现最初专门从事教育活动的机构，此即学校教育活动开端的标志。学校教育开始时，只是传授最初社会生产和生活的基本经验，而且并没有分科的教学。

最初的教师是人群和部落的长老，或在社会生产和生活实践中具有实际经历的个人，在学校机构中传授实际的社会生产和生活经验，特别是传授给后代谋生的基本技能，以及如何处理人群或部落中的人伦关系。在原始社会发展中，逐步地形成基本的社会礼俗，此即最初人文社会科学教育的起始，借以规范人群或部落内部的人伦关系，并由此对后代进行必要的伦理约束，形成最初的社会等级和辈分关系。

随着人类社会的演进，知识和技术也逐步增加，社会礼俗也在逐步地规范与发展，上述内容也会逐步地渗透到教育中，其中包括学校教育、家庭教育和社会教育的范畴。后来知识和技术出现分化,于是最初的分科教学随之产生,学校教育的重要性更为凸显,此即后来社会中极为重视学校教育的根本原因。由此看来,学校教育的发展与知识和技术的拓展存在极为密切的关联,特别是科学知识与技术。

在后来意识形态出现膨胀的时期,人文社会科学的地位获取更为突出的巩固,但科学知识和技术却是教育中最为根本的内容,毕竟人文社会科学的知识和技能并不能推进社会的实质进步与发展步伐,而只能更为突出地规范社会关系,唯有科学知识和技术,不断地推进社会的发展与进步。其中的原因是科学知识和技术的本质特性所决定的,即生产工具是物化的科学技术,而且是生产力中最为革命的因素,生产力又决定了生产关系的发展,最终生产关系决定了社会的发展与进步。马克思主义经典理论系统地阐述了其中的内在逻辑。由是看来,科学技术的阶段发展是社会历史发展阶段划分的根本标准。

上述内容揭示最为根本的内涵,即科学知识和技术是人类社会发展中最为根本的动力。反映到教育上来,科学知识和技术就成为教育中最为根本的内容。在学校教育产生之后,科学知识和技术亦成为其中最为根本的教学内容。但后来阶级社会中的教育多看重意识形态,甚至将其凌驾于科学知识和技术内容之上,由此产生很多发展性和社会性问题。比如在中国长期封建社会中,改造后的儒家学说占据"大一统"的特殊社会地位,并由此成为教育中的重要内容,而忽视科学知识和技术在教育中的根本地位,最终导致近世中国出现科学知识和技术的相对落后。其实这是最为根本的挨打原因,而并非凸显出来的生产关系,毕竟最终还是内涵其中的科学知识和技术发展水平所决定的结果。

综上所述,目前的教育切不可再忽视科学知识和技术的教学内容,更不可过分地看重意识形态的教育教学,毕竟存在历史上的覆辙和前鉴,明智的选择应更为注重科学知识和技术的教育内容,并将其设定为学校教育中最为根本的教学内容。由此产生另外一个问题,即意识形态如何确保?其实从大教育的视域考察,教育中还存在家庭教育和社会教育。家庭教育是特殊的社会教育，亦可以称为最初层级的社会教育，其中存在特殊的教育内容，包括父母在内的长辈和兄长等家庭成员成为教师，其中的职能更为形似原始大教育的内涵。社会教育是应该极为关注的领域，社会礼俗和意识形态可以成为其中重要的教学内容，当然还应包括科学普及等其他内容，但至少为意识形态教育提供了重要活动和教学场所，而且不会严重地冲击学校教育的根本和核心内容。

学校教育、家庭教育和社会教育之间存在极为密切的关联，并非呈现为割裂的状态，因此需要优化"三者"之间的关系，即确立教育职能的社会协同机制。其实原始大教育的历史经验可以提供最初的重要启示，对今后教育改革与发展提供最为本原的有益借鉴。

学校大教育实践论

原始大教育具有最为本真的内涵，但学校教育出现之后，教育具有了更为复杂和系统的特征。学校教育实践往何处去？此问题令人感到困扰。在长期历史发展进程中，东西方走过差异性的教育发展道路：东方的古印度更为显著的特色就是宗教性，而中国则更为关注以儒家为代表的思想学说，并在"大一统"思想的指导之下，创制出富有中国历史发展特色的社会和人才制度：科举制度；而西方则长期笼罩在宗教氛围之中，随后通过文艺复兴，冲破中世纪宗教的黑暗与樊篱，最终走上科学知识和技术的发展道路。

近些年来，学校教育理论与实践逐步地走向发展与兴盛，并在教育发展和社会进步中占据极为重要的地位，此种情形更为鲜明地表现在西方资本主义发展进程之中。在经历文艺复兴、思想解放之后，西方社会还经历宗教改革、工业革命和资本主义发展，特别是学校教育逐步地走向现实化和实用化，出现了新教育运动，乃至后来的新兴美国产生了实用主义教育的思想理论与实践，并在20世纪初期达到发展的顶峰，而杜威成为享誉国际的著名教育思想家。在教育思想出现革命性发展之后，西方学校教育实践也出现极为深刻的变化，更为关注现实社会中的教育实践，在学校教育与社会之间建立更为紧密的关联，社会教育系统逐步地获取完整的构建，并由此形成学校教育系统与社会教育系统并行的发展局面，此即大教育系统模式。

中国学校的发展明显地滞后于西方的发展步伐。在近两千年封建时代，彷徨在科举制度的约束之下，并以儒家学说为经典，开展社会人才的选拔与任用，不仅学校教育没有实现显著的发展，而且学校教育内容等方面还遭受严重的压抑与约束。因此在西方经历近代文艺复兴之后的时期，中西方在教育发展和社会进步中出现极为巨大的差距，这就直接导致西方文化的"东渐"，即出现"西学东渐"的历史现象。虽然"西学东渐"最初只表现为西方宗教人士的传教活动，其实更为深层的是文化和教育的发展落差，以及社会的发展差距。鸦片战争之后，清末中国出现了新式教育，特别是洋务教育蓬勃地开展起来，实质上是近代中国教育的深刻转型，突出地表现为科举制度的废止和洋务学堂的开设，特别是教育内容层面上的发展与变化。

现代教育是近代教育的发展与延续。西方现代教育更是延续了实用主义教育的思想理论与实践，学校教育获取不间断的巨大发展与进步，并最终导致科学知识和技术长期处于国际领先的优势地位，同时在发达和完善的社会教育系统影响与作用之下，人文社会科学也获取巨大的发展与进步。其实西方现实社会情形就是在大教育系统构建，以及在学校教育系统和社会教育系统的影响和作用之下，所达成社会发展与进步的综合表征。但中国却在新式教育发展中彷徨，受到诸如"中体西用"思想理论与实践的深刻束缚，以及历经多次社会运动的洗礼，现代中国还出现"文化大革命"的巨大冲击，虽然改革开放之后出现极大的教育发展和社会进步，但与西方相比而言存在极为巨大的发展差距，甚至在思想理论与系统构建方面也存在极为显著的差距。比如，西方正处于学力社会的教育理念指导之时，而中国还处于素质教育的理念指导之下，而两者之间最为深刻的区别就在于教育的立足点，即西方立足于社会，而中国则立足于个体。同时，西方已构建完善和发达的大教育系统，呈现出学校教育系统与社会教育系统并行，以及两者之间交互作用的协同机制，而中国则还处于学校教育系统构建之下，以及在偏重意识形态教育观念的主导之下，推进现代学校教育的改革与发展。目前，中西方教育仍存在极为深刻的思想观念与系统模式差异,这必将会影响到中国学校教育的现实成效,以及现代中国社会的发展与进步。

综上所述,实现教育理念的转型与发展,构建中国特色的大教育系统,乃是现代中国教育发展和社会进步极为重要的战略选择。从学校教育层面上来讲,就是推动"请进来"与"走出去"战略的实施。所谓"请进来"战略,就是目前特别流行的"进课堂",比如政治信念进课堂、戏剧进课堂、环保进课堂等,即将社会教育内容纳入学校教育的课程之中;所谓"走出去"战略,就是要倡导和推进"社会大课堂",让学生在学校之外的其他社会和文化机构中接受相关教育内容,发挥其他社会和文化机构的教育职能,即实现教育职能的社会协同。

实现上述"两大"战略的关键,就是要确立大教育的思维与观念,以及进行大教育系统的构建,不断地开辟学校大教育实践的发展路径,从而在学校教育与社会之间确立更为紧密的系统联系,在学校教育与社会教育之间构建更为周详的协同机制,由此在大教育思想观念和系统构建之下,推进"社会大课堂"的实施,以及形成全社会办教育的新局面。现代中国教育出现重大发展转型之后,随之而来的一定是社会的更大发展与进步,如此则必将会导致现代中国出现巨大的教育发展与社会进步,当然也必将会促进现代中国的时代崛起与繁荣昌盛。

教育认识发展史论

从学校诞生之日起,学校与社会之间的关系都可谓永恒的教育话题。但最初学校的机构设置,又都与社会存在非常紧密的联系。只是随着学校内涵的逐步深化与发展,特别是教育内容的发展与变化,造成学校又逐步地与社会走向局部的分离。造成这样状况的深刻原因,还在于近现代科学知识和技术的发展与进步,当然其中也包括人文社会科学知识。由于学科知识的进一步分化和重整,造成学校教育内容单纯地追求知识结构与体系,而忽视知识与社会系统之间的紧密关系,淡化社会对于学校教育的重大教育价值与功能意义。

教育思想具有历史性与发展性特征。原始教育本质上就是大教育,教育的内容就是先民在群居生活中的基本经验,比如采集、种植、狩猎和用火等,而教育的形式也是言传身教,起始阶段中也并未存在学校的机构设置,只是后来由于社会生活的日益丰富与发展,对培育后代产生更为紧迫的需要,于是产生学校的机构设置,用以专门地从事培育后代的社会职能。产生之初,学校与社会之间存在极为紧密的联系,传授社会生活和生产中累积的基本知识与技能,特别是最初科学知识与技术,以及基本社会人伦,既包含自然科学知识和科学技术,又包含人文社会科学知识与技能,只是知识、技术和技能的层次与深度尚未达到异常复杂的程度。

随着社会和教育的日益发展,特别是科学知识的丰富与科学技术的进步,学校教育的内容产生深刻的发展与变化,但同时也逐步地脱离现实社会生活与生产实践,即学校教育与社会实践之间逐步地走向脱离。当然科学知识与技术不可能完全脱离社会,因为所有知识、技术和技能都是与社会存在紧密的关联,但学校教育却存在与社会实践之间的脱节问题,甚至单纯地追求知识结构与体系,而很少考虑知识、技术和技能的社会实践运用,从而对人才培育产生深刻的影响与作用,导致学校教育与社会、学校教育与社会教育之间的问题就逐步地凸显出来,成为教育研究和实践中亟须探讨的重要问题。

人类对社会和教育的认识经历逐步发展与深刻变化的过程,比如对宇宙和地球的认识与理解,首先出现神话传说,后来产生"地心学说",近代之后才提出"日心学说",产生之初还经受中世纪宗教势力的残酷迫害,但科学真理最终还是为人们所接受,毕竟其为自然和社会规律的揭示。正是由于人类认识的发生存在这样的过程,造成学校教育的内容也产生深刻的发展与变化。其中教育认识的发生也存在发展与变化的过程,比如学校教育的内容就存在上述人类认识上的发展与变化,而且还会因为创立者和施教者的人才需求差异,也就更为深化学校教育内涵的社会差别。

从知识、技术和技能角度而言,不可能完全脱离社会,但从学校教育的内容和形式选择角度而言,却可能与社会之间存在局部的脱离,单纯地追求知识、技术和技能的结构与体系,忽视学校与社会、学校教育与社会教育之间的紧密关系,因而从人才培育角度而言又引发较为深刻的社会问题,即人才培育脱离社会的实际需求,难以为现实社会所欢迎与接纳。特别是随着学校教育的深化、考试选拔功能的逐步放大,以及知识灌输教学方式的日益盛行,造成人才培育更加与社会实际相脱离,并由此成为教育研究与实践中的重大问题。

随着教育认识的发展与深化,学校教育的认识也出现深刻的变化,并出现各种教育理论和社会思潮,对学校与社会、学校教育与社会教育之间关系的认识也逐步地获取发展与深化。美国实用主义教育思潮更是将此问题提升到极其重要的高度,从而在学校教育中更为深入地纳入诸多社会因素,并从另外方面加深对学校与社会、学校教育与社会教育之间关系的认识,从而也就对教育事业的发展产生重大的影响与作用,特别是导致大教育思维和观念的逐步回归,而不再单纯地追求学校教育的崇高与纯粹。

系统论的产生对教育研究与探索产生极为深刻的影响,由此教育和社会同时纳入系统范畴的考虑之中,并且社会大系统包含教育系统,而教育系统又存在分支系统,比如学校教育系统和社会教育系统,并由此形成极为深刻的系统联系。由此看来,上述诸多重大问题都可以纳入系统框架中加以考察,特别是学校教育与社会教育之间的关系问题。目前中国在此系统联系处理上存在极为深刻的问题,表现为学校与社会之间的严重脱节,以及社会教育系统尚未发达与完善。其实两者之间是同一问题,即教育的认识还停留在小教育范畴,只是在学校范畴中考虑教育相关问题,而忽视社会的教育职能,由此导致系统构建上也只存在较为完善与发达的学校教育系统,而社会教育系统并不完善与发达,虽然存在某些社会教育机构,但并未构建较为完善与发达的社会教育系统,诸多社会和文化部门都尚未承担其应该具有的教育职能,同时也造成学校的教育职能逐步地走向异化,承担诸多本应由社会承担的教育职能,即尚未确立大教育的思维与观念,造成出现教育职能认识上的窄化现象。

社会大课堂具有极为深刻的系统基础,体现出大教育的思维与观念,促使教育的认识超越学校边界与樊篱，产生"请进来"和"走出去"的具体做法，其实就是调整学校与社会、学校教育与社会教育之间关系的实践尝试，同时也体现出教育认识上的重大发展与变化，即开始关注社会的教育职能，形成教育职能的社会协同局面。社会大课堂的推进必将对教育认识的深化产生更为深远的影响与作用，比如需要考虑整合与重构社会教育系统问题，而并非只考虑学校教育系统问题，由此也就要考虑学校教育系统与社会教育系统之间的协同机制，自然地会引向考虑大教育系统问题。因此可以说，社会大课堂的推进是教育系统思维和观念上的重大发展，必将对中国教育事业的发展产生极大的推进作用。

社会大课堂的系统基础论

21世纪初期，北京市中小学生社会大课堂启动，各级教育行政部门设置社会大课堂办公室，负责区域社会大课堂的组织与管理，实施各项行动规划与计划。统观社会大课堂的思想与做法，可谓顺应现代社会系统发展的基本理念，符合现代教育改革与发展的基本趋向，并成为现代大教育系统构建的重要实践和组成部分。

社会大课堂在教育实践层面上强化学校与社会、学校教育与社会教育的紧密结合，并在教育系统中增强组织机构的职能设置，无疑是积极的教育实践，有助于推进学校教育事业的改革与发展。但这项规划与措施还只处于破冰的阶段，也可以称为单向度的教育实践。从系统思想和理论角度来讲，社会大课堂的逐步推进必须存在双向度的系统共鸣，即需要激发其他社会和文化部门的积极响应，从而形成全社会办大课堂的新局面。

中国当前教育系统的设置尚未达成完善与发达的发展程度，这是近代以来新式教育以及现代学校教育发展进程中存在的严重问题，既是教育问题也是社会问题，而且日益严重地显现出来。目前中国教育系统较为显著地表现为单纯的学校教育系统构建，而并非现代大教育系统构建，即缺乏完善与发达的社会教育系统。其实中国也存在社会教育机构，更存在其他社会和文化部门，比如政府、银行、商场、博物馆、图书馆和科技馆等，关键的问题是其他社会和文化部门都相对忽视其教育的社会职能，更多地采用实用的社会态度，强调服务和管理的社会职能，即并没有承担教育的社会责任，原因还应归结为没有完善与发达的社会教育系统。概括地讲，存在如下重点问题：

首先，社会教育系统构建问题。查遍中国《教育学》教科书，讲述的内容基本上都是学校教育的基本概念及其内涵，教育系统图的勾画轮廓也并没有揽括社会教育系统构建的图式，而只是学校教育系统构建的图式，因而明显地存在对社会教育系统的无视与忽略，并没有呈现出大教育系统构建的完整图式，存在的问题应是显而易见的事情。其实除了学校之外，其他社会和文化部门也应承担起教育的社会职能，即需要整合与构建社会教育系统。

其次，教育职能的社会协同问题。从系统理论角度来讲，社会的运行并非只存在单向度的发展与变化，而且具有双向度甚至多向度特征，呈现出社会大系统的运行样态。从社会治理角度来讲，也不可以采取单向度发展的思维模式，而应采取双向度甚至多向度发展的系统模式，即需要构建完善和发达的社会大系统运行机制。从教育职能的社会担负角度来讲，其中并非只存在学校——这种社会机构的教育职能设置，还应包括其他社会和文化部门的教育职能设置，即需要构建学校教育系统和社会教育系统并行的大教育系统，并需要不断地发展和完善教育职能的社会协同机制。

最后，社会大课堂的实施问题。社会大课堂的实施并非只是学校和教育部门的事情，必须在社会大系统的宏观视域中加以全面考察，也必须纳入社会教育系统构建的发展框架，而不能单纯地在学校教育系统范畴中进行简单化处理，更不能只看成学校教育系统的社会职能，即不可忽视其他社会和文化部门所应担当教育的社会职能。由此可知，社会大课堂的实施必须激发其他社会和文化部门的主动性与积极性，并促使其自主地承担教育的社会责任，而并非只将此看成学校教育系统社会职能的时代拓展，即需要全社会确立社会大系统和大教育系统的思想观念，明确各自所应承担教育的社会职能，从而主动和积极地参与各种社会教育实践活动之中，成为构建大教育系统和社会教育系统中的重要成员。社会大课堂的实施不仅需要学校和教育部门的积极行动,更为重要的是其他社会和文化部门积极和主动地参与其中,成为社会教育系统中的重要组成部分,从而发挥教育职能的社会协同作用。

北京市中小学生社会大课堂的教育实践是教育改革和发展中的崭新尝试与典型范例,但其中蕴藏的教育理念却具有划时代的社会意义,成为学校教育系统积极和主动地沟通其他社会和文化部门的重要实践,体现出强化学校与社会、学校教育与社会教育之间共育人才的社会需要,无形中也表达出社会大系统理解框架中重新考察教育的社会职能问题,潜在性地表达出期待与展望其他社会和文化部门所应承担教育的社会职能,开始行动起来并着力呼吁整合与构建社会教育系统,形成学校教育系统与社会教育系统并行和交互作用机制,从而实现教育改革开放和社会系统发展的新局面,由此更为强力地推进中国社会的时代发展和中华民族的繁荣昌盛。

现代大教育系统概念范畴论

构建现代大教育系统,关键是要辨析社会教育系统的概念范畴及其职能。从社会机构系统设置层面上来讲,社会教育系统的实施机构可以划分为除了学校之外的其他社会和文化机构,由此社会教育系统的概念范畴大致也可以划分为两大类别:社会教育与文化涵育(但有时仍统称为社会教育)。社会教育是显性的教育,而文化涵育则是隐性的教育,但同时隶属于社会教育系统,并与学校教育系统并行而构成大教育系统。

作为人类社会施教的特设机构,学校从产生之时起就担负大教育的社会职能,即承担科学知识与技术,以及社会教化的社会责任。但随着学校教育的逐步推进,特别是学校设置类别及其教育的社会职能分化,更多的学校被赋予特定教育的社会职能,由此导致学校教育思想和实践日益发展,学校教育系统的概念范畴日益丰富。比如,传统中国学校教育更多地赋予社会教化的社会职能,强调儒家经典及其发展学说在学校教育内容中的重要地位,其中的社会成因就是"大一统"思想的确立,对传统学校教育产生了极为深刻的影响与作用,甚至对传统社会也产生了极为深刻的影响与作用。因为作为传统社会中重要的人才选拔与任用制度,科举考试制度在教育与社会之间架设起极为重要的桥梁。中世纪欧洲笼罩在宗教势力的权威之下，学校教育则更多地强化宗教内容和信仰因素，甚至对科学知识和技术进行极为严酷的压制与迫害，而文艺复兴和工业革命等正是作为历史发展的正能量，冲破宗教内容和信仰因素的束缚，当然这也导致近代西方学校教育的发展与变化。

从概念内涵角度来讲，社会教育系统是除了学校教育系统之外的其他教育系统，其存在的状态并非像学校教育系统那样明显，而是附着于除了学校之外的其他社会和文化机构所承担教育的社会职能之中，而且还存在学校与社会之间的结合、学校教育与社会教育之间的关联，由此也导致学校教育系统与社会教育系统的概念范畴出现某些重合的现象，充分地反映出需要构建两者教育社会职能之间紧密关联的系统机制。从其他社会和文化机构设置角度来讲，既包括政府、企业和商业等社会机构，又包括各种文化机构，比如图书馆、文化馆和博物馆等，后者还构成较为完整的文化系统。但从目前发展的情形来讲，中国尚未构建较为完善和发达的社会教育系统，只存在某些相对割裂的社会教育机构，以及诸多其他社会和文化机构散乱地承担教育的社会职能，其中社会教育机构在其中又只起到纽带的作用，成为连接学生或公民与其他社会和文化机构之间的重要桥梁，但其他社会和文化机构承担教育社会职能的积极性和主动性并不明显，学校与其他社会和文化机构之间也尚未建立极为紧密的协同机制，造成教育系统承担教育社会职能之间存在较为严重的衔接问题，因此需要整合与重构当前的社会教育系统。

社会教育与文化涵育的概念范畴内涵于社会教育系统，即社会教育系统的两大组成部分：除了学校之外的其他社会和文化部门通过显性或隐性施教的方式开展社会教育；其中的文化系统通过隐性施教的方式开展社会教育，独立出来的称呼就是文化涵育。由此看来，社会教育的概念范畴已揽括文化涵育的概念范畴，两者之间存在内含的关系。正是由于存在上述较为复杂的内含关系，以及显性与隐性施教的方式，造成社会教育系统的社会职能呈现出较为复杂的情形。比如，如何构建其他社会机构教育社会职能的担当机制；文化机构如何实现显性和隐性施教方式的交互协调；如何促使学校与其他社会和文化机构教育社会职能的深度协同？上述问题是整合与构建较为完善和发达的社会教育系统中所需要解决的重要问题，也是构建现代大教育系统所需要解决的关键问题。

综上所述，构建现代大教育系统，就是要创建学校教育系统与社会教育系统并行及其交互作用机制，而目前的关键就是要整合与重构较为完善与发达的社会教育系统，但社会教育系统却又存在较为复杂的内在关系，比如社会教育和文化涵育之间的内含关系、显性和隐性的施教方式，以及学校与社会之间的结合、学校教育与社会教育之间的协同机制等问题。上述问题不仅对其他社会和文化机构所担当教育的社会职能产生较为深刻的影响与作用，而且对学校所担当教育的社会职能也产生较为深刻的影响与作用，其实当前学校课程"请进来"与"走出去"就是这样问题的突出反映。由此可见，需要在学校教育系统和社会教育系统之间确立紧密的关联，促使两大教育系统之间形成交互作用的协同机制，构建出完善和发达的大教育系统，从而充分和完整地担当教育的社会职能，最终实现促进发展和为国育才的教育目标。

文化系统部门教育的社会职能论

教育的社会职能主要由学校教育系统和社会教育系统承担，其中社会教育系统存在两大机构主体设置：除了学校之外的其他社会系统部门和文化系统部门，前者包括政府、企业、银行、军队和商业等，后者涉及各级各类文化系统设施，比如图书馆、博物馆、纪念馆等。由此看来，应从大教育思维和观念层面上认识与理解教育的社会职能。

教育可以划分显性与隐性两大形式类别，并呈现于学校教育系统和社会教育系统中，比如学校显性教育和社会显性教育、学校隐性教育和社会隐性教育。其中隐性教育又可以称为缄默教育，并在很大程度上体现为文化涵育，比如学校校园文化、其他社会和文化系统部门的展览和参观等非主动教育形式等，都会对学生产生深刻缄默影响与教育作用，前者可以称为学校隐性教育，后者可以称为社会隐性教育。显性教育则体现主动和积极实施的教育，包括学校课堂教学、其他社会和文化系统部门编制的教育项目、专题报告、主旨讲座、素质培训等形式。

文化系统部门应承担极为重要教育的社会职能，但长期遭受局部性的认识与理解，甚至将其教育的社会职能简单地定位于文化涵育（社会隐性教育），而忽视其所应承担的显性教育，即尚未认识与理解文化系统部门主动和积极施教的重要价值与社会意义，甚至在系统构建中忽视社会教育系统的客观存在，导致其系统职能尚未受到重视和开发，由此产生系列、严重的社会问题。毕竟隐性教育所能产生的社会影响和作用极为有限，而单纯地依靠学校教育也难以发挥最大化的社会影响与教育作用，过分依赖还会导致学校教育的社会职能趋于扭曲和异化，从而导致在整个教育系统职能配置上的混乱局面，以及严重社会问题的层出不穷。

因此，需要强调文化系统部门所应承担教育的社会职能，其中强化文化涵育的重要影响与作用非常重要，虽然文化涵育只是社会教育的一部分，而并非全部的内涵，也非缄默教育的全部，毕竟学校和其他社会系统部门也存在缄默教育。但文化系统部门所承担文化涵育的社会职能，具有重大的社会影响与教育作用，特别是对整个社会文化心理状态产生极其重要的影响与作用。目前中国文化系统部门教育的社会职能主要还是体现在文化涵育的部分，而显性教育的方面则表现得不很充分，即文化系统部门主动和积极施教的意识和行为相对较为缺乏，因而造成其显性教育的缺失与不足。

其实，这样显性教育的缺失和不足状况还表现在其他社会系统部门，比如政府、企业、银行和商业等教育的社会职能上，虽然近些年来军事部门已承担其显性教育的社会职能，即强化国防教育和学生军训，但整体来讲社会系统部门还尚未充分地认识与理解其所应承担显性教育的社会职能，即主动和积极施教的成分存在缺失和不足。作为最为重要的社会教育系统部门，文化系统部门在承担教育的社会职能中应扮演极为重要的身份与角色，而且不仅仅表现在文化涵育方面，还需要推进其中的显性教育，从而完善和发达文化系统部门所应承担教育的社会职能。

综上所述，目前中国文化系统部门应自觉、主动和积极地开展各种类别的教育项目或活动，从而在更大程度上实施显性教育的社会职能，而并非只是承担展览和参观等文化涵育的社会职能。当然，尚需完善社会大系统和大教育系统的体制机制，特别是要明晰社会教育系统机构所应承担教育的社会职能。从目前发展现状来讲，应更为强调除了学校之外其他社会和文化系统部门所应承担显性教育的社会职能，施教的对象也不仅仅是学生群体，还应广泛涉及社会公民，即尚需承担公民教育的社会职能。施教对象的扩展也体现出现代教育对象的发展与变化，特别是终身教育和生涯学习的时代需求。由上可见，文化系统部门可以在当前学习型社会建设中发挥日益重要的社会影响与教育作用。

隐性教育或缄默教育散论

教育或有形，或无形，此为模式的比较；教育或显性，或隐性、缄默，此为方式的比较。但无论是怎样的教育模式与方式，都体现教育作为培养人的本质职能。显性教育主要指面向教育对象的直观教育，为显然性的教育方式，比如学校课堂教学、家庭行为规制教育、社会民约教育等。由此可见，显性教育并非只存在于学校教育，而涉及教育广泛的领域。隐性或缄默教育主要指通过文化、氛围、环境和人格等特质因素，对教育对象产生的缄默影响与教育作用，比如校园文化教育、家长行为潜移教育、社会民俗传统教育等。由此可见，隐性或缄默教育并非只存在于社会教育，也涉及教育广泛的领域。

在现代教育理论与实践中，如何看待显性教育和隐性或缄默教育的价值与功用？从教育理论角度来讲，显性教育与隐性或缄默教育都是教育的方式，只存在方式上的差异，但目标上存在同一性特征；从教育实践角度来讲，显性教育具有可视的特征，即通过一定的设施、某种教育的形式，制定何种教育的规范，以及专门人员负责执行和贯彻的教育方式，但隐性或缄默教育则具有潜移默化的特色，即涵育的特征。综上所述，从教育对象角度来讲，无论是显性教育还是隐性或缄默教育，都会对教育对象产生教育上的影响与作用，都是培养人的重要方式，而不存在谁重谁轻的问题。

显性教育非常容易被人所认识与理解，因为其显然性地呈现于人们视野和日常生活之中，典型的当属学校课堂教学的形式，通过设置相关课程实现教育教学的目标。但隐性或缄默教育则非常不容易被人所认识与理解，因为其蕴含于人们的行为、社会的文化和环境等因素之中，只是在对教育对象产生潜移默化的教育影响与作用时，这种教育目标或效果才会呈现出来，而并非直接地确定为某种教育教学目标。由此可见，隐性或缄默教育更加具有难以操作的特征，毕竟其教育影响与作用是通过潜移默化形式进行的，有的甚至需要经历长期的缄默影响与教育作用过程，比如家长行为潜移教育或社会文化传统教育等，主要是在一定环境或氛围中对教育对象产生教育上的影响与作用，促使教育对象在素质、能力和行为等方面出现深刻的发展与变化，从而达成教育的社会职能。

随着新式教育的实施与发展，近代以来传统社会教化逐步地走向衰落，而学校显性教育受到高度关注与重视，从而造成存在隐性或缄默教育的缺失问题。当然缺失并非就是完全不存在，只是在关注和重视程度上存在比较上的差距，或处于相对薄弱的现实状态之中，比如现实存在的社会风气、社会行为习惯、社会关系处置方式等问题，并由此对社会生产或生活产生较为深刻的影响与作用。在目前社会和教育发展形势之下，隐性或缄默教育亟须关注和重视，必须将其从可有可无的境地中脱离出来，但这样状况的扭转需要全社会的努力，而并非只依靠某些人特别是教育人的行动与作用所能为的事情。以前经常提到教师的师德与师风问题，现在要鲜明地提到社会的文化、环境与氛围问题，然而营造这样教育影响与作用的系统机制非常重要，即应当尽速地构建完善与发达的社会教育系统，并赋予这样系统以明确教育的社会职能，当然同时应存在显性教育和隐性或缄默教育的方式，从而在完善与发达的大教育系统构建及其职能配置中，实现显性教育与隐性或缄默教育的协同影响与作用，从而根本上扭转现存教育的缺失问题。

肯定会有人提出疑问，强调扭转现存教育的缺失问题，为何要强调构建完善与发达的大教育系统及其职能配置？其中存在深层次的系统思维和辩证法。当前中国教育系统还不完善与发达，其中显著的问题就是单纯地将教育系统看成学校教育系统，而并没有构建完善与发达的社会教育系统，虽然存在其他社会机构和文化系统，但突出的问题是其他社会机构和文化系统都较少承担教育的社会职能，或者说只是承担隐性或缄默教育的社会职能，而显性教育的社会职能则处于较为弱势的发展状态。但从系统思维和辩证法角度来讲，教育的社会职能并非是处于孤立存在的状态，而是系统的影响与作用，显性教育与隐性或缄默教育也并非孤立影响与作用的教育方式，而应该相互影响和交互作用，因此构建完善与发达的大教育系统及其职能配置，需要具有显性教育与隐性或缄默教育协同的系统思维与辩证法观念，而并非只强调其中某一方面的教育方式。在学校教育中，就不仅仅是学校显性课程教学的问题，还应包含学校隐性或缄默教育的方式；在家庭教育中，就不仅仅是家长行为潜移教育的问题，还应包含家长行为规制教育的方式；在社会教育中，就不仅仅存在社会文化、氛围和环境上潜移默化的影响与作用问题，还应包含诸多显性的社会教育问题，比如社会教育机构开设的各种教育或培训项目、实践活动等，文化系统利用各种文化设施，开展各种类型的教育或培训项目、专题讲座和报告、实践活动等。

综上所述，在谈论学校教育与社会教育时，不可避免地要论及学校教育系统和社会教育系统的构建及其职能配置问题。但在深层分析与探究教育系统问题时，还需要强调系统思维与辩证法的重要性，高度重视在学校教育系统和社会教育系统中不同的教育影响与作用方式，即显性教育与隐性或缄默教育，无论是学校教育系统还是社会教育系统，其中都存在上述两种教育方式，必须促使两者并行并确立交互作用机制，构建完善和发达的大教育系统，从而开创教育改革开放与社会系统发展的新局面。

社会教育系统基本构成论

从系统角度来讲，大教育系统包含两大基本构成部分：学校教育系统和社会教育系统。前者的内涵较为容易获取认识与理解，即由各级各类学校机构组成的教育系统，甚至可以揽括从幼儿园到大学研究生院的教育阶段；后者的内涵较为庞杂，主要包括三大组成部分，即社会教育机构、除了学校之外的其他社会机构，以及文化系统等，其中社会教育机构包括各层级党校、成人继续教育机构、语言和技能等培训机构，以及旅游、实践等社会服务部门及其系统等；其他社会机构的范畴更为广泛，包括政府、银行、工商和企业等，即揽括所有具有担当教育社会职能的其他社会部门；文化系统是指各层级文化机构所组成的系统，具体包括图书馆、博物馆、文化馆、军事馆和纪念馆等，其在社会教育系统中具有极为重要的角色与地位。

社会教育机构的基本构成需要从宽窄两个角度来认识与理解。从宽泛角度来讲，包括各层级党校、成人继续教育机构、职业教育机构、正规的语言和技能等培训机构及其系统等，但这部分的构成甚至又可以纳入宏观意义上的学校教育系统；从窄化角度来讲，只揽括见学旅游和社会实践等社会教育服务组织部门及其系统等。其实上述机构及其系统的构成归属难以明确地界定，需要依据具体情形给予适当的判断，比如职业教育机构，现在已形成较为完整的职业教育系统，严格意义上应属于学校教育系统，但社会中还存在诸多职业培训机构，其又可以归纳为社会教育机构，属于社会教育系统；再比如新东方教育集团，作为语言类的教育培训机构，现在已形成日益复杂和庞大的教育集团，其中极为鲜明地存在社会教育机构的属性，但同时又存在新东方大学，由此又具有学校教育机构的属性。

除了学校及其系统之外，其他社会部门也应担当教育的社会职能，因此这些部门及其系统是社会教育系统的重要组成部分。比如，学生或社会公民前往政府、银行和企业等部门参观与见习，以及前往工商场所开展社会实践活动等，都可以纳入社会教育的范畴，因此上述除了学校之外的其他社会机构也就具有担当教育的社会职能，成为社会教育系统的重要组成部分。通常所讲到学校与社会之间的结合、学校教育与社会教育之间的联系等，在很大程度上就是指上述其他社会机构所担当教育的社会职能。

在社会教育系统的基本构成中，社会服务机构也扮演着非常重要的社会角色，比如旅游和实践等社会服务机构。旅游现已形成较为庞大的产业及其系统，范围和类别也很复杂，比如，存在国内旅游和国外旅游、观光旅游和特色旅游等。社会实践也日益受到社会公民和学生的格外青睐，比如实习和见习等，甚至包括学生参与的社会劳动实践。

上述三大类别的机构就成为社会教育部门的主要组成部分，并在此基础上形成社会教育系统，担当起教育的社会职能。社会教育机构的构成极为庞杂，而且从社会职能上来讲，其中还存在复杂的内在含义。上述社会部门称为社会教育机构，其实是社会部门职能的侧面称谓，比如政府部门，其主要的社会职能是社会治理，认定其为社会教育部门，主要还是从其担当教育的社会职能层面上而言，而并非说其只担当教育的社会职能。除了学校之外，社会就是大学校。陶行知开办社会大学的创意，具有非常浓厚的大教育内涵。大教育思想并非无源之水、无本之木，而存在教育历史发展中的长期积淀，更是社会历史发展中鲜明和重要的社会现象，比如原始人类最初的教育活动。现代知识和技术更新日益加速，教育已成为无时、无处不在的客观存在，因此确立大教育思想日益显得重要。由上可见，当前亟须整合和重构社会教育系统，构建学校教育系统与社会教育系统并行的大教育系统，优化结构体系及其职能配置，创设相互联系和交互作用机制，从而实现教育最大的社会功效。

大教育认识概述

大教育的内涵及其系谱

教育是培养人的活动，这是教育学中对教育最为基础的内涵界定，其中并没有指明教育活动中的施教者、受教者、授受方式及其地点等要素，可见这是大教育的概念涵义。教学是教师教、学生学的活动，这是教育学中对教学最为基础的内涵界定，其中同样也并没有指明上述要素，可见这也是大教育的概念涵义。由上述教育学中有关教育和教学的基本内涵界定可以知晓，教育学阐述的基础概念都存在大教育的涵义。教育的社会实践也完全证实了这种内涵的界定。

人类原初的教育活动就是一种大教育，比如教授采集、种植、狩猎、生火、制器，以及人伦等，前者涵盖初萌状态的自然科学内容，而人伦则体现出原初特色的人文社会科学内容，可见原始教育属于大教育范畴。上述内容也就揭示教育的原初状态其实就是大教育。

古代中国在谈论教育时，多以文教并称，比如文教政策，可见文化与教育存在孪生关系，含有社会教化的意思。古代中国教育具有极为强烈的社会教化涵义，也就是教养教育的内涵。从教育内容上来讲，由于长期受到孔孟儒家的深刻影响，汉代以后中国教育多关注人文社会科学，而对自然科学则出现空前的冷漠态度，从而也就造成教育内涵上的异化，即逐步窄化大教育的内涵。在古代中国教育实践中，出现国学、乡学、庠序、辟雍、太学和国子监等，以及书院等诸多学校设置，就是这种窄化大教育思维下出现的教育实践状况。

当然，在长期窄化大教育情势中，也还出现各种异类声音，比如李贽、黄宗羲和颜元等，甚至不乏超越时代的教育认识，比如黄宗羲提出"公其是非于学校"的观点，颜元在漳南书院课程中渗入崭新教学内容，都具有了新教育的因素。但实质上来讲，这些还是窄化了大教育的内涵。

近代中国学校并非是传统学校内涵的延续，而是舶来品，虽然存在古代中国教育的深刻影响。这种舶来品就是新式学堂。新式学堂设置途径虽然表现各异，比如改书院、宗庙、祠堂为学堂，以及时兴创设新式学堂，名义上是培养新式人才，其时已渗入自然科学内容，增添其他人文社会科学内容，比如外国语言文字，以及西方近代法理和制度等内容，即采西学，但核心思想却是"中体西用"，足见古代传统教育的深刻影响与作用。

新式学堂的创设标志中国学校教育发展进入新的阶段，即小教育的发展与完善阶段，特别体现在教育内容方面。综上所述，从教育实践角度来讲，教育活动存在由大教育到小教育的发展与转化过程，而且还存在小教育由传统到近代的形式转变，其中的内涵日益丰富与充实。但新式学堂也还存在诸多的弊端，以至现代仍广受影响与作用，此即大教育内涵与实践内容的缺失。因此，重新审视教育的内涵就显得极为重要，即需要明晰大教育的内涵及其系谱，确立大教育观念，从而推进现代教育事业的科学、健康与持续发展。

国外大教育本质认识概述

教育本质天然地表现为大教育,这不仅仅体现为中国认识,而且还是普遍性的国际认识。在西方教育著述中也非常显著地表现出来。比如,在西方文明起源地的古希腊教育思想中,就存在极为突出的表现。古希腊最为著名的是雅典和斯巴达教育,前者奉行博雅教育,后者提倡军事教育,无论如何都是与人类社会变迁中的各项活动紧密相关联,而并非只是体现学校教育。

在西方教育名著中,无论是昆体良的《雄辩术原理》,还是夸美纽斯的《大教学论》,其中都体现为大教育的本质认识。比如夸氏强调,教育是将一切东西教给所有人的艺术。这里已非常贴近教育最为基础性的内涵。由此也就表明,教育认识的本质所在,就在于大教育,而并非小教育,在这一点上中外并无二致。但这种教育认识在西方则更为凸显出来,比如在西方教育名著中,更多体现为人类社会生活和实践中的根本需求,特别表现为一定社会历史发展中生活场景中的教育活动,比如夸氏《大教学论》更是体现为宗教性的教育特征。

在近现代阶段,这种大教育的认识特色就表现得更为显著,比如美国的杜威已将教育划分为大小两类,指出学校教育为小教育,而社会所给予教育为大教育,即对西方大教育的本质认识做出根本性规定,至此大教育的本质认识就进入西方教育的研究视界。近代西方社会出现了文艺复兴、宗教改革和工业革命,自然、人文和社会等科学知识并发,新教思想和运动盛行,各类学校教育也获取了蓬勃发展,这就表明教育实践进入小教育发展与完善阶段,教育本质认识开始进入小教育的活跃时期,在此阶段中出现了一些小教育方面的理论研究,比如课程理论,以及神经研究和心理分析理论等,即在学校的有限场域中探究人类社会生活和实践中的教育问题、现象和本质认识。从上述西方世界对教育本质的认识过程来看,存在大教育到小教育的发展过程,具体就体现在社会生活和实践的过程,以及一些教育著述内容的变化与特色之中。

西方教育并非像古代中国教育那样，完全沉沦于孔孟儒学——这样人伦教育的非常有限范围，甚至将科学技术知识内容从学校教育中很大限度上予以排除，而是将其划定为其中最为主要的教育内容，并将人伦在内的社会教育内容融入人类社会进化与发展现实之中，从而形成学校教育和社会教育等宽泛的教育认识，体现在教育实践中就是形成大教育系统观，即将教育的本质认识界定为大教育，并将教育作为社会大系统的重要组成部分，而并非只作为教育领域，更非就指学校教育。

大教育与人生

人生论丰富多彩，特别是近现代大家多有论述，比如冯友兰、季羡林、钱钟书等，涉及哲学和文学等各科领域，凡夫俗子之言也时载报端和杂志。人生是所有人的经历，而且还各个不同。毕竟时代差异、经历不同，人生的感悟也就会存在显著的差别。但也会存在些许共同点。从大教育角度而言，人生就是一部待撰的新书，面临的是生涯学习和终身教育。从生到死，人生就是学习和受教的过程，在此过程中不断成长和发展起来，并在受教与施教之间持续进行社会角色的转换，可见人生就是大教育的过程。

母体受孕，婴体发肤，于是人生中胎教始端。此种教育受到各种因素的影响，比如母体所面临的生活环境，像家庭氛围、社会环境、人生际遇、情绪感性等，当然还应包含母体的身心环境。随着现代社会中教育观念的发展与变化，特别是为人父母者更为关注和重视子女的教育过程，因此胎教也就受到极大程度上的注重和发展，并日益存在思想与行为延伸的趋势，甚至形成某种教育观和人生观，并在社会中出现诸如母婴学校等教育设施，当然还存在更为提前的婚姻学校，针对结婚男女进行相关教育，其中也会涉及子女人生最初的教育问题。从大教育角度而言，以母体受孕甚至男女结合之前为开端，子女最初的教育就已开始。由此看来，教育甚至是超越人生的过程。死亡之后也会存在教育，比如文化和家风等，像遗言、著书、思想等，都会对后代或社会产生极为深刻的影响，因此从大教育角度来讲也应属于教育的范畴。

　　随着人生成长，进入学校是走向发展和成熟的重要步骤。原始社会中尚未出现学校设置，但类似的教育实践却已展开，比如原初的制器、用火、种植、狩猎、语言、人伦等，都会在言传身教和现身说法中发生，这就是最初的大教育活动。也正是在这种原始性的教育实践过程中，逐步发展出学校——这样专门从事教育的机构，学校教育也由此产生出来，并成长为大教育的主体组成部分，也成为人生中重要的受教形式。学校教育观念和实践也存在渐次发展的过程，从初萌的学校教育开始，到目前已发展出从幼儿园到大学的正规学校教育，甚至还出现前后端延伸的学校教育，比如婚姻学校、母婴学校，以及老年大学，甚至临终学堂也可看成大教育中学校教育的另类形式，并存在社会发展的趋势。由此看出，诸多学校教育形式都是从社会教育中分化与发展起来，并加入到学校教育的行列，比如临终学堂目前还属于社会教育的范畴，但存在转换成学校教育的形式，毕竟青壮年也可以涉猎临终关怀方面的大教育问题。

　　人生发展就是社会化的过程。从大教育角度而言，家庭教育也是社会教育的重要组成部分。毕竟从社会学角度而言，家庭是社会的细胞，为构成社会的最为基础性形式。在出生前后到终老阶段，都存在这样的家庭教育的形式。比如，前述的婚姻学校、母婴学校、临终关怀等，都存在家庭教育的成分，而不仅仅是由社会提供这样的教育形式。当然，更为多数的还是由家庭之外社会所提供的各种教育形式。学校也是由社会所提供的教育形式，但因其存在极为特殊的社会影响与作用，而从社会教育中分化出来。目前社会教育的内涵更多指学校和家庭之外的大教育，比如文化部门、社教机构，以及企事业机关等所承担教育职能。在大教育系统视域中，社会教育是教育中最为繁杂和重要的形式，甚至可提供所有的教育内容和目标，符合原初大教育的社会形态特征，存在非常广阔和美好的发展前景，应该受到极端的关注与重视。但恰恰相反，当前中国社会却对此相当漠视，而过度重视学校教育——这种单一形式，虽然家庭教育正日益被重视起来。由此看来，社会教育也成为当前中国社会受到关注与重视的大教育形式，并发挥出更为积极的社会作用。

社会教育是贯彻人生的重要大教育形式，并由此形成民族和国家的文化传统，当然也会包含社会的发展力量。

综上所述，大教育与人生存在极为密切的关系，可以说贯彻人生的始终，甚至向前后扩展与延伸，即向人生之前延伸至婚姻学校、母婴学校，甚至相应的教育观等，向人生之后扩展为包括家风和习俗等社会文化及传统，并存在实体和精神的教育因素或形式。

大教育与家庭

家庭在教育中具有极为重要的影响与作用。但在大教育中，学校与家庭之间既存在鲜明的共生关系，也存在显著的差异。学校教育者特别是教师与家庭中的父母等家长之间，在教育观念等方面并非等同。比如，家庭中的父母具有较为浓烈的家长心态，而学校教育者特别是教师虽然也应像家庭中的父母那样关爱学生，但却不能以家长心态对待学生，毕竟进入学校接受教育之后，学生便不再是自然人或家庭人，而是社会人，教育的目标就是要培养人，而大教育的目标则更是培养社会人。由此看来，学校教育者与家庭父母之间在教育观念上就存在显著的差异，前者不能以后者的教育观念为依归，而是应确立自己的教育观念。

当前教育中存在的诸多问题，就是因为没有较好地处理上述方面的问题，比如存在追求升学率的问题。作为家庭中的父母而言，追求升学率并非没有道理，毕竟升学还是家庭教育需求的重要组成部分，这意味着未来具有美好的发展前途。但就学校教育者而言，若也等同家庭中父母的家长心态，在教育教学中以追求升学率为目标，则将自己等同家庭中的父母，成为驻校家长，则是混淆了自然人或家庭人与社会人之间的界限。毕竟学校教育者不仅仅是在培养家庭中的个体，而且还是在培养人才，即肩负为国家和民族的发展而培养合格人才。从这个角度而言，学生在学校中更应被视为社会人，而非自然人或家庭人，而学校教育者则要摆脱驻校家长心态，拥有学校教育者（社会人）心态，才能摆正自身社会角色和身份，承担起教育的社会责任。

学校教育者摆脱家长心态非常重要，也是非常不容易的事情。毕竟作为学校教育者，其本身大多数也是为人父母，或将要为人父母，从这个角度而言具有家长心态也是必然的事情。但一旦社会角色从家庭转移到学校，即已作为学校教育者的角色和身份，则就必须承担必要的社会责任，需要做到转移社会心态，即由家长心态转换成学校教育者心态，着力于为国家和民族（或社会）培养合格人才。由此出发，也就必须在教育观念、教学方式、管理目标等方面做出必要的调整，以符合大教育视域中的社会心态，注重学生综合素质和能力提升，特别是学力的发展，从而为构建学力社会，推进科学与技术创新，以及经济发展与进步，促使社会日益和谐。在这种社会心态下，才能很好地肩负社会职责，不仅仅关注和重视学生的学习成绩，而且还关爱学生的成长，特别是综合素质和能力的提升，从而为国家和民族（社会）培养合格人才。

当然也需要家庭中父母家长心态的转变，毕竟子女对家庭来讲是重要成员，也是关爱的对象，特别是在目前独生子女家庭中，子女在家庭中就具有更为重要的地位。但子女最终还是要成为社会人，即需要走向社会，在社会中获取进步与发展，因此家长也需要逐步地改变心态，从而超越家长心态，而具有社会人心态，积极和主动地让子女在社会中不断成长，特别是在学校中不断地获取发展与进步。综上所述，大教育与家庭之间需要逐步地走向融合和共生，渐次确立起社会人心态，从而致力于实现大教育的目标。

大教育与社会

社会之于大教育，就是池与鱼的关系，即社会是大教育的场域。而要使鱼能生活和活跃于池中，还必须存在池中之水，这种水就是系统。因此，社会大系统是大教育赖以存在与发展的根本条件。可以说，大教育贯彻人类社会的始终。最初的教育就是大教育，表现为人类原初的采集、种植、狩猎、用火、表达和人伦等授受活动，这些内容都是原始社会中最为初始的知识与技巧，以及原始人类在共同生活中所形成规制性的交流方式和群体伦理，其实都立足于原始社会。虽然随着社会和时代的发展与变化，逐步地分化出学校教育，但社会教育依旧广泛地存在，因此大教育的本质还是在相当程度上存在。比如在古代传统教育中，通常表达为社会教化，即养成教育或教养教育，并且在教育政策上，往往统称为文教政策，其中的"文"即体现为文化上的涵义，即社会所约定俗成的习俗与风尚等，其中包含物质和精神两部分文化，而其中的"教"则更多体现为教育，当然多指大教育，包括学校教育和社会教育。

由此看来，在古代传统文教政策中，包含大教育的三方面组成部分，即学校教育、社会教育和文化涵育，可见古代传统教育还是大教育的涵义。只是在社会和时代发展过程中，中国社会出现儒学独尊的"大一统"思想，造成在古代传统教育过分地关注和重视儒家伦理的内容，而漠视科学和技术的知识，从而造成大教育内涵上出现重大误导与偏向，这也就逐步形成近代以来的被动和挨打的局面。当然这种局面的出现还是存在较大程度上外部因素的影响，主要是西方社会逐步从宗教思想和势力的长期主导下解脱出来，经历文艺复兴、宗教改革、工业革命和资本主义运动等过程，形成蓬勃的发展局面，并出现西方殖民主义思潮，因此东西方之间出现了社会力量上的颠倒，即西风胜于东风。其实这种差距更多体现在大教育层面，即东方古国多注重传统宗教和儒家文化，而西方则出现新教流派，并逐步发展成为实用主义，并将教育与社会更为紧密地结合起来，即确立发达和完整的大教育系统，而并非处于不完型的发展和存在状态。

传统中国教育在社会性挫折中逐步开始"采西学"过程，即引入西方的新式教育，特别是洋务运动时期更是大力创办新式学堂，但往往受到古代传统教育思想的掣肘，比如"中体西用"思想，以及"中主西辅"等其他相关思想。特别是发展到现代时期，却又出现了另一弊端，就是过度关注和重视学校教育，而忽视社会教育，而其中的表现就是将社会教育的内容纳入学校教育之中，造成学校教育获取巨大发展的同时，社会教育却出现薄弱的局面。从系统角度来讲，就是形成较为发达和完善的学校教育系统，而出现不很完善和发达的社会教育系统，并由此造成"两大"教育系统在社会功能上的错乱与混淆，从而出现诸多教育上的乱象。由此看来，现代教育改革不仅要着眼于学校场域，也不能仅仅着眼于教育领域（教育系统内部）场域，而特别需要着眼于社会场域，即必须在社会大系统中构建发达和完整的大教育系统。针对目前中国社会和教育的状况，亟须整合与完善社会教育系统，构建中国特色的大教育系统，从而正确处理好大教育与社会之间的关系。

大教育与民族

民族概念体现出人类社会的发展与变化过程，是人类学中极为重要的内容，目前世界中诸多的历史纠葛和领土纷争也都存在深刻的民族因素。

在长期原始进化过程中，人类逐步在群居中结成最初的氏族，这是原始社会中最初的社会团体，其成员相互扶持和配合，完成采集、种植、狩猎、用火和御敌等生民事务，在此过程中实现表达和人伦等社会规范，并将这些内容通过言传身教的最初大教育形式，传递给氏族内的其他成员，这就是最初社会系统（氏族社会）中的大教育。

随着原始社会的逐步发展，以及氏族群体的进一步扩大，氏族之间也逐步建立各种联系，并渐次走向联合，组成更大范围和规模的社会团体，也就逐步形成了部落。这时人类对自然世界和周边环境具有了更为深刻的认识，还扩展了最初领土的意识，某些部落之间会由于各种原因造成局部或全面对立，这样原始性的战争就会发生，其结局也就会造成部落之间的合并，以致造成某些部落的消逝，民族概念逐步形成，并在此过程中出现了民族意识。当然在这种逐步进化的过程中，大教育的社会意识与行为伴随存在，即将这些社会生活中积累起来的自然、社会和人文知识，特别是最初的科学知识与技能，传授给社会团体内的成员。

在国家形成与发展中，民族是其中最为显著的影响因素，以至在现代社会中，诸多国家的内外纷争都存在各种民族因素，当然文化因素内也存在极为深刻的民族因素，比如巴勒斯坦和以色列之间的问题，因为文化中存在极为显著的民族因素，即民族文化对社会发展起到重大的影响与作用。文化因素的聚集与发展，就逐步形成一定的文化特色和传统，渐次发展成为更大范畴的文化库藏，其中包括物质和精神层面的文化，也就形成了某种文明体，比如中华文明、印度文明、埃及文明和巴比伦文明，其实最初的四大文明古国也就是这样形成与发展起来的，当然除中华文明存在延续发展外，其他文明体在社会发展与变迁中逐步走向消逝，但其文化却在人类社会发展与变迁中不断流传下来，其中大教育因素起到了极为重要的影响与作用。

在当前社会发展与变迁中，民族教育已成为大教育中的重要内容，其中传承的是民族文化，包括物质和精神文化，还存在民族团结与发展等内容。当然尚需提及，民族也存在逐步扩展的发展过程，最初的民族还较为弱小，但在发展中逐步壮大，逐步发展成为更大的民族，比如中国境内存在诸多民族，但这些民族在共同社会生活、生产和发展中，逐步形成某些统一的文化特征和思想意识，从而形成了更高层次上的民族，比如中华民族的内涵，这个大民族概念是由诸多民族在漫长社会发展中形成的，深刻体现出了民族内涵的发展与丰富，而随着民族文化的丰富与发展，也就逐步发展成为更大范围的文明体，此即中华文明。

民族在社会形成与发展中存在巨大的社会功能，而大教育则在其中起到重要的社会影响与作用，推进了民族文化和文明的发展与进步。但大教育发展也深受民族文化的困扰，毕竟民族文化存在某种历史阶段性的发展特征，当然也就具有某些局限，往往也会影响到大教育的发展，特别是体现在大教育内容等方面。比如汉代之后，在中国传统文化中形成了"大一统"思想，儒家文化在中国社会历史进程中发挥重大的影响与作用，从而造成中国大教育上的深刻变化，而其中漠视科学技术的弊端，在社会发展中逐步深化地表现出来，以至在封建社会发展巅峰过后，特别是在清末中国时期，西方世界在经历文艺复兴、宗教革命和工业革命之后，社会经济和思想意识等各方面都获取了极大的发展，并在全球殖民主义思潮的推涌下，开始向世界各地域进行势力扩张，其中掺杂各种民族矛盾与冲突，此时中华民族也就遭受到历史的重大浩劫。此历史过程也深刻体现出民族文化和教育对国家与社会历史发展的重大影响与作用。

综上所述，大教育与民族之间存在深刻的历史渊源，且大教育对民族、国家和社会的发展与进步起到极为重大的影响与作用。

教育改革场域的变化

无论是东方还是西方，教育的开端本质上都是大教育，也都存在由大教育到小教育的发展，以及从小教育到大教育的回归过程，但这种发展和回归存在质上的差异，而并非就是简单的轮回过程。当然东方和西方的教育并非踏上相同的发展轨道，而是存在非常显著的差别。比如，古代中国的传统教育形成了"大一统"的指导思想，即以儒家伦理为教育宗旨，科学和技术知识处于教育内容中的边缘地位，这种状况持续到近代洋务运动时期的新式学堂，即西方舶来新式教育机构形式；而西方从文艺复兴、宗教改革到工业革命之后，新教育运动促使教育思维产生了深刻的变化，科学和技术知识在学校教育内容中获取重要的地位，并与社会和时代需求紧密地联系起来，甚至出现实用主义教育思潮，确立大教育系统模式。但长期以来，近代中国还是在传统性和现代性之间彷徨，"中体西用"思想最终确立传统"中学"的核心地位，而科学和技术知识的教学还是处于附属的地位，从而迟滞了中国教育的近代化进程。

现代以来，虽然中国教育思维存在革命性的深刻发展与变化，科学知识和技术在学校教育中获取更大程度上的关注和重视，但还是长期彷徨于小教育的思维模式中，即教育场域长期存在于学校狭隘的范畴中，而并非与社会更为紧密地结合，虽然也出现各种教育思潮，倡导学校教育要与社会紧密结合，甚至提出各种新教育思想。比如，在美国教育家杜威教育思想的影响下，近代中国教育思维模式出现转折性的发展与变化，甚至出现"全盘西化"的思想，但这些都是昙花一现，即随着民国初年新教育思想的勃兴，特别是经历教育思想上"西化"过程之后，新中国成立后，虽然社会运动不断冲击了学校教育，但实施改革开放政策特别是社会秩序稳定之后，教育完全滑落到小教育的范畴，即注重学校教育，而忽视社会的教育功能。教育场域在更大程度上局限于学校的范畴之中，而忽视社会的广泛范畴，即确立了学校教育的重要地位，而忽视社会教育的重大影响与作用。

在学校这种有限的场域之内,赋予学校教育以全部的育人功能,不仅要教给学生基础知识和科学技术,而且要承担学生其他素质和能力的育成,这样就对课程等因素产生深刻的影响与作用,以至提出诸多教育需求,比如思想政治教育、艺术教育、文化教育、素质教育等,甚至京剧、垃圾分类、地域文化等内容,都进入学校课程,无形中学校就成为了囊括所有知识和能力需求的"万宝箱",只要觉得有必要让学生具备的素质和能力,这些教育素材就会进入学校课程。而社会和文化机构就完全摆脱了教育功能,而学校反而成为了"小社会"。在这样的教育场域思维影响下,学校教育的社会功能日益膨胀,而社会教育则日益显得薄弱,文化部门仅仅发挥涵育的社会功能,比如采取诸如举办展览和容许参观等有限形式,而并没有充分地发挥社会教育功能,即并非主动和积极地举办各种教育活动,对学生和公民的社会素养提升发挥更大程度上的实际教育作用,比如社会机构和文化部门极少举办提升学生社会素养等方面的教育项目。

　　由于教育思维长期彷徨于学校场域之内,教育改革也只是围绕学校教育教学而展开,最为突出的就是推进课程改革。因此在很长的发展时期,政府和教育部门更多是采取推进课程改革的办法,企图以此提升教育质量和学生素质,此即新课程改革。当然,在教育理念上也提出了素质教育,但经历多年的教育改革实践之后,大多数人逐步意识到只是进行课程改革不能达成提升教育质量和学生素质的目标,还必须更进一步地开阔教育思维视域,逐步意识到教育部门改革的必要性与紧迫性。因此近些年来又提出了深化教育领域综合改革的主张,即将教育场域由学校推延到整个教育领域,其中包括教育部门,由此还提出推进教育治理体系和治理能力现代化目标。当然,这样的思维和认识相较于从前仅限学校的范畴,应该说明显地向前迈进了重要一步,标志中国教育改革进入新的发展阶段,即教育治理阶段,而非过去的学校管理阶段。可以想见,在教育治理阶段中,更为关注和重视教育部门在教育改革与发展中的领导功能,必然进一步地强化相关部门的执行能力,而非以前只过分地强调学校在教育改革中的社会责任。

教育改革思维的发展

　　大教育是系统性的思维模式,在社会大系统中思考和分析教育相关问题,因而在教育具体层面上更为关注和重视决策的系统性、整体性与协同性,而不是在狭隘的思维视域中考虑教育相关问题。相对于小教育的思维模式而言,大教育的思维模式已超越学校狭隘的教育场域范畴,将探究教育相关问题的视界透射到社会大系统之中,这样从教育组织及其运行模式上而言,也就关注和重视大教育系统的构建,而非局限于特定的教育场域,即超越学校场域,甚至教育领域的场域。

　　当然超越学校教育场域之后,尚需经历特定发展阶段,这也符合思维发展的阶段规律。从教育改革思维发展角度而言,就是在学校教育场域之后,需要经历教育领域的场域,然后才能发展到大教育系统场域。相对于学校教育场域来讲,教育领域的场域体现出教育改革思维阶段性的发展过程,即不仅在学校教育场域中思考和分析教育相关问题,比如强调学校教育中的课程改革问题,而是在包括学校及其相关管理部门这样的教育场域中思考和分析教育相关问题,也就是出现了教育场域层面上的拓展。当前深化教育领域综合改革,推进教育治理体系和治理能力现代化的努力,也就是处于这样教育思维层面上思考和分析教育相关问题,因此在探究和处理教育相关问题的过程中,更多在教育领域——这个较为中观层面上做出教育相关决策。比如,提出教育改革热点和难点问题,不再过度地强调学校管理改革中的课程改革等相关问题,而是更为强调教育管理部门的责任和职责,以及教育治理和决策的中观管理问题。

　　但在教育领域层面上思考和分析教育相关问题,也还是存在某种程度上的局限,就是过度关注和重视教育领域内的相关治理和决策,导致产生部门或领域之间的条块分割,以至把教育治理和决策权利或责任完全赋予教育管理部门,甚至会激化教育管理部门与学校、社会相关组织和部门等之间的矛盾,在教育领域中存在行政权力过大问题,或造成教育治理和决策思维局限,比如社会教育难以付诸社会性的拓展，造成社会教育内容进学校问题，即学校成为可以囊括所有素质育成的"万宝箱"，导致学校教育偏离以基础知识和科学技术为基本的社会职责与任务，而需要花费更多精力强调学生综合素质，特别是社会素质提升。毕竟社会素质还是需要在社会大系统的场域中获取有效提升，而并非只是在学校教育场域中实现目标。当然，即使将教育场域投射到教育领域——这样的场域之中，也难以高效实现提升学生综合素质，甚至社会公民素养，即还是存在较大程度上的局限。

综上所述，将教育场域由学校拓展到教育领域，虽然体现出教育改革思维上的发展与进步，但还是存在一些局限。在思考和分析教育相关问题时，特别是在考虑教育治理体系和治理能力现代化的过程中，不可能脱离社会大系统——这样的宏观场域，即教育改革思维的场域必须由教育领域拓展到社会系统，即必须在社会大系统层面上思考和分析教育相关问题，也就是需要构建大教育系统。从中国教育改革与发展角度而言，就是整合与完善社会教育系统，推进中国特色大教育系统的构建。这也是中国教育改革与发展的必经过程，符合教育改革思维发展的阶段性规律，即契合教育场域从学校到教育领域，再到社会系统的发展过程。毕竟过去在学校场域中思考和分析教育相关问题时，过分强调课程改革及其学校内部相关教育问题。现在教育领域的场域中思考和分析教育相关问题，又存在过分强调教育管理部门的行政管理，特别是教育治理体现和治理能力现代化，依然存在范畴限制，即过分在教育领域内考虑问题。然而，在社会系统中思考和分析教育相关问题，教育改革思维就呈现出很大程度上的发展，考虑教育相关问题的视域就显得更为宽泛和广阔，教育相关决策也就更为注重系统性、整体性和协同性，因而在教育系统构建中也就更为关注和重视大教育问题，即对中国特色大教育系统构建提出时代性的紧迫需求。

教育改革的空间与界限

大教育并非就是泛化教育，而是存在极为明显的空间与边界范畴。大教育的空间范畴非常宽泛，内涵在社会大系统之中，但却存在显著的边界。其中包括：一是学校教育，即小教育，它依旧是大教育的重要组成部分，承担特定的社会角色和职能。二是社会教育，其中内含家庭教育，毕竟家庭是社会的基本细胞，可以说是特殊的社会组织单元。除了家庭之外，社会教育的组成机构还应包括社会机构和文化部门，在社会机构中又存在政府部门、企事业部门、社会组织等，比如防灾减灾部门、地震与急救部门、特色考察与参观，以及特定社会组织举办的各种社会教育项目，比如野营拓展训练等；而文化部门具有缄默涵育、社会教化或养成教育功能，常识中多关注其中所具有潜移默化的文化涵育功能，但却忽视其参与显性的社会教育功能，即通过主动和积极举办各种社会教育项目或活动，包括参观、考察、报告和训练等，达成提升素质和能力的社会教育目标。

在当前教育理论研究中，更多关注学校教育，而忽视社会教育，从而造成教育意识与观念上的误区，导致人为地窄化教育的内涵，即主要是在学校教育——这样小教育的视域中思考和分析教育相关问题，而排除在社会大系统的宽泛视域中思考和分析教育相关问题。也就是说，忽视了其中社会教育的组成部分。从教育改革发展角度来讲，在现实改革实践中明显存在三个重要阶段：教育场域出现学校—教育领域（系统内）—社会大系统的显著变化，教育改革也就经历课程改革—教育治理—学力社会的阶段变化。可以做出这样的对应，在关注学校教育的发展阶段，最为重要的举措就是改革学校课程，即构建新课程体系，推进学校内部的教育教学改革；在教育领域综合改革的发展阶段，改革的场域是教育领域，即教育系统内部，关注点是教育治理，即推进教育治理体系与治理能力现代化；而未来教育改革的发展趋势，必将集中于社会大系统的场域，改革举措则在于整合社会教育系统，推进大教育系统的构建。

但在教育领域综合改革阶段中，如何整合社会教育系统，以及推进大教育系统构建？确实，这是迫切需要解决的重要问题。也只有解决了此重要问题，教育领域综合改革才有可能有效推进，否则只是在教育系统内部难以实现教育治理目标。而将教育场域由教育系统内部扩展到社会大系统，可以化解因条块分割造成的现实局限，从而有效推进教育治理体系与治理能力现代化目标，实现教育改革与发展上的阶段性飞跃。由此看来，认识、理解大教育的空间与边界非常重要，有助于在特定教育场域中有效推进教育改革与发展的步伐。比如，经历学校场域阶段的课程改革之后，在教育系统内部场域中的发展目标和重点改革如何定位，就成为重要策略问题，其中存在一些亟待解决的现实问题。比如，确立此场域阶段中的发展目标，即教育治理体系与治理能力现代化之后，重点改革措施是否就是定位于教育系统内部，即教育领域？难道只是推进教育领域的体制机制改革？

显然，其中存在教育思维上的问题，需要分析与解决。也就是说，在未来教育改革进程中，决策者是依旧秉持条块分割的改革思维，还是拓展为社会大系统的开放思维，从而更为有效地推进教育改革的步伐，实现教育上的发展与跨越。因此，认清大教育的空间与边界，是教育改革与发展中的重要策略问题，需要实现教育思维上的转换过程，促使教育思想与观念存在重大的阶段性变化，从而更为有效地推进社会各领域的系统发展。比如，需要解决教育改革中的条块分割问题，也就是在学校还是教育领域（教育系统内部），以及在教育领域还是社会大系统的场域中，实现教育治理体系与治理能力现代化目标。由此看来，在教育领域的场域中，教育改革与发展也不能脱离社会大系统，当然更不能脱离教育的主体组成部分——学校，只有兼顾学校和社会大系统"两大"场域，教育治理目标才能获取有效的实现。因此，在认识、理解大教育的空间与边界之后，在教育改革与发展中就必须确立系统思维模式，需要具有前瞻性的战略眼光，从而推进教育的综合改革与发展，而并非只局限在教育领域，即教育系统内部——这样有限的场域。

教育对象的发展与变化

教育对象是教育过程中的关键要素。相对于小教育（学校教育）而言，大教育对象存在非常显著性的发展与变化。当然，这是由其场域和目标所决定的必然结果。首先，大教育对象揽括了小教育对象，即学校场域中的学生，但其内涵还是存在深刻的发展与变化,特别是大教育对象中的学生并非只是学校场域中的学生,而是处于大教育系统中的学生,即社会大系统视域中的学生。因此在大教育内涵中,作为教育对象的学生,接受的已然是社会性的大教育,而并非只是学校教育。当然其中包括学校教育,这符合大教育的内涵。其次,大教育对象还包括其他社会公民,目标是提升全体社会公民的综合素质与能力,注重社会公民教育,其中包括学生。由此看来,大教育对象体现出全民接受教育的理念,即学力社会的教育理念。

　　大教育对象的发展与变化是必然的认识过程。毕竟大教育必须着眼于社会大系统的宽泛视域,而并非学校或教育领域的狭窄视域,也就必然导致在教育要素内涵和范畴等方面存在深刻的发展与变化过程,即并非仅仅表现在教育对象方面,而且还表现在教育者、人才标准、培养目标、教育理念和教学模式等方面,甚至包括其他社会组织和部门的职能配置方面。比如,教育者的概念范畴与职能配置就出现了深刻的发展与变化:教育者已不仅仅指学校教师,而且已揽括所有提供知识与技能的社会公民,包括社会、教育和文化等部门的工作人员,甚至包括儿童和青少年。在陶行知提出的"小先生制"教育思想中,就已体现出这样的大教育观,当然也就引发大教育对象上的发展与变化;教育者不仅教给受教者知识与技能,而且揽括极为宽泛的其他教育内容,包括社会规范、风俗礼仪、思想观念、历史文化等,当然也包括民间艺术、创新发明、政治宣讲等,即不仅是学校教育内容,而且包括社会教育内容,也就是大教育内容,目标是提升全体社会公民的综合素质与能力,而并非只是提升学校场域中学生的知识与能力,这符合教育学中教育对象的基础内涵。

　　当然,大教育对象上的发展与变化也必然会引发整个教育上的深刻变革。首先,受教者的教育需求存在千差万别,对教育者、教育内容、教育形式、教育时限等也就存在差异性的选择,就会导致大教育模式产生革命性的发展与变化,比如大规模在线教育(慕课)形式,其拓展了远程在线教育模式,再比如开放大学,其凸显出终身教育的社会生态。其次,由于存在大教育对象上的发展与变化,造成教育目标、人才标准、评价方式和人才政策等方面出现了深刻的发展与变化，也就必然导致教育理念、意识观念、社会制度和规制政策等方面的进步与发展。随着大教育模式的出现与发展，必然会再次导致教育对象上的发展与变化，比如在学校场域放宽学生的年龄限制。在教育现实中，在校老龄学生的出现已不是个案，特别是在社会经济发达国家中，在校老龄学生已然成为社会和教育常态，并存在社会和教育规制上的激励与保障，从而体现出终身教育理念的实践及其发展。

教育目标的转型与发展

教育目标是教育学中的核心概念，通常来讲具有什么样的教育目标，就存在什么样的教育行为。教育本身就是培养人的活动，因此培养人就成为教育最为基本的目标。马克思主义强调，教育是以促进人的全面发展为目标。上述阐述的本质内涵都体现出大教育目标。教育作为社会性的实践活动，存在本身并非仅仅指向人的发展，而且还具有社会性的重大意义。应该说，教育类似于经济、文化和军事等社会要素，比如经济不仅仅存在金融上的价值，文化并非仅仅存在涵养上的意义，军事更不仅仅存在战争上的功用。综上所述，大教育目标应存在认识上的转型与发展过程。

通常来讲，教育目标就是培养人，即培养在特定发展阶段中需要的社会人，其中当然存在大教育目标的涵义。但具体来讲，大教育目标存在较为显著性的转型与发展。

其一，大教育目标符合传统认识上培养人的基本观点。应该说，这也是大教育目标最为基本的内涵，并且马克思主义观点也符合这样的认识特色。

其二，大教育目标是提升人的素质，即素质教育，这种认识扩展和丰富了原先培养人的内涵，即不仅表现为培养，而且在于提升；不仅表现为显性的教育，而且包括隐性的教育；不仅表现为知识与技术，而且表现为素养与能力，但仍没有摆脱培养人的内涵范畴。

其三，大教育目标是致力于形成学力社会，这是大教育目标在认识上的重大转型，即赋予大教育目标在社会学上的认识涵义。

素质教育与学力社会在大教育目标认识上存在阶段性的差异，即素质教育还处于原初人学范畴，并没有纳入社会学范畴，因此虽然是培养人——这样基本认识上的发展，但并没有形成阶段性的转型；而学力社会的基本认识则具有阶段性转型的显著特征，标志大教育目标不仅仅着意于人的发展，还在于兼具社会学上的重大意义。毕竟人的存在并非只限于人类社会，而且还体现为包括人类社会在内的世界范畴，比如自然范畴，甚至宇宙空间范畴。当然，学力社会的大教育目标也并没有达到宇宙空间范畴的认识高度，关键在于人类认识还尚未超越"地球村"范畴，宇宙空间还处于摸索阶段，高等智能种群的存在也只是臆测与猜想，即并未成为现实上的社会存在。而当人类成为宇宙空间中其他星球的重要成员，或寻找到外星人种群的存在，或许会对人类的社会认识产生重大的冲击，自然也就会产生更多崭新的社会概念及其内涵，教育上也就不仅仅为大教育所能概括。毕竟大教育还是存在于社会学上的内涵，而并没有超越到宇宙空间的范畴。

大教育目标认识上存在上述转型与发展过程，即存在由原初人学范畴到社会学范畴的阶段转变，赋予教育在社会学上的内涵，而并非只是局限于教育学上的内涵。由此看来，大教育目标认识上的转型体现出社会大系统的视域，而并非只是局限于学校或教育领域（教育系统内部）的视域。而素质教育与学力社会的目标定位也正体现出这样的阶段性差异，因此不仅要发展与完善学校教育系统，还要整合社会教育系统，从而有效地推进大教育系统的构建。

大教育系统序说

现代社会关联：系统观点

按照马克思主义的基本观点，经济基础决定上层建筑，即经济决定政治。其实，这种社会法则已为中国人所家喻户晓，正如西方人所信奉"物竞天择，适者生存"的社会法则。但无论是从中国还是西方角度来讲，长远性地决定社会现实形态的要素，还应包括文化的力量，很多人都相当忽视此问题。西方文化在近代已播撒下民主、自由和博爱的"种子"，其必然的结果就是结成现代"民主之花"。这也就证实文化决定社会的法则。任何社会组织或政党政治都是对某种类型特征文化的现实反映，这是社会组织或政党所难以长期控制的社会因素。经济决定政治的社会法则，只是微观层面上的描述，可以看成是短期性的决定力量。但从长期性和持续性角度来看，文化决定社会，才是导致特定民族和国家特色的社会法则。

  长期以来，中国人浸润在以儒家文化为主导的中华文化氛围之中。当然，也存在很多其他类型的文化，但这些类型的文化都难以超越儒家文化在中国社会中的影响与作用。在中国历史发展进程中，岁月可任凭流逝，朝代可不断变换，甚至汉族主导的政权也可以易位，即外族可以实现入侵和统治，但任何其他民族或政权所难能改变的，就是中华文化的社会影响与作用。在探索中华文化的融合性特征时，很多学者都没有揭示出文化决定社会的法则。当然，这种文化并不是某种微观层面上的特定文化，而是已产生定型、具有长久生命力和宏观层面上的文化。在人类历史发展过程中，存在很多已定型的文化，比如雅典文化、古印度佛教文化、美洲玛雅文化和非洲古埃及文化，以及中亚巴比伦文化，诸多类型的文化都不断地湮灭在人类社会的历史烟尘之中，而唯独中华文化具有持久的社会力量，其中的原因值得探究。

  当然，这是人类学、文化学和社会学等学科领域中的重要议题。这也不应成为中国人获取自信的历史根据，只是没有产生取代中华文化的社会基础和政治条件。毕竟中华文化具有悠久的历史存在和坚实的社会基础，已成为中国具有恒久力量的文化因素。近代以来，西方进行过多种取代中华文化的不成功尝试，比如西方传教士所倡导和实践的"西学东渐"，以及美国战后对日本的西方式改造，但这些历史活动都难以改变中华文化在东亚社会中的存在及其影响力，并以诸如日本文化、朝鲜文化和新加坡文化等亚文化类型存在，产生广泛社会性的影响与作用，这是任何政治和军事力量所难能达成的结果。西方传教士的尝试必定以失败而告终，同样的情形就是美国在日本的民主实践也必定是失败的结局。当前,日本社会的现状仍浸润在东亚传统文化之中,虽然其具有日本型文化的特征。当然,日本人基于其民族感和地域性的认知,很不愿承认日本文化是中华文化的亚文化类型,但也不能规避中华文化对其所产生极为深刻的影响与作用,并也承认其文化具有不完全独立性特征的文化类型,即具有东亚中的亚文化特征,其实这也正体现出中华文化在东亚的影响与作用。

综上所述,文化是可以超越社会和历史的力量,更是可以超越政治和经济的力量。后者的证据可从中东冲突的现实中获取。无论是巴以纷争,还是美伊战争,甚至阿富汗反恐,其实还是不同类型的文化冲突,而现实性的表现就是对丰富资源和现实利益的获取。前者是长久性的影响因素,而后者是短期性的影响因素。毕竟对恒久的人类历史而言,资源和利益的争夺只是沧海中的一粟,何况国家间的战争,更不具有长期性的社会条件,其最终的结局还是要结束纷争,回归人类社会发展的历史轨迹。但文化冲突就具有完全不同的表现,比如希伯来文化与阿拉伯文化之间就存在千年的恩怨情仇,这才是当今存在巴以纷争的历史根源,这就是文化决定社会法则的现实表现。

中华文化与西方式民主之间的关系也是文化决定社会法则所决定的结果。其实在中华文化中,不存在西方式民主的"种子"。没有"种子"的努力,获取的肯定结局就是难以结出中国的"铁牛花"。本来"铁牛花"即已难以"结成",何况还难以"修饰"。由此可见,对中国而言,西方式民主是很难实现的社会幻境。可以从如下两点分析:

一是中华文化具有集权的专制性特征。中华文化强调正统的形成,长期以来儒家文化被奉为中华文化的正统,历朝和历代都奉为圭臬,成为实现政治统治和社会稳定的现实工具。这就是文化所具有的恒久力量,但也就决定西方式民主必然成为中国的"铁牛花"。

二是中华文化具有关照精神和现实的双重作用特征。中华文化具有其他类型文化的不同特征,其既具有精神层面上的文化特征,也具有现实层面上的文化特征,即奉行"以出世精神做入世的事情",这是古印度佛教和美洲玛雅文化所不具备的特征,也是古希腊雅典和古埃及文化所不具备的因素。

因为这些类型的文化不是缺乏精神层面上的因素,就是缺乏现实层面上的因素,往往存在"二者缺一"的状况,而中华文化却两者兼备,因而具有恒久性的文化力量,这是决定中华文化具有长久生命力的所在。但也正是由于存在这种特征,中华文化崇尚权威,体现为精神和现实的双重层面,精神上崇尚伟人,现实中崇尚权力,这就决定西方式民主必然成为中国的"铁牛花"。

当然,中华文化也具有致命的弱点,即缺乏竞争性和进取性特质,这是不得不指出来,并需要给予强调的重要方面。在这一点上,中华文化的亚文化类型,即日本文化,却弥补了这一巨大缺陷。由此可见,从文化所具有恒久性特征的角度来讲,还是要从中华文化的亚文化优势中吸取优异的因素。日本文化的特征也具有诸多弊端,中国深受其害。但从文化角度来看,这正是中华文化自身所缺乏的特征,因此还是要吸取这种亚文化的优势。否则的话,从文化的恒久性特征而言,就难以更好地发扬中华文化的影响与作用,这也是为人类社会的历史进程所证实的经验性结论。这也并不是宣扬文化的暴力性和侵略性,而是文化所应具备的进取特征,否则文化就不具备扩大影响与作用的基础。当然,恒久性的文化与现实性的政治存在迥然的差异性基础,因为其建立在文化决定社会的法则之上。

改革开放政策实施多年之后,中国的社会面貌出现巨大的变化,文化建设取得较大的成就,科技知识和研究体系获取初步形成,并在中国特色社会主义和全面建设小康社会方面,实现时代性的发展,并对推进中华民族复兴和增强国际影响产生重大的作用。文化建设是中国社会和科技发展中的必然要求,当社会和科技发展到一定的阶段,都需要某种适应性的文化作为支撑。当前,推进社会主义文化建设,是中国政府适应当前社会、科技和文化发展形势规律的举措与步骤,必将对中国社会和科技的进一步发展产生极为重要的影响与作用。

当前社会发展日益复杂,影响社会发展的因素也多种多样。从社会组织体系来讲,已构成各种影响因素纵横交错的社会因素网络系统,这种社会系统也不再是绝对静态的均衡体系,而是呈现为动态分布的相对均衡状态。从现代社会发展的外在表现来讲,这种复杂性发展的相对均衡态势蕴含着各种不平衡的因素，比如自然资源分布不均衡、社会政治和经济呈现出"三个世界"的布局、军事发展表现出单极化的现状与多极化的趋势、宗教文化上的差异造成地区冲突加剧等，这些非均衡的外在表现不断地对相对均衡的社会系统造成震颤和波动，成为出现局部冲突的深层根源。

近些年来，中国社会和经济获取相对高速的增长，但相对于发达国家的绝对增长来讲，中国社会和经济尚处于不发达的状态，社会系统中呈现出各种不可忽视和令人隐忧的因素，比如"中国威胁论"、"军事包围论"和"围堵中国论"等，这些论调的出现绝非偶然的现象，而是社会系统中所存在各种非均衡因素导致的外在表现形式，即这是目前中国在国际社会中所面临的非均衡处境。社会系统中除呈现出上述竞争的态势外，还呈现出合作的态势。竞争与合作充分体现出社会系统的内在与外在统一：内在的非均衡造成相互之间存在竞争，而外在的相对均衡又促使合作局面的出现。因此，世界各地都既存在局部的战争和冲突，又存在和平共处与和谐发展。

现代社会呈现出加速发展的态势，集中体现为社会、经济和科技的快速发展，而这种发展建立在相互联系和共同发展的基础之上。现代网络技术的进步促使信息资源的累积和更新日益提速，出现地球村、数字化、云计算和大数据等概念，世界各区域之间的联系日益加强，社会信息流和物质流的区域界限逐步消失，世界各国之间的经济互补日益明显，任何国家已不可能再回到闭关锁国的状态，这种社会系统的紧密联系促使世界各国不断地加强沟通与交流。由于出现生物基因等技术的快速发展，造成人类自身的再生产成为现实的可能，人类社会系统有必要进行重新的定位，这种状况的出现还导致产生人类延续发展的"悖论"，生殖与再造严重地冲击长期传统发展中所形成并已定型的各种社会伦理关系，破坏人类社会系统的相对均衡秩序，必然会出现非均衡的状态。信息与生物基因等技术发展的结果充分体现出科技进步的"双刃剑"，即其既可以成为社会进步的"推进器"，也可以成为人类发展的"电阻丝"，这就表明有必要对人类社会系统的概念进行重新阐释，从而揭示科技发展的实质涵义。

当然，这也并非说科技的发展会对人类社会的进步造成多大的危害，而是从人类社会系统角度,对科技的发展所造成社会影响的忧虑,其建立在比较宏观人类社会系统的基础之上。但若从比较微观角度来讲,无论是从民族和国家层面,还是团体或个人层面,科技的发展还是正面的作用更多,其负面的影响表现得很少。其中主要的原因存在如下两方面:一是人类社会发展的阶段划分以科技发展阶段作为最终的划分标准,每一次科技出现具有时代发展意义的革命性进步,人类社会就从一个社会历史的发展阶段过渡到更高一层级的发展阶段,这已成为社会科学研究所揭示的基本原理。二是从国家角度来讲,现在世界还并不太平,还大量存在影响社会系统均衡和导致各种冲突产生的因素,局部战争和反恐战争就深刻地揭示出这样的问题。因此,世界各国仍在紧锣密鼓地进行战争准备,积极防御性的国防政策中所提出"杀手锏"的概念内涵,就深刻地揭示出科技进步和发展的必要性。从上述方面的现实性上来讲,科技进步和发展是人类社会获取维持相对均衡的必要条件。

在谈到科技因素时,总会让人联想起人文因素,过去总把上述两者相对立地提出,但从社会联系的观点出发,科技(自然科学)与人文之间存在紧密的联系,无论是片面地强调科技,还是片面地强调人文,都违背世界联系的基本观点。当然,还有人提出科技与人文的地位问题。要探讨上述两者孰重孰轻,并非简单的事情。从宏观世界角度来讲,科技发展的阶段是人类社会发展阶段划分的最终标准。由此立论,肯定会获得"科技基础"的观点,也就是说,人类社会发展的根本基础是科技,科技发展是推动人类社会发展的根本动力。但从国家角度来讲,人文具有民族性和区域性的特征,更能凸显出民族和国家的本质特征,具有凝聚精神和塑造性格的重要功能,并且是民族和国家存在基本的意识体现。从上述观点来讲,无论是科技发展,还是人文进步,对某个民族和国家而言,都具有相当的必要性,其中科技发展是关键,而人文进步是基础。而对普遍世界来讲,其中科技是根本,人文是文化,这就存在"悖论"的关系,出现上述两者所处地位的动态性,当然其存在也揭示出世界发展的非均衡属性。因此,世界的均衡具有相对动态的特征,而非均衡才是其中绝对的属性。

从上述分析所获取的重要结果,就是对世界的相对性理解。西方社会系统的维系支柱体现在科技和宗教两方面。从西方近代文艺复兴运动来讲，集中体现在上述两方面的社会转型。西方人文主义者首先进行的是摒弃经院哲学，解放社会基本的思维方式，注重研究现实的社会问题，这样就促进了科技的发展，同时还改造了宗教，出现了宗教改革的运动。从西方宗教的特性及其改造历程可以看出，西方宗教具有较强的普世性和外向性特征，上述两方面的特性及其影响与作用是成就目前欧洲联合的内在因素。但这也并非说，宗教一定不会产生国家之间的战争，比如以色列和巴勒斯坦之间的战争是宗教战争（争夺圣城耶路撒冷），其实这也是民族和国家之间的战争，争夺的是国家赖以存在和民族赖以生存的土地与资源。当然，其中存在比较复杂的社会历史背景和现实社会环境。西方宗教具有开放性和普世性的特征，在比较开放的社会系统环境中，出现环球航行和发现新大陆的壮举，以及取得近代科技的革命性变革。东方社会的维系支柱也体现在科技与人文两方面，并且东方科技在 16 世纪之前绝对处于世界领先的地位，创造出领先世界的东方文明成果。从人文方面来讲，具有代表性的是中国的道德伦理和古印度的佛教。中国的道德伦理具有内向性的特征，古印度的佛教具有避世性的特征。东方人文决定东方文明发展的社会系统条件，是社会生产力不发达的状态，在比较封闭的社会系统状态中所创造出来的文明成果。15 世纪的中国出现"郑和下西洋"的壮举，此时可以说是东方文明的强盛时期，但由于东方人文具有内向性和避世性的特征，因此与西方环球航行相比，可以想见此壮举的结果：西方环球航行发现了新大陆，而此壮举只是布施和宣扬帝国的威严。这样的结果是由东西方人文差异所导致的必然。通过对东西方社会系统维系因素的分析也可以看出，科技发展的阶段是人类社会历史发展阶段划分的最终决定因素，而人文属性的差异对东西方文明的发展进程，产生了极为重要的影响与作用。

  现代社会系统的复杂性还表现为知识的网络化发展。一是知识分化日益加剧。现在对知识的划分有多种形式，比如自然科学、人文科学和社会科学；宇观科学、宏观科学、中观科学和微观科学等。划分的标准不同，就会导致出现不同类型知识的划分结果，而且知识还可以进一步地细分，比如自然科学可划分为物理学、化学、电磁学、生命科学和计算机科学等。这样,知识就呈现出"三角形"或"倒树形"的划分格局。随着知识研究的逐步深化,以及科技支撑能力的不断增强,知识不断地出现进一步的分化,这就催生了众多新兴或边缘交叉科学,从而丰富了知识"家族"的内涵,这有利于知识研究的发展。

二是知识综合也在逐步增强,而且与知识分化同时进行,构成了相辅相成的格局。知识研究活动逐步由单一科学发展为多科学的复合研究,产生了研究团队的概念,很多学术著作不再是由单个人在书斋中就可以完成,而是由很多人组成富有战斗力的科研团队,通过一定的学术科研组织进行管理。这不仅表现在自然科学领域,比如产生物理化学和生物化学等交叉学科的知识,而且还表现在社会科学领域,比如历史地理学和经济法学等交叉学科的知识。知识在实践中的运用也不再是单科知识所能适合的,而是由多科学综合作用或影响的结果,比如三峡电站的大型工程建设项目,不仅需要建筑科学知识的支撑,也需要物理学、化学、地震学、水文学和气象学等多科学的知识,通过结成学术团队进行集体研究与攻关,才能解决建设中所遇到的各种知识和技术难题。

三是知识已突破传统的边界,研究的范畴逐步扩大,比如技术已从应用层面提升到知识层面,纳入知识的范畴。这种扩大的过程是循序渐进的过程,传统的知识论主要强调自然、人文和社会科学的知识,甚至在知识研究的初期,知识的范畴仅限于哲学,哲学成为包罗一切科学知识的"巨囊",后来才分化出自然和社会科学(包括人文科学)。随着现代知识的分化与综合发展,以及技术研究的加强,技术也逐步纳入知识研究的范畴,而且成为现代社会中知识研究的热点,成为架设在理论知识与实践运用之间的桥梁。从另外方面来讲,技术知识的理论化和人文化程度也在逐步地增强,突出地表现为出现了计算机科学和人工智能科学等新兴知识领域,称谓上也由过去的计算机技术和人工智能技术,发展为计算机科学和人工智能科学。

在过去时代,从没有像现代社会这样,能够给予知识以真正的身份和内涵。西方从希腊和罗马文明的衰落到文艺复兴运动之前,传统哲学和经院哲学处于绝对的统治地位，知识呈现的是非常狭窄的范畴，而文艺复兴之后西方经历科技革命和宗教改革的洗礼，对知识认识的范畴出现巨大的扩张，并以科学研究方法的探索相伴随，由此西方知识出现前所未有的发展。从根本上来讲，这种发展就是西方科技所获取的巨大成就。任何社会的知识都应是以科技进步为中心的知识体系，人文和社会科学等知识部门都应以科技知识为基础，并由此衍生出来，西方近现代社会中知识增长的现实确证了科技知识的中心地位。从中国社会中的知识发展也可清晰看出其中蕴含的历史发展规律。中国封建社会中建构的知识体系是建立在传统道德伦理的核心基础之上，科技发展依赖的是社会基层民众的创造精神，特别是现实社会中的生活实践。中国拥有当时世界上最多的人口，也拥有庞大的地域范围，决定当时社会生产力背景中的中国科技发展，还可能保持在世界领先的地位，这也是科技的本质属性所决定的必然结果，毕竟科技蕴含在丰富社会实践的基础之上。在中国长期封建社会的统治中，虽然没有对科技进行特别的提倡与发扬，更没有大量建立先进的科学研究机构，专门从事科技研究（当然，当时也存在比如天文、历法等类型的科学研究机构），但中国却能在世界科技方面处于领航的地位。当社会历史发展到近代社会，西方世界通过文艺复兴、宗教改革和工业革命，思维模式也已经历深刻的转型，以科技知识为核心的知识体系逐步建立与完善，社会各领域获得巨大的进展，其中最为重要的就是科技研究进展和科学研究方法（特别是实验方法）在知识建构中占据日益重要的地位，并以科技知识为核心，支撑西方庞大人文和社会科学知识体系的构建，特别是美国通过提倡实用主义，现实社会发展中需要的各种知识体系获取建构与完善，从而建立起具有世界领先地位的知识系统。

当前的社会是知识经济的社会。从这个角度来讲，中西方知识体系的建构过程也足以证明，确实这种提法存在坚实的依据。现代科技知识已建立庞大的系统，再依靠社会个体来完成科技创新与发展，就显得力不从心。这也就从侧面表明，近代以来西方通过建立科技研究机构，对社会历史的发展产生了巨大的影响与作用，而中国却错失科技领先的巨大优势。创办中世纪大学以来，大学作为西方科技研究机构的内涵在逐步扩展，其首先关注的是法律、医学、文法和修辞等学科的内容，其中前两者具有社会实用的价值，后两者具有文化传承的价值，因此从最初作为科技研究机构，大学就已具备科技研究和文化传承的基本功能，其中科技研究功能在此后历史时期不断地获取发展与壮大。从欧美近现代大学的发展历程可以发现，作为科技研究机构，大学发展的重点方向在于科技研究人才的培养，以及实验室建设与扩展，并形成以大学和其他科技研究机构为中心，科技研究成果逐步向社会扩散的知识应用体系或网络，同时在科技知识建构、完善和扩展的基础之上，建构起具有西方社会价值观念的文化体系。然而中国在长期封建社会系统中，并没有建立具有科技知识建构、完善和扩展的研究体系，明显落后于西方完整的科技知识及其研究体系，这就造成中国近现代以来落后挨打的历史结局。从洋务教育开始，中国开始建立科技知识及其研究体系，这是近代洋务官僚对中国社会发展最大的历史贡献，但洋务教育还存在一些致命的缺陷，比如在学习西方建构的科技知识和人才培养体系同时，没有仿行西方建立近代科技研究体系。当然，历史难以勉强，由于受到当时知识体系影响和认识上的局限，也不可能或不容许洋务官僚做出更多进取性的选择。直到严复大量翻译西方著作，并引入和介绍西方科学研究方法之后，这种情形才开始有所改观，西方先进科技知识及其研究体系逐步进入中国知识和科技研究的视野。

　　社会历史的发展存在规律性的特征。现今的中国面对的是科技知识及其研究体系的大发展时代，也是知识体系呈现出大发展的时代，因此要把握现代知识经济的社会，最重要的是要把握好科技知识及其研究体系的建构、完善和扩展，并以此为中心形成具有中国特色的文化体系。在此方面的认识上，近代中国出现"中体西用"思想和文化教育论争，但社会历史发展到知识经济时代，这种争论已无太多的必要。就科技知识及其研究体系来讲，其本身并不存在体用关系的要素。毕竟任何社会系统都需要保持必要相对均衡的发展，都必须以科技知识及其研究体系为核心，而且从民族和国家利益角度来讲，科技知识及其研究体系也是民族和国家获取更大发展的根本动力。从当前全球化背景来讲，文化的价值在于保持民族和国家的特征，维持世界的丰富性和多样化，以及在充满纷争的国际环境中，维持民族和国家的凝聚力与向心力，但从整个社会、国家和民族历史的发展进程来讲，文化的价值从来只处于附属的地位。社会历史的进步依赖科技发展的阶段飞跃，社会历史的发展阶段划分最终还要以科技发展阶段为划分标准，因此建构、完善和扩展科技知识及其研究体系，是任何社会、国家和民族发展的根本任务与方向，并不能因社会历史的发展阶段，以及民族和国家的差异，而发生任何认识上的变化。

人类社会经历漫长的发展进程，现代社会的各领域都逐步进入高速进步的阶段。现代教育正处于进步与发展的关键时期，面临知识经济、数字技术、移动网络和生物科技等飞速发展的社会环境，呈现出前所未有的崭新气象。当前中国经济和社会日新月异，教育改革与发展也正方兴未艾，同时现代科学技术的迅猛发展，并由此引起阅读方式和教育形式等方面也产生极为深刻的发展与变化。现在的年轻人更多采用手机微信、WiFi、iPad和电脑网络等现代阅读的方式，纸质媒介逐步远离年轻人阅读的视界。可以想见，经过若干年后，那时的年轻人对待现在纸质媒介的态度，则正如当代人对待线装古籍的态度。"慕课"（英文MOOOCS，即大规模远程网络课程）已成为当前社会和教育中的"热词"，人们在家、教室、私家车，以及海滩和丛林等许多地方，运用现代远程网络的工具和手段，就可以观摩"全球村"中各国家、著名学校、优秀教师，以及特定教学地点所上的特色课程，并且还可以与"全球村"中的教师和学生，以及其他在线者进行交互研讨。由此可见，当前国内外社会形势和现代科学技术发展等因素已深刻地影响到现代教育，因此必须存在适宜的教育理论与之相对应，用以指导现代教育事业的发展。互联网中"慕课"的出现，标志现代教育存在极为巨大的发展机遇与时代挑战，造成现代教育将再次超越现实存在的范畴，即逐步从关注学校教育向大教育的转变，社会大学校将再次以更新教育教学等方式呈现出来，因此要在教育观念上存在崭新的发展与变化，才能紧跟上现代社会和教育发展的现实需求。

同时，现代教育的发展已超越传统文字教学的范畴，开始关注工具和图画等教学方式，这就对当前教育研究提出崭新的课题。当前要推进教育研究的发展，就必须建立相应的研究机构来执行。从上述角度来讲，中国迫切需要成立教育教学技术(工艺)研究所,特别是应成立基础教育教学工艺研究所,专门从事教育教学工具和工艺的研究与开发。同时,还需要成立教育教学动画研究所,专门从事教育教学动画技术的研究与开发。上述两方面的研究与开发任务相当繁重,应给予特别的经费和政策扶持,从而更进一步地推进现代教育教学的发展。当然也应认识到,上述两个部门的研究内容都与现代社会的实践紧密相联系,反映出现代社会和教育对人才培养类型的需求,即要超越传统单纯文字教育教学的樊篱,将文字、工艺和动画等要素结合起来,形成三位一体或多位一体的现代教育教学模式,这是现代社会和教育发展所需要的,也是现代教育教学的发展方向。

系统学原理与兵学理论存在某些共通之处,都注重由全体(系统)到"全利"目标的实现。系统学特别强调整体。对社会而言,就是将社会作为大系统,因此分析社会问题,多从大系统开始,而以解决现实问题为结束,追求系统的协同和关系处置;兵学理论强调"全利",也就是要达到最终的优胜效果。因此对战争而言,就是争取"全利"的必然过程和手段。在规划战争进程时,多以整体最优为原则,包括人、财、物,以及天时、地利、人和等具体方面或环节,细化到后勤、用将、兵员的部署、战略和战术的选择,以及战时应变策略的运用,不仅体现为最大量地消灭敌对方人员,更为重要的是要达成屈人之兵的效果。消灭对手也是屈人之兵,虽然依孙子之言并非上策,但"不战而屈人之兵"不能奏效时,或己方势力整体趋弱时,集中兵力消灭对手,也不失为最优的策略,毛泽东的游击战术就是现代中国的战争典范。但近些年来,随着战争进程中科技重要性的成分日益提升,远程攻击和系统破坏的战术成为战争的新宠,但这就更凸显出战争"全利"目标的追求,以及关顾系统协同的原理。在抗日战争的激烈时期,刘伯承翻译"合同战术"具有深刻的时代涵义和历史价值,可以说是中国在现代战争中较早注意系统协同重要性的思想体现,也凸显自古至今的战争中存在的基本规律。战争进程是战时各要素的系统协同过程,也是在"全利"目标的指导下,整个社会大系统因素之间的相互联系和转化过程,而战争的"全利"就是社会大系统中的战争要素实现最大胜的效果,即达成系统协同的最优化。因此实质上来讲,兵学是系统学原理在战争实践中具体运用的理论总结与概括。

现代思维模式：社会与教育

现代社会是由多个领域和多种因素共同组成的，其中包括科技和教育这两个重要的领域和因素。现代社会日益现代化和网络化的发展对科学技术和教育质量的总体要求更为迫切和严格。现代社会正以无以估计的信息资源累积推动着科学技术的发展，而且仍呈加速发展的势头。科学技术的发展为未来社会提出了更为美妙的前景，同时也为世界各国提供了发展的机遇、可能、竞争和危机感，大力发展本国的科学技术成为世界各国发展的必需。而科学技术的发展需要教育，需要通过教育来培养掌握科学技术和推动科学技术发展的人才。教育和科学技术的这种天然的合一构筑了人类发展的大厦，教育日益成为科学技术的助推剂和催化剂，为现代社会高科技服务提供了人力资源和智力资源。正是人类的智慧促使人类社会从古代蒙昧时代走到现代文明社会。现代社会到处是生气勃勃的景象，拥有广阔的发展前景，这一切归根结底应归功于科学技术和教育。

思维是意识形式的一种心理反映，为一种潜在的意识形式，但思维的潜在特性却主导着人们对事物及其发展的主观看法和意见，一旦显示出其外表特性，它即成为人们有意识的行动指南。人们在长期的思维过程中，将各种思维要素、形式和方法通过优化选择，形成了某种习惯性思考问题的方向、程序和定型化的思维结构，即思维方式。思维方式的社会化定型，即思维模式，具体来讲，思维模式是深层次蕴含于人们心理的主导人们行为的潜在意识形式。人们的思维模式对社会历史的发展具有重要意义。社会历史的发展总有一种思维模式在起着主导作用。

中国两千余年封建专制体制的建立、发展和完善的过程中，一直存在一种支撑人们思想的主导性的思维模式，即正统的儒家思维模式。以仁、忠、孝为基本核心及基本内容，以"三纲五常"为基本伦理准则所确立的儒家正统思维模式，深入到了中华民族的文化心理和社会日常生活之中。可见思维一旦理论成型，则会成为社会民族文化的共同心理形态，成为指导社会文化发展的行动指南。西方近代以文艺复兴运动为标志，注重科学思维和民主观念，确立科学和民主的社会文化心理，摒弃世俗和宗教，最终使西方步入近代繁荣和发展的进程，同时这也深刻地影响西方现代社会历史发展的进程。因此，注重科学和民主的思维模式指导了西方近现代社会文化心理的发展，以及西方自然科学和社会科学的发展，特别是西方科学技术的发展和政治制度的逐步完善。由上可见，西方确立了科学和民主的普遍法则，并成为其社会文化发展的基本方向和标准。

思维模式的改变是社会历史发展的有力前兆，是社会文化心理领域产生深刻革命的一种反映。历史上每一次思维模式的变革总昭示着社会文化心理上将有一次较大转折。中国新文化运动揭开中国近代科学与民主运动的序幕，未来的中国社会就由此掀开绚丽多彩的新一页。陈独秀、胡适、李大钊等大批有悖于传统社会思维模式的明星带来中国历史上春秋战国百家争鸣以来未曾有过的思想解放、学术民主、思维活跃的新时期。科学与民主思想的奠基及马克思主义思想的传播彻底改变中国两千多年封建专制正统的思维模式，造成中国近代社会文化心理的转变。因此，思维模式的转变为社会进步与发展提供强有力的转变力量，以及社会文化心理转变的动力，为社会文化心理及社会文化变革准备心理和思维方式上的条件。新中国成立之后，中国迎来社会文化发展的最初几年，随后的"文化大革命"风暴涤尽新中国所建设的成果，甚至连祖先遗存的文化财产也毁坏殆尽，不能不说这是在当时的激进思维模式的支配下造成的。因此，思维模式是有正确与错误、先进与落后的区别的。正确的思维模式能提供正确有效的指南，并造就全新优秀的社会文化心理，推动社会文化的发展；错误的思维模式则可能提供错误的、甚至灾难性的指南，并可能形成劣势的、甚至罪恶的社会文化心理，比如军国主义和法西斯主义，带来社会文化发展方向上的误导，给人类社会文化的进步抹上阴影。因此，选择何种思维模式既关系到国家社会文化发展，同时又关系到人类社会文化发展，是人类及国家行动正确与否的心理及思维层次的大问题。

社会文化心理的塑造必须依赖深层思维模式的指导，而且就个人心理的塑造来讲也是如此。个人是社会组成的一个因子，个人的思维模式将会影响到社会的思维模式，特别是著名人物和英雄人物的思维模式将直接会成为社会的思维模式，比如中国近现代的陈独秀、胡适、李大钊、孙中山、毛泽东，他们的思维模式代表了特定时代的中国社会文化心理特征，他们的思想成为特定时代的行动指南，代表了当时处于主导地位的思维模式。改革开放以来，在邓小平理论的指导下，开始步入社会经济和文化发展的春天。邓小平理论思维正是当代社会文化心理和思维模式的理论反映，成为指导社会发展进步的指南。因此，个人心理及思维方式的形成是社会文化心理和思维模式形成的基本因素，而著名人物和英雄人物的心理和思维方式则是社会文化心理和思维模式的重要组成部分。可以说，社会文化的发展要求要有正确、优秀的思维模式来指导行动，促使整个社会形成正确、有效的思维模式和理论来指导社会的共同行为。因此，社会文化的发展需要通过一定的手段、措施来塑造和形成个人的心理与思维方式，进而形成和塑造整个民族和社会共同的正确与有效思维模式，并以此来指导行动。只有用共同的社会文化心理和思维模式统一于行动，才能创造整个民族和社会经济、文化的繁荣与发展。

现代社会性质的界定有多种提法，有人认为现代社会是信息时代；有人认为现代社会是知识经济初见端倪的时代；有人认为现代社会是科学技术大发展的时代；甚至有人认为现代社会是太空时代、海洋时代等。不管如何提法都反映人们对现代社会某个侧面及某种程度的认识。简要地概述，需要从如下视角来界定现代社会的性质。

从社会历史的发展来看，现代社会的发展是社会历史发展的继续。人类社会已经历经千百年代的发展、进步和积累，历经无数次的分合迁聚，才最终发展到现代社会的历史进程。社会学家和人类学家对社会历史发展阶段提出过多种理论，最著名的是马克思的社会阶段理论和托夫勒的"浪潮"理论。马克思的社会阶段理论认为，社会的发展历经原始社会、奴隶社会、封建社会和资本主义社会，最终将发展到共产主义社会，并且逐步由低级社会阶段向高级社会阶段发展。托夫勒的"浪潮"理论认为，社会的发展历经了三次"浪潮":第一次"浪潮"为农业革命,即从原始的渔猎时代进入以农业为基础的社会;第二次"浪潮"为工业革命,即历时已三百余年的工业化社会;第三次"浪潮"为信息革命,即20世纪50年代中期以来的由工业化社会到信息社会的大变革。每一次"浪潮"的递进都表明人类社会的历史向前跃进一步,现代社会正处于第三次"浪潮"之中。

具体分析马克思的社会阶段理论可以知道,马克思建立其社会阶段理论的基础在于如下认识:制造生产工具和使用语言是人类与动物界相区别的根本标志;生产关系是由生产力决定的,生产关系又反作用于生产力;主观能动性是人的一个重要特征,是人类一切创造力的源泉,也是人类有力量通过其聪明才智促进社会发展和历史进步的有效保证;科学技术是生产力。具体分析托夫勒的社会阶段"浪潮"理论可以知道,托夫勒的社会阶段"浪潮"理论基础是人类发明科学技术,创造和使用科学技术,即以科学技术发展阶段来划分。这与马克思的社会阶段理论相比,其基本依据应该说是相近甚至可以说本质上是相同的,即由原始时代的制造工具到现代社会发展科学技术,并以科学技术发展的阶段作为其划分标准。只是马克思的社会阶段理论是从社会发展角度来说的,而托夫勒的社会阶段"浪潮"理论依据科学技术作为划分标准更为明显。

社会历史的发展总是以生产关系的变动为标志,比如由原始社会进入到阶级划分时代,并出现奴隶与奴隶主阶级的生产关系,便可认为社会发展到奴隶社会,但生产关系最终是由生产力决定的,铁制工具的运用、牛耕文明的创造、剩余产品的出现,就最终确立阶级和剥削关系。因此,社会发展阶段最终还是由生产工具——作为生产力发展的标志——科学技术实际形态的发展来决定的。可以说,马克思的社会发展阶段理论也是依据科学技术革新进步的划分标准的。现代社会科学技术突飞猛进,每时每刻都有新的科学技术成果问世,都有新的科学技术成果应用于实际的社会生产和生活,并成为社会历史发展的强大动力。

从现代社会信息的发展来看,现代社会正处于信息的急剧积累、加速传递和老化的进程之中。随着现代科学技术进一步发展,人类社会在近几十年创造历史上几百年，甚至几千年才能创造的物质财富和精神成果，而且信息传递工具的现代化改变了历史上信息传递的方式和手段。现代大型超级计算机及其网络系统的问世、卫星传输技术的运用使整个地球成为信息传输的一个系统，而且也只能被看成一个小系统。随着科学技术的进步，人类对世界认识范围的拓展，太空探索使人类的认识超越了地球的狭隘领域，信息的传输也延伸至其他星球，比如英国设想在月球上建造一座大型的旅游设施；希尔顿饭店想到月球上建造分店；美国、俄罗斯、欧盟、加拿大和日本等国家或国家联盟已经在太空建设了太空站。因此可以说，随着现代科学技术的发展和信息传输系统的网络化和现代化，人类社会进入信息时代，而且不仅仅是信息传输系统——这只是一种信息传输的手段和方式，更重要的是现代社会信息本身的大发展，集中表现在现代社会的新成果、新发明和新创造日新月异，层出不穷，其积累、传递和老化的速度日渐加快，这已成为现代社会的一个基本特征。

从现代社会经济的发展来看，现代社会知识经济初见端倪，知识在现代社会发展中的作用日益增大。随着现代科学技术的发展和信息技术的进步，人们对知识重要性的认识也更为透彻。现代世界各国正日益关注本国和世界经济的发展，并千方百计地来促使其更为现代化、信息化和知识化。在现代社会，可以说谁掌握着现代科学技术的发展、现代信息技术的进步，谁就拥有更为广阔的发展空间。

现代社会由多种因素紧密联系、相互交错、综合发挥作用，可以概括为现代社会因素网络系统。理论界曾经提出"三论"的观点，即系统论、信息论和控制论。其实这只是现代社会因素网络系统的一种概括，是对现代社会因素分析的视角。这种视角从某一或几个侧面揭示现代社会的基本结构框架。但从方法论角度，还不能整体性、更为深刻地揭示现代社会的基本结构系统，还需从人的思维角度来探索作为世界的主宰——人的思维方式，在现代社会历史发展中的主导作用。由于现代社会各因素的相互联系性，需要对现代社会的各个因素本身要有完整的认识，这不仅要认识个别因素的单个单位，而且要认识个别因素内在的联系及众多因素相互间的内在联系，即要求对现代社会的因素网络系统要有宏观、整体性的深刻认识，这就需要确立这样的深层思维模式,即认识、改造、促进和发展现代社会,首先要对现代社会进行由微而深的因素结构分析,弄明现代社会因素网络系统中各因素的内在相关性,以及社会与系统中各个因素的关联性,并且对网络系统中的各种因素要有正反两方面的把握,从其相关性和关联性中寻求必然的规律,即以开放的思维模式来作为促进现代社会发展的指南。

开放的思维模式作为一种思维方式和手段,在现代社会发展中的作用很明显。改革开放以来,中国打破了封闭自守、故步自封的思维模式,积极内引外联,各单位和各地区相互联合,对内搞活,对外开放,从而带来社会、经济和文化等各领域的大发展。其实,这是70年代末以来开放的思维模式指导下的结果。对内搞活、内引外联、对外开放则反映了开放的思维模式的三个要素:一是各单位和各地区的自身要素,即个别因素,应对各个别因素自身有辩证的认识。二是各单位和各地区之间的联系要素,即联系因素,应充分认识到事物发展的相互依赖、影响和促进的关系。三是社会和国家进步之间的关联要素,即关联因素,应全面、透彻以及从正反两方面辩证地认识社会和国家进步的因素,从而顺应社会发展的基本趋势,促进国家的进步。上述三方面因素本身并非孤立存在和起作用,它们之间存在互动作用,从而构成现代社会因素网络系统,而且还是立体、互动的动态系统。

现代社会因素网络的动态系统促使人们必须确立合理的思维模式,且必须具有开放性的特征。开放的思维模式明显具有如下两层重要的作用:一是指导人们对现代社会进行全面、立体和透彻的因素分析,总结过去的正确经验和客观教训,使人们懂得通过辩证的分析来认清现代社会发展的历史脉络,从而弄清影响现代社会进步的基本结构要素及其相互关系,其中要涉及国内外大范围内的内在要素及其相互间的关联互动关系,从而认识现代社会的历史发展进程。二是以开放的思维模式为指导,对现代社会未来的发展方向和前景进行全面、立体和透彻的因素分析,从而更为全面深刻地认识未来社会的发展方向和前景,制定更为切实可行和符合社会历史规律的规划方案,从而更快和更准确地指导行动,促进社会历史的发展进程。上述两层重要的作用是统一和不可分割的,没有对现代社会历史发展进步的客观、立体、互动和辩证的因素分析，就不可能总结出历史发展的基本规律，也不可能提炼出正确经验和纠正错误；没有对现代社会未来发展方向和前景的全面、立体和透彻的因素分析，就不可能制订出正确、可行的规划方案来指导行动，也就不可能促进现代社会的健康发展。

以计算机网络技术和自动化技术为主要标志，科学技术的进步日益成为促进现代社会发展的重要手段，科学技术的传播与创新成为现时代的基本潮流，也成为现代教育的基本特色。以思维模式的变革为基本标志，科学技术进步的重要性被逐步认识，人们对发展科学技术的紧迫性也日益有了明确的共识。随着思维模式的变化，作为思维发展的载体和手段的教育也面临具有历史意义的变革。现代社会的发展和科学技术的进步要求教育主动地适应其发展与进步的趋势，以实现人的现代化，即成为适应社会发展和科学技术进步的现代人。现代教育随着科学技术的迅猛发展呈现出广阔的发展前景，日益成为现代社会发展的基本促进力量。

在现代社会发展进程中，确立开放的思维模式是人自身内潜的行动准则和要求，支配着人们认识社会的方式、改造社会的手段和创造社会未来的发展动力。现代科学技术的进步是建立在开放思维模式的基础之上的，比如牛顿的经典力学理论、爱因斯坦的相对论和霍金的时空观念等，都是建立在打破传统和开放思维空间的基础上的。对现代教育来讲，确立开放的思维模式，以便适应现代社会和科学技术发展的现实需要，并在现代社会和科学技术发展之间起到中介和催化的作用，从而促进现代社会和科学技术的发展。现代教育开放的思维模式包含如下三个基本的层次结构：一是社会哲学指导的开放层次，即社会各领域对外开放的层次，也就是国际间的合作、交流、借鉴和促进。这一层次开放的思维模式是驾驭全局并辐射局部的大视角，强调在现代社会存在国家和地区竞争的背景中，相互学习、观摩和借鉴。只有确立了这一层次开放的思维模式，才能明确了解国际社会及其科学技术和教育的发展状况，才能调整好本国教育和科学技术发展的正确方向和基本评价标准，从而适应现代社会、科学技术和教育发展的基本需要。二是具体科学领域之间的开放层次，即国内外各科学领域之间的相互依存、促进和开放的层次。

现代社会和现代科学技术的发展日益需要拥有掌握各科学领域知识的综合型人才。三是各具体科学领域内发散性的开放层次，即各具体科学领域内部的互动促进关系，也可以称为历史研究型的开放层次。上述三个基本的层次构成了具有层次性、网络化、系统性和大教育的思维模式结构，相互联系和依存，成为密不可分的统一体。现代教育开放的思维模式是现代社会和科学技术的开放性特征所决定的，也是现代社会开放思维模式具体的体现形式。

综合上述，现代社会已形成立体信息交换的网络系统，信息的高速传播为现代开放思维模式指导下的现代教育提供了基本物质和技术的支持，而且开放的思维模式对现代教育的方式和手段等都起到了指导的作用，对现代社会和科学技术的发展起到了促进的作用；在开放思维模式的指导下，现代教育也为现代社会和科学技术的发展提供了人才和智力的支持，并加速了科学技术的传播速度，有利于科学技术的普及和提高，同时也加速了科学技术的老化速度，直接推动了科学技术的发展，这些都反映了各方面和领域的相关性以及现代社会、科学技术和教育发展的联系性。

社会教育系统：整合与完善

当前中国教育所面临的诸多问题，比如义务教育均衡发展、高中教育与大学教育衔接、教育经费投入体制机制和学校教育课程建设等，都已成为难以回避的事情。但凡考察涉及教育的问题，目前一般来说又都局限于学校教育范畴，这种现象普遍存在于教育行政、管理及其研究领域，这是对教育问题的偏狭认识与理解。教育问题并非只能简单认定为有关教育的问题，它也是社会问题，毕竟教育难以脱离社会的环境与氛围。因此分析与探究教育问题，还是不能脱离社会大背景，即必须立足社会大系统的视域，观察、分析和思考有关教育的问题。全国政协常委、民进中央副主席朱永新强调，教育问题不仅仅是教育系统内部的问题，若劳动分配制度、人事制度、干部制度不改变，教育很难真正改变，实际上这是一个社会大系统的问题，关于教育的很多问题都离不开社会大系统。综上所述，需要在系统论指导下来分析和探究有关教育的问题。

从系统理论角度来讲，教育可以划分为大教育与小教育两类。所谓大教育，就是在社会大系统中来宏观考察有关教育的问题。从系统组织建构角度而言，大教育范畴包含社会教育系统和学校教育系统。所谓小教育，就是经常提及的学校教育。现在中国已建成庞大的学校教育系统，从幼儿园到大学研究院，甚至各种类型和行业的科研院所，都承担学校教育的社会功能。中国社会经常提及与探究的教育问题，通常指学校教育的相关问题。然而，社会教育的相关问题则很少提及，毋宁说进行深入分析与探究。由此可见，社会教育在中国社会和教育领域中受到严重忽视，这里涉及社会大系统设计与大教育系统建构的问题。

从社会大系统设计角度而言，现代中国已成为典型集权的官僚制国家，各级政府掌控行政权力，甚至揽括教育在内的社会各领域，而且在系统组织设计上还存在条块分割的问题。从文教领域角度而言，中央行政层面上典型地存在文化系统与教育系统，还存在劳动与社会保障系统等，这些系统组织掌管中国文化教育等大教育事务，但承担这种社会职能的部门责任还呈现为严重割裂的状态。比如，教育部门掌管学校教育系统事务，但还要负责某些社会教育事务，特别是学生的社会素质养成，当然还存在成人教育和继续教育的社会职责。文化部门则掌管文化领域中的各种社会事务，比如社会图书馆、博物馆、展览馆和纪念馆，以及各种与文化相关的社会事务，当然也存在为学生服务的社会职能。劳动与社会保障部门则承担职工业务培训与职级鉴定等社会教育的相关事务。由此看来，目前中国社会教育事务被分解成诸多部分，并由多部门掌管相关资源和权力，同时社会教育系统并未完全构建，甚至可以说呈现为系统割裂的状态。从系统建构角度而言，大教育系统应包含学校教育系统和社会教育系统，但中国社会和教育领域经常所论及的教育问题，都是指学校教育系统的问题，而社会教育系统的诸多问题往往被略而不论或轻描淡写，即并未对社会教育系统给予热心的关注与重视。上述社会教育事务的分工情形就显著地表明这种问题的现实存在。

综上所述，当前中国社会和教育系统设计中难以回避整合与建构社会教育系统的问题，单纯地在学校教育系统层面上分析与探究有关教育的问题，难以适应当前中国社会与教育改革的现实需要，即必须尽快解决有关大教育的问题：必须解放思想、转变观念，确立大教育思维模式；需要放开观察、分析与探究教育问题的视域，在社会大系统层面上宏观地把握现代教育事业的改革与发展趋势；亟须加速整合与构建社会教育系统，并努力地实现学校教育与社会教育的系统联系，建立上述两者交互沟通与衔接的体制机制。

在中国教育系统图式中，缺失社会教育系统，即目前只是学校教育系统模式，并没有包括社会教育系统。其实中国教育系统图式本来就是学校教育系统的范畴。也就是说，中国只确立完善和发达的学校教育系统，而社会教育系统尚处于不完善的发展状态，甚至可以说尚未建构完整的社会教育系统。

就社会教育职责分工来讲，呈现为显著的分散化状态。中国社会谈及教育的问题，就不能避免谈到教育部及下属各教育委员会（或教育局），认为教育上的事情非这些行政部门掌管不可，出现的任何问题也都应由这些部门承担责任。因此这些部门总受到各种社会压力，比如政协委员建议"京剧进课堂"。当然在很多时候，也都要勉强承担。但严格来讲，这些社会教育事项并非完全就是教育部门的职责范畴，因为教育部门主要负责学校教育事项。当然学校教育是培养人的事情，特别是基础教育。当然也要涉及社会素质和能力养成，现在诸多问题也就集中在这些方面。现在社会流行素质教育，强调培养学生综合素质和能力，这种社会要求和责任也就落到学校身上，因此目前学校教育处于两难境地：知识与能力何者优先？两者并非就是这样的对立关系，但现实的认识与理解却呈现出这样的对立状态，造成学校教育无所适从。存在这样的问题，也并非教育部门的责任，其他社会部门也应承担责任。

从教育职责划分角度来讲，学校与社会并未明确分工，而习惯性地将上述职责划定为学校的责任。从社会大系统角度来讲，这是认识与理解上的割裂状态，也是惯常思维在发挥影响与作用。在长期传统教育思维习惯和模式中，教育问题当然是教育部门的责任，似乎这是天经地义的事情。按照社会大系统建构模式，教育的职责并非只隶属教育部门，而是全社会的责任与义务。这并非只是说辞，也不仅只是体制机制的安排，更应存在系统设计与职责规划。学校有其教育职责和社会功能，社会教育系统也应承担其教育职责和社会功能。由此看来，教育问题也就并非只是教育部门的事情，而是社会的系统性问题，需要立足社会大系统的视域，分析和解决教育相关的问题。但目前中国教育严重地存在社会教育缺失或力度不足的问题，这种状况可以从目前诸多社会表现中获取发现。中国人出国后，羡慕外国的文明与素养，觉得外国人的素质比中国人高，其实内在原因并非人的素质问题，而是社会大系统的设计与建构问题，解决了这样的模式问题，中国人的素养也就能很快地获取提升。综上所述，目前诸多教育问题并非就是学校一方的责任，而是社会的系统责任，这应成为分析目前所存在相关教育问题的重要思想基础。

  从社会大系统中诸分支教育系统角度来讲，目前中国学校教育系统显然较为完善与发达，而社会教育系统却并未完善与发达起来，亟须进行整合与构建。应该认识到，当前中国已确立庞大的学校教育系统，号称"世界第一"并不为过，但同样却存在严重的教育问题。可以说，中国人亟须提升综合素质与能力，即实施素质教育。从中日教育发展阶段对比角度来讲，日本已进入学力社会或能力社会阶段，而中国却还处于学历教育阶段。此时强调素质教育当然很及时，但却并未明确实施素质教育的关键问题，如何进行组织设计与系统建构的问题。这种系统结构的问题都未能顺利地解决，如何轻易地推进素质教育？因此长期以来，素质教育的呼声愈大，应试教育的火焰愈炽。由此表明，上述问题尚未解决之前，以及在目前教育系统框架之下，难以继续推进素质教育。因此，必须改变习惯性的教育思维模式，亟须设计和建构大教育系统，由此实现学校和社会"两大"教育系统的协调与科学发展，否则难以完成所确立素质教育的目标与任务。目前，中国社会教育系统并未成型，而是分散在社会大系统的诸多领域，社会职责也割裂在社会各分支系统部门之中，并未归并到教育部门。但社会一旦存在有关教育的问题，习惯性的思维就是将职责归于教育部门，但这是习惯性的误识。由此看来，现存割裂状态的社会教育系统，并未完全承担社会教育的职责，从而造成当前中国人的综合素质和能力提升存在严重的问题，这就对当前公民素质较差做出正确的归因，这样才能找到合理与科学的发展路径。

  现在必须提出整合与构建社会教育系统的问题。当然，社会教育的对象并非仅指学生，包括各级类学生在内的社会公民。以学校为例，目前诸多学校都不愿组织学生参与社会实践活动，其中存在安全等难以言说的原因，但更为重要的还是由于当前社会教育系统并未完善与发达，组织这些活动还面临诸多困难，其中就存在接待单位所表现出的犯难情绪，毕竟这将加大接待单位人员的工作量，而且勉强接待的教育成效也不会很明显，也就不会精心地从培养学生角度进行指导，或还存在相关经费等问题。上述问题和矛盾的存在就必然导致学校组织活动的积极性不高，社会单位接待学生的热情不炽，这样就难以持续地开展各种社会实践活动。但归根结底，还是由于社会教育系统尚未完善与发达，学校与社会之间联系的体制机制还没有健全，社会职责和系统功能的划分还不很明确，因此也就造成出现当今这样的局面。由此看来，当前亟须整合与建构社会教育系统，明确学校和社会在教育问题上诸多的职责划分与功能定位，从而完善和发达中国教育系统，即确立大教育系统。主要应采取如下措施：

一是归并教育的组织职责与社会功能。当前需要继续推进"大部制"改革，从而强化组织职责和社会功能的融合，逐步将教育的组织职责与社会功能归到主管教育的部门，即融合学校和社会的教育责任，而并非就表现为目前分工不很明晰的状态。当然在目前系统设计和组织建构之下，也还是需要通过明确配置教育的社会责任。但这样割裂的职能分工之下，肯定会增大解决教育问题的难度，何况在目前行政体制机制下也难以管理到位，更不可能追究不作为的责任，毕竟教育的社会责任很难以量化来监督与评鉴。因此，归并教育的组织职责和社会功能，就成为重要的选项。

二是强化社会性的组织立法与政策规制。当前中国严重地存在社会性组织立法和政策规制的软肋，造成社会教育的社会职责难以落实到具体和现实行动之中，接待单位并未认识和理解所应承担教育的社会责任，何况当前中国社会还充满经济的意识和氛围，若不存在严格的社会组织立法和政策规制，学校就难以具体实施各项社会实践活动。因此，通过强化社会性组织立法和政策规制，理清学校与社会所承担教育的社会职责，建立顺畅的沟通与联系机制，就显得相当重要，并成为构建大教育系统的重要环节。

三是提升社会文化等部门的教育职责和社会功能。当前中国社会文化等部门主要承担社会文化等传承与发展职责,社会教育的职责承担得还很不够,特别是积极和主动地开展各种社会教育的热情还并未激发。这里需要进行必要的政策立法,当然还是要存在思维模式的转换,即由单纯地进行文化等传播功能转化为兼顾社会教育功能,从而将各级类社会文化等部门提升为社会教育系统的重要组成部分,也就是促使社会文化等系统转化为社会教育系统,从而不仅承担社会文化等传承与发展职能,而且还承担社会教育职能。这也就是将社会文化等系统转化为社会学校性质的教育机构,承担教学与研究等社会功能,由此也就确立起大教育思维模式。诚然,这样的提升具有重大的社会价值,对更进一步地实现大教育系统的社会功能,以及建设学习型社会等,都具有非常重要的实践价值与现实意义。

四是分化学校和社会的教育职责与社会功能。在整合与构建社会教育系统的同时,还需要对学校的教育职责和社会功能进行重新定位,从而重新划分学校和社会"两大"教育系统的社会功能。在现实学校教育实践中,诸多问题可以归因于以前上述"两大"教育系统所存在职责划分不很明晰的问题,比如"京剧进课堂"到底应设置在学校教育的课堂之中,还是应设置于社会教育的项目或活动之中?到底是应由学校教育系统承担责任,还是应由社会教育系统承担责任?上述问题需要获取系统解决,否则还会出现诸如"垃圾分类进课堂"的问题,学校教育怎能承受这些社会教育的沉重负荷。因此,在整合与构建社会教育系统以及确立大教育系统模式之后,还应分化学校和社会的教育职责与社会功能,从而将学校从社会教育的重负中解脱出来,从而更好地承担基础知识和科技教育的社会职责,同时通过建立学校与社会之间的系统联系和沟通机制,有效地开展社会教育的各项实践活动。当然,对社会教育系统而言,教育的对象也并非只是学生,还可以通过组织各种项目活动,开展更为广泛的社会教育,提升公民的综合素质和能力,从而为学习型社会建设和中华民族崛起做出更为重大的贡献。

参考文献

[1] 袁鹰. 东瀛物语[M]. 北京：华夏出版社. 1997.

[2] 王新生. 现代日本政治[M]. 北京：经济日报出版社. 1997.

[3] 于长敏. 菊与刀：解密日本人[M]. 长春：吉林出版集团有限责任公司. 2009.

[4] 汪向荣. 古代中国人的日本观[M]. 上海：上海古籍出版社. 2006.

[5] 王屏. 近代日本的亚细亚主义[M]. 北京：商务印书馆. 2004.

[6] 翟新. 近代以来日本民间涉外活动研究[M]. 北京：中国社会科学出版社. 2006.

[7] 王晓秋. 近代中国与世界：互动与比较[M]. 北京：紫禁城出版社. 2003.

[8] 黄鹤逸. 东京大审判[M]. 北京：改革出版社. 1999.

[9] 齐红深. 日本侵华教育史[M]. 北京：人民教育出版社. 2002.

[10] 梅桑榆. 侵华日俘大遣返[M]. 济南：济南出版社. 1991.

[11] 余杰. "暧昧"的邻居[M]. 北京：光明日报出版社. 2004.

[12] 连燕堂. 从古文到白话：近代文界革命与文体流变[M]. 北京：中央民族大学出版社. 2000.

[13] 梁忠义. 战后日本教育研究[M]. 南昌：江西教育出版社. 1993.

[14] 杨晓. 中日近代教育关系史[M]. 北京：人民教育出版社. 2004.

[15] 宋大川. 唐代教育体制研究[M]. 太原：山西教育出版社. 1998.

[16] 尚小明. 留日学生与清末新政[M]. 南昌：江西教育出版社. 2003.

［17］曲士培．抗日战争时期解放区高等教育［M］．北京：北京大学出版社．2005．

［18］王向远．日本右翼言论批判："皇国史观"与免罪情结的病理剖析［M］．北京：昆仑出版社．2005．

［19］郑若曾．筹海图编．北京：中华书局．2007．

［20］林景渊．武士道与日本传统精神：日本武士道之研究［M］．台北：自立晚报社文化出版部．1990．

［21］严加红．文化理解视野中的教育近代化研究［M］．西安：西安交通大学出版社．2011．

［22］严加红．大教育系统在日本的运行与在中国的构建［M］．南昌：江西高校出版社．2014．

［23］［日］小泉八云．日本与日本人［M］．胡山源译．北京：九州出版社．2005．

［24］［日］森贞彦．《菊与刀》新探［M］．王宣琦译．武汉：武汉大学出版社．2007．

［25］［美］鲁思．本尼迪克特．菊与刀［M］．吕万和．熊达云．王智新译．北京：商务印书馆．1990．

［26］［日］新渡户稻造．武士道［M］．张俊彦译．北京：商务印书馆．1993．

［27］［日］野村浩一．近代日本的中国认识［M］．张学锋译．北京：中央编译出版社．1999．

［28］［日］井上清．钓鱼岛：历史与主权［M］．贾俊琪、于伟译．北京：中国社会科学出版社．1997．

［29］［日］历史研究委员会．大东亚战争的总结［M］．东英译．北京：新华出版社．1997．

［30］［日］中村雄二郎．日本文化中的罪与恶［M］．孙彬译．北京：北京大学出版社．2005．

［31］［日］土居健郎．日本人的心理结构［M］．阎小妹译．北京：商务印书馆．2007．

［32］［日］福泽谕吉．劝学篇［M］．群力 译．北京：商务印书馆．1996．

［33］［日］藤枝晃．汉字的文化史［M］．李运博译．北京：新星出版社．2005．

［34］［日］岛田虔次．中国近代思维的挫折［M］．甘万平译．南京：江苏人民出版社．2005．

［35］［中］刘建辉. 魔都上海：日本知识人的"近代"体验［M］. 甘慧杰译. 上海：上海古籍出版社. 2003.

［36］［日］小森阳一. 日本近代国语批判［M］. 陈多友译. 长春：吉林人民出版社. 2004.

［37］［日］古屋安雄等. 日本神学史［M］. 陆若水、刘国鹏译. 上海：上海三联书店. 2002.

［38］［日］升味准之辅. 日本政治史［M］：共4册. 董果良译. 北京：商务印书馆. 1997.

［39］［日］市川须美子等. 教育小六法（2004）［S/OL］. 东京：学阳书房. 2004.

［40］［日］教育史学会. 教育史研究の最前线［M］. 东京：日本図書センタイ. 2007.

［41］［日］永井宪一、今桥盛胜. 教育法入門［M］. 东京：日本评论社. 1985.

［42］［日］小岛淑男. 留日学生の辛亥革命［M］. 东京：青木书店. 1989.

［43］［日］中村通夫. 文字教育［M］. 东京：春秋社. 1957.

［44］［日］大久保利谦. 日本の大学［M］. 东京：创元社. 1943.

［45］［日］角间隆. 日本の教育［M］. 东京：佼成出版社. 1980.

［46］［日］竹内诚等. 教養の日本史［M］. 东京：东京大学出版会. 1987.

［47］［日］黑羽亮一. 战后大学政策の展开［M］. 东京：玉川大学出版部. 1993.

［48］［日］加藤地三. 教育敕语の时代［M］. 东京：三修社. 1987.

［49］［日］矢野真和. 高等教育の经济分析と政策［M］. 东京：玉川大学出版社. 1996.

［50］［日］三枝源一郎. 学校でつくる教育课程［M］. 东京：明治图书出版株式会社. 1978.

［51］［日］三浦藤作. 青少年学徒ニ赐ハリタル敕语谨解［M］. 东京大阪东洋图书株式会社. 1939.

［52］［日］伏见猛弥. 综合日本教育史［M］. 东京：明治图书出版株式会社. 1951.

［53］［日］牛窪全净. 教育かながわ万叶集［M］. 横滨：神奈川新闻社出版局. 1988.

[54][日]山内芳文、斋藤太郎. 教育史[M]. 东京：树村房. 1994.

[55][日]坂本昭. 学校と教育行政[M]. 东京：创言社. 1987.

[56][日]日本教育评价研究会. 教育评价の新动向[M]. 东京：图书文化社. 1976.

[57][日]志水宏吉. 全国学力力テスト：その功罪を问う[M]. 东京：岩波书店. 2009.

[58][日]横须贺薰. 图说教育の历史[M]. 东京：河出书房新社. 2008.

[59][日]安田武. 学徒出阵：されど山河に生命あり[M]. 东京：山省堂. 1967.

[60][日]德富猪一郎. 国史の键：败战学校[M]. 东京：日本出版配给株式会社. 1948.

[61][日]本多公荣. 历史教育：社会科历史への期待[M]. 东京：青木书店. 1990.

[62][日]柳田国男. 日本の祭[M]. 东京：弘文堂书房. 1942.

[63][日]木村素卫. 国家に于ける文化と教育[M]. 东京：岩波书店. 1956.

[64][日]自由主义史观研究会. 教科书ガ教えない历史[M]：（3）. 东京：产经新闻社. 1997.

[65][日]风间健. 武士道教育总论[M]. 埼玉：壮神社. 2000.

[66][日]天野郁夫. 大学——变革の时代[M]. 东京：东京大学出版会. 1994.

[67][日]日本文化会议. 日本に教育はあるか[M]. 东京：研究社. 1972.

[68][日]青井哲等. 革新自治体と学校[M]. 东京：民众社. 1974.

[69][日]笠谷和比古. 武士道と日本型能力主义[M]. 东京：新潮社. 2005.

[70][日]吉村德藏. 神话と历史教育[M]. 东京：吉川弘文馆. 1973.

[71][日]衫浦重刚. 昭和天皇の学ばれた教育敕语[M]. 东京：勉诚出版. 2006.

[72][日]宗像诚也、国分一太郎. 日本の教育[M]. 东京：岩波书店. 1962.

[73][日]大久保乔树. 洋行の时代[M]. 东京：中央公论新社. 2008.

[74][日]森木享. 海军兵学校[M]. 东京：东京ライフ社. 1956.

[75][日]山中恒. 子どもたちの太平洋战争：国民学校の时代[M]. 东京：岩波书店. 1986.

[76][日]中山茂. 帝国大学の诞生：国际比较の中での东大[M]. 东京：中央公论新社. 1978.

[77] [日] 胜田守一、中内敏夫. 日本の学校 [M]. 东京：岩波书店. 1964.

[78] [日] 大田尧. 教育とは何か [M]. 东京：岩波书店. 1990.

[79] [日] 野原明. 日本の教育：いま家庭で学校で [M]. 东京：丸善株式会社. 1993.

[80] [日] 竹内洋. 教养主义の没落：変わりゆくエリート学生文化 [M]. 东京：中央公论新社. 2003.

[81] [日] 读卖新闻大阪本社. 大学大竞争：[トップ30] から [COE] へ [M]. 中央公论新社. 2003.

[82] [日] 喜多村和之. 大学は生まれ変われるか [M]. 东京：中央公论新社. 2002.

[83] [日] 兼子仁. 国民の教育权 [M]. 东京：岩波书店. 1971.

[84] [日] 神一行. 石原慎太郎と都知事の椅子 [M]. 东京：角川书店. 2000.

[85] [日] 和辻哲郎. 日本精神史研究 [M]. 东京：岩波书店. 1992.

[86] [日] 天野隆雄等. 教育の历史：东アジアと欧米と日本 [M]. 东京：アジア文化综合研究所出版会. 1994.

[87] [日] 石仓秀哉. 留学で生れ变わ [M]. 东京：三省堂. 1998.

[88] [日] 佐藤诚实、仲新等. 日本教育史 [M]：（1，2）. 东京：平凡社. 1973.

[89] [日] 岩波书店编集部：教育をどうする [M]. 东京：岩波书店. 1997.

[90] [日] 胜田守一、中内敏夫. 日本の学校 [M]. 东京：岩波书店. 1964.

[91] [日] 丹宇健夫. 恶问だらけの大学入试：河合塾から见えること [M]. 东京：集英社. 2000.

[92] [日] 藤井康男. 文科的理科の时代 [M]. 东京：福武书店. 1986.

[93] [日] 原田宗典. 见学ノススメ [M]. 东京：讲谈社. 1997.

[94] [日] 石弘光. 大学はどこへ行く [M]. 东京：讲谈社. 2002.

[95] [日] 潮木守一. 世界の大学危机：新しい大学像を求めて [M]. 东京：中央公论新社. 2004.

[96] [日] 中井浩一. 大学入试の战后史：受验地狱から全入时代へ [M]. 东京：中央公论新社. 2007.

[97] [日] 尾崎ムゲン. 日本の教育改革：产业化社会を育てた130年 [M]. 东京：中央公论新社. 1999.

[98] [日] 中井浩一. 大学"法人化"以后：竞争激化と格差の扩大 [M]. 东京：

中央公论新社.2008.

[99][日]寺崎昌男.东京大学の历史:大学制度の先驱け[M].东京:讲谈社.2007.

[100][日]岛善高.早稻田大学小史[M].东京:早稻田大学出版部.2005.

[101][日]山住正己.日本教育小史[M]:近.现代.东京:岩波书店.1987.

[102][日]中内敏夫.学力とは何か[M].东京:岩波书店.1983.

[103][日]户濑信之、西村和雄.大学生の学力を诊断する[M].东京:岩波书店.2001.

[104][日]尾木直树.教师格差:ダメ教师はなぜ增えるのか[M].东京:角川书店.2007.

[105][日]武光诚等.日本人のための神道入门[M].东京:宝岛社.2007.

[106][日]苅谷刚彦.大众教育社会のゆくえ:学历主义と平等神话の战后史[M].东京:中央公论新社.1995.

[107][日]大田尧.教育とは何かを问いつづけて[M].东京:岩波书店.1983.

[108][日]山住正己.福泽谕吉教育论集[G].东京:岩波书店.1991.

后 记

　　在结束书稿的撰述和修订之际,不由得忆念起与教育结缘的过程。经历艰辛的学习过程、激烈的高考竞争,终于如愿以偿地考入北京师范大学,在如饥似渴的求学中连续度过七年大学时光,重点学习教育相关学科知识。除了正常的课程学习之外,潜心阅读和丰富书本知识,图书馆也就成为在大学进行知识积累与视野拓展的重要阵地,深感兴趣的领域包括教育、历史、文化和军事等,并由此奠定以教育为职志的知识基础,也很喜欢名人传记之类的图文典籍,从而感受到伟大人物的风采与荣光。毕业之后,任职于国家教育行政学院,经常与教育系统领导干部接触与交往,遂对教育实践产生更多兴致与感悟,实现在大学所难以达成知识与实践结合的目标,并通过北大博士学习和东京游学过程,在丰富专业知识和强化实践历练上更上层楼,由此开始"奢望"学术的群峰,攀登学术研究中的"泰山",追寻"一览众山小"的奇妙意境。但目标与现实总存在距离,初期在素质教育中彷徨,感受到政策"跟风"的苦楚,由此准备开辟学术研究的新天地。北大博士学习和东京游学过程成为学术研究的转折契机,前者感受学术研究的神圣,以及分析技术的重要,后者感受实践视域的差异,以及进一步拓展的可能。但仍然需要感激美好的大学时光,期间不仅享受了阅读的乐趣,而且还奠定了历史和文化研究的学术基础。特别是在研究生期间,攻读教育史学专业,更对教育的产生和发展存在深刻的认识与理解，并格外热心于中国教育开放思维与近代教育转型发展研究，对今后的学术研究取向产生了深刻的影响与作用。在单位工作18年之后，回想起过去的学习时光，无论是在北京师范大学艰难跋涉的时候，还是在北大攻读博士学位和东京游学期间，总是感受到阅读、观察和记录的重要。特别是在东京游学期间，在观察、亲历和听闻之后，及时撰述日常札记，为后来的学术研究积累了丰富素材与资料，并大幅度地拓展了学术思维的视域，提升了学术研究的高度，开始跋涉于学术研究的前沿。在教育理论研究方面，更为倾情于思考教育的本原问题，并对中日教育进行全面和系统地考察与思考，于是提出大教育系统研究问题，试图解决教育人才培养及其与社会结合问题，强调整合与完善社会教育系统的重要，以及学校教育和社会教育的职能分化问题。创新中总存在必要的批判，但在中国的文化氛围和学术环境中，最为缺乏和难以容忍的就是批判性思维的存在，但于创新而言批判性思维的存在却显然格外的必要，由此也就出现与现实的必然冲突，这是学术研究的必经路径，同时也是中国学者的终极宿命：前有始皇帝的"焚书坑儒"，后有现代的思想"改造"。但学术创新对学术发展来讲又是必要的，而前提就是要倡导批判性思维，需要容忍批判性思维的存在。问题意识对学术研究异常重要，而问题意识的产生就是在掌握丰富文献和材料的基础上，运用批判性思维，展开对前人学术成果的分析与批判，然后才能提出相关研究问题，否则研究问题何来，学术研究何往？

综上所述，学术批判是学术创新的基础与前提，培育和掌握批判性思维异常重要。东京游学归来之后，除了工作再三换岗之外，职业发展存在长期的停滞，但由此也存在更多心思，整理东京游学的札记素材和文献资料，汇总中日比较的研究感想与学术前瞻。在游学札记的基础上，完成日本型文化等方面的学术研究成果，并在对中日教育进行比较之后，提出整合与完善社会教育系统的重要，由此提出大教育系统理论研究的范畴，强化对现代教育科学宏观基础的认识与关注，其中不可否认批判性思维的存在。

教育是人类社会生活的重要组成部分。原初教育产生于社会生产和生活

后 记

的需要,也是对社会生产和生活经验的总结与交流,并通过原初教育的形式,实现培养人的社会职能,达成人类社会生产和生活所需要的人才培养、知识积累与实践结合,从而促进人类社会的发展与进步,发挥教育的社会影响与作用。在人类社会生产和生活过程中,逐渐地形成一定的社会习惯、风俗和规制等,这就形成了富有特色的文化。文化与教育存在极为密切的联系,并由此造就富有教养和智能的社会人才。由观察和分析教育的渊源可以发现,其实教育的本质就是大教育,而并非小教育。所谓小教育,指的是学校教育,它是在社会生产和生活发展过程中,随着人类社会对教育的需要增长,需要通过设立专门机构实现教育的基本社会职能,由此催生了重要的教育机构——学校,用于专门履行培养人的社会职能,从而实现人才培养、知识传播和经验交流等社会目标。小教育与大教育存在极为紧密的联系,若仅仅限于学校"场域"从事教育的事业,往往会落入应试的陷阱,单纯地寻求人才选拔的社会职能,而忽视提升人才的素质与能力,造成与社会相脱节的教育现实,难以达成教育完整的社会职能,因而就会形成诸多弊端。超越应试教育的陷阱,提倡素质教育,可以讲是教育目标和理念上的重大飞跃,并存在鲜明的阶段性特征。如何处理好小教育与大教育之间的关系,应该讲是重要的理论与实践问题。然而在教育实践中,既存在小教育的偏颇问题,也存在大教育的偏颇问题。当前教育改革和发展问题,在很大程度上是在关注学校教育的偏颇问题,当然也涉及到小教育与大教育之间的关系问题。在中国教育历史发展中,科举制度众所周知,既是人才选拔的社会制度,也是培养人的重要制度形式,应该讲具有大教育的社会职能特征,但亦存在诸多偏颇问题,比如体现在内容和形式方面,过分地关注儒家经典和个体悟道,但同时也存在部分的学校教育,同样也涉及到大教育与小教育之间的关系问题。在当前教育改革和发展中,更为关注的是教育综合改革问题,首要的方向就是推进教育系统内部的改革和发展,即教育领域综合改革问题,强调学校社会职能的整合与完善,其中包括学校教育与社会的结合问题,涉及到小教育与大教育之间的关系问题。综上所述,处理上述两者之间的关系问题,应该讲是当前教育改革和发展的重要使命与战略任务。但单纯地提出教育领域综合改革问题，重心还是处于小教育范畴，依然存在很大的范畴局限，基本的发展方向必然会将教育的视域投射到社会之中，整合与完善社会教育的基本职能，由此拓展思考和探究教育改革与发展问题的宏观视域，实现学校教育与社会之间的紧密结合，以及发挥学校教育与社会教育的协同功能，其中包含家庭教育的协同影响与作用，但家庭教育亦可以纳入社会教育的特殊范畴。社会教育的基本职能很宽泛，惯常提及社会教育，更多地关注社会涵养的培育，注重教养教育，以及看重职业技术教育，但却忽视发挥社会教育的完整职能，并没有将社会教育放在与学校教育同等的重要位置，这是近代以来学校教育发展进程的固化模式问题，造成出现"教育不出学校"的思维意识，忽视这样的基本事实——社会是教育存在与发展的重要基础。综上所述，社会教育不仅绝对的重要，而且学校教育在某种程度上还是社会教育的重要组成部分，只是随着人类社会生活和生产的发展，部门社会职能分工逐步走向细化发展，作为社会教育的重要组织形式——学校，逐渐地独立和分化出来，并专门地承担起培养人的社会职能，但并非完全地承担培养人的社会职能，学校教育依然难以脱离社会的范畴，虽然后来在认识与理解之中，将学校教育从社会教育中分离出来，形成学校教育与社会教育并立的局面，甚至学校教育、家庭教育和社会教育的"三国鼎立"，但不应存在认识与理解的固步和僵化，即学校教育不能脱离社会而独立存在与发展，必须最大程度上地实现学校教育与社会的结合，在学校教育与社会教育之间确立密切的联系，即要着力处理好小教育与大教育之间的关系问题。

"千军万马过独木桥"，这是对应试教育的形象化描述，教育主要的目标是通过考试的途径，或升入更高一级的学校，或获取某种资格及其证书，而并非是通过教育的途径，获取相应的知识、素质和能力。虽然在应试教育的内涵中，也包含小教育与大教育之间的关系，但教育（或考试）成为了升学和资格获取的重要工具，更多承担了选拔特定人才的社会职能，而并非为了提升知识储备和素质能力。综上所述，应试教育在更大程度上存在范畴的

后 记

局限，或者说具有视域的限制，存在视域狭隘和目标单一（工具目标）等诸多问题，扭曲了小教育与大教育之间的关系，特别是学校教育与社会之间的关系。因此素质教育的提出是对应试教育的认识矫正，强调更好地承担培养人的社会职能，提升个体人的素质与能力，实现知识、素质和能力的和谐发展。但素质教育的内涵依然过分地看重个体人的教育对象，只是强化了这样的社会职能——提升个体人社会实践的素质与能力，而并非将教育的培养人职能置于社会的范畴，依然存在范畴的局限。综上所述，无论是应试教育还是素质教育的提法，都存在范畴的局限，只是存在程度上的差别，并非具有本质上的区分。因此，发展与构建崭新的教育理念，必须认识与理解教育所具有这样的社会职能——培养人的本质内涵，需要将教育置于社会中进行考察，而并非仅仅将认识与理解教育的视域局限于这样的教育对象——个体人，还需要拓展教育的视域，即置于社会之中，由此需要提出这样的教育理念——学力社会，即必须实现大教育与系统的结合，在社会大系统中考察教育的问题，规划和设计教育的体系与机制，构建学校教育与社会教育（包含家庭教育）"两大"系统，形成完善与发达的教育系统——大教育系统。陶行知参考和仿照杜威实用主义教育观点，提出生活教育理论，本质上来讲蕴含了大教育的观点。从教育肇始，在本质上就是大教育，而并非仅指学校教育。学校这样的教育机构是在社会生产和生活达到特定的程度之后，人类社会所出现培养人的组织机构，由此形成学校教育的形式。但学校教育依然内涵于人类社会生产和生活，不可能脱离社会而存在，因此学校教育与社会之间存在天然的联系，并由此也内涵于大教育。综上所述，大教育与人类社会的生产和生活发展存在极为紧密的关联，而并非新创的特殊名称。但在近代以来学校教育发展潮流中，特别是人文、社会知识和科学技术等出现时代分化之后，学校教育的社会职能逐步地获取格外的强化，并逐步地与社会存在局部性的脱离，培养人成为学校的教室和实验室等建物中社会事务，而并非社会应承担的社会职能，即出现"教育不出学校"的社会局面。应试教育将培养人与选拔人更为紧密地联系起来，学校成为教育考试的附庸与机器，导致教育对象——学生更加脱离于社会生产和生活。素质教育也并没有完全地脱离应试教育的禁锢,只是将教育对象——学生从单纯的人文、社会知识和科学技术等教育内容中解脱出来,增添了文化和艺术等所谓素质课程,并将教育的场所延伸到社会文化机构,比如文化宫、博物馆等,由此提升学生的综合素养。但素质教育依然与社会教育的内涵相去甚远,因为社会教育存在更为丰富和宽泛的内涵,而大教育则更为强调学校教育与社会教育的结合,甚至内含了家庭教育,正如陶行知所提出"社会大学"的内涵。大教育与个体人相始终,而并非只存在于个体人在大学的发展阶段,甚至超越个体人的生死限界,比如生育教育、胎儿学校、临终学堂,甚至逝后"道俗"等,即在个体人尚未出生,其父母就要接受教育;当个体人已经离世,依然需要沐浴"道俗",这就是个体人需要经历的人生教育过程,既针对现世人群,也针对来生灵魂;既针对家庭族群,也针对社会人群;既针对乡土居民,也针对国家人民;既针对宗教民族,也针对世界人群。中国和世界各地存在不同的社会文化,包括世俗和宗教等,因而也就出现大教育内涵的差异。大教育具有更为丰富和生动的内涵,而不仅仅表现为社会文化,学校教育的内容在社会熔炉中都能找到教育的材料和途径,而且更为直观与感性,比如博物馆、科技馆和历史馆的展示,为学校"场域"难以提供的社会"教材"。除了这样的社会教育馆舍之外,社会的本身就是"大学校"。因此可以说,陶行知的教育思想内含大教育的思维模式。世界存在相互之间的紧密联系,影响社会发展与变化的因素并非唯一,社会是各种因素交互作用和持续运行的大系统,由此构成社会大系统的发展状态。系统论是现代社会理论发展中的重要观点,与信息论和控制论组成所谓"老三论",并成为20世纪80年代之后社会理论研究热点。在中国,钱学森将系统论发展为系统学,并运用到解决科技和思维等各领域科学的发展。作为社会的因素,教育在社会发展与变化中具有重要的影响与作用,即无论是学校教育还是社会教育,都具有推进人才培养和社会进步的作用,因此大教育与社会大系统之间存在极为密切的关系。同时,大教育的本身也并非处于独立存在的状态,而是构成复杂的大教育系统,并分

后 记

化成学校教育系统和社会教育系统,分别承担教育的社会职能,交互发挥社会影响与作用,即无论是学校教育系统还是社会教育系统的内部,或学校教育系统和社会教育系统之间,或大教育系统与社会之间,都存在交互的社会影响与作用,并促使社会呈现系统运行的状态。综上所述,大教育在社会大系统中并非保持孑然独立,而是呈现为社会大系统的重要组成部分,承担培养人的社会职能,并推进社会的发展与变化。随着现代科学技术特别是互联网技术的发展,"慕课"和"后慕课"等教育概念的大量涌现,教育的范畴更为扩大,不仅仅超越了学校"场域"的范畴,而且超越了现实社会"场域"的范畴,进而形成立体的教育网络系统,"虚拟"课堂和学校纷纷出现,新时代的大教育可谓蓬勃而出,犹如初升起的朝阳,熠熠生辉。

学校与社会之间存在天然的联系,毕竟学校也是社会的组成部分,不可能存在封闭的"象牙塔",即使作为学术共同体的大学也概莫能外。随着近现代学校学科发展与分化,学校似乎可以独立于社会之外,本质上并非呈现为这样的发展状态,因为无论是培养人才还是学术研究,学校都必须于社会建立起紧密的联系,解决社会大系统的完善与运行中的各种问题,承担学校的社会职能。作为承担教育的社会职能组织,学校必须肩负起教育的社会使命与责任,关键是实现培养人的社会目标。由此,学校逐步地发展成为了学校教育系统,呈现为从幼儿园到研究生院等学校教育系统的结构,并构建出系统运行的体制机制。学校教育系统并非仅仅指学校的社会组织机构,而且还包括负责管理学校教育的社会组织机构,即各级学校教育管理机构系统,比如教育部、教育厅和教育局等,以及其他相关附设教育机构,比如课程研究所、教育科学研究所等,当然从大教育角度来讲,上述教育管理机构系统还承担有社会教育系统的社会职能,这也是需要思考和讨论的重要问题。在应试教育的社会背景中,学校成为考试的附属机构,承担着人才选拔之前的备考职能,由此往往造成对学校的社会职能进行狭隘的认识与理解,逐步地脱离承担培养人的社会职能,而成为选拔考试的重要环节。素质教育强化了培养学生的素质与能力,但目前更多地呈现为强化艺术、体育和语言等教育,甚至成为学校教育的补充与强化，成为应试教育锁链中的重要环节，而并没有真正承担提升素质和能力的社会目标。综上所述，无论是应试教育还是素质教育，都是从个体人角度考察教育的社会职能，而并没有将教育置于社会大系统中进行考察，从而窄化了对教育之社会职能的认识与理解，并由此导致将教育简单地理解为学校教育，而将教育系统也只简单地理解为学校教育系统，同时还并没有关注到学校教育与社会之间的紧密联系，从而造成出现认识与理解上的系统性问题。学校教育系统并非大教育系统的全部内涵，而只是目前来讲其中的重要组成部分。在大教育系统中，不仅仅指学校教育系统，还包括社会教育系统，即学校教育系统和社会教育系统构成了大教育系统，并且两者之间存在紧密的联系，而并非呈现为独立运行的系统状态。马克思主义存在重要的理论观点：世界是普遍联系的，必须辩证地看待社会事物的运动与变化。运用到对教育的认识与理解，就是要在社会大系统中认识和理解教育的社会职能，并由此构建大教育的系统结构及其运行机制，从而避免在狭隘的视域中认识和考虑教育相关问题。即使在学校教育系统的内部，也并非只是呈现为学校的教育职能，其中也存在相应的系统结构及其运行机制。比如，学校与社会之间的联系及其运行机制，甚至包括社会教育内容进学校课程或项目活动等。综上所述，认识与理解学校教育系统，必须着眼于社会大系统和大教育系统，即必须具有系统的观念，树立大教育的观念，不能仅仅在学校狭隘的视域中认识和理解教育相关问题，并由此构建学校教育的系统结构及其运行机制。

在中国，目前对教育存在极为狭隘的认识与理解，甚至将学校教育当成教育的全部内涵，至少在现实教育实践中是这样的情形，由此导致出现"教育不出学校"的社会局面，造成社会教养出现严重缺失，以及存在忽视甚至无视社会教育的现象，或者将文化涵育的社会功能看成是社会教育的全部内涵，存在意识偏颇和以偏概全的问题。社会教育系统是大教育系统的重要组成部分，并且相比学校教育系统还具有更为宽泛的教育内涵及其社会功能。从宽泛视域来看，家庭教育亦属于社会教育的范畴，因为家庭是社会的细胞，

后　记

但家庭教育更多地局限于家庭成员和家庭氛围之中，难以形成独立的完整系统，因此在很多场合中更多提及学校、家庭和社会教育，但并没有提到学校、家庭和社会教育系统。从大教育系统视域来看，家庭教育一般纳入社会教育的范畴，因而家庭教育也往往纳入社会教育系统，由此导致大教育系统的内涵只包括了学校教育系统和社会教育系统。综上所述，除了学校教育系统之外，其他教育都属于社会教育系统的内涵。依据世界普遍联系的观点，学校教育系统与社会教育系统之间也存在紧密的联系，两者并非单纯地独立范畴，而是存在交互的影响与作用，即学校教育系统需要借助社会的范畴，而社会教育系统也需要借助学校的范畴，比如学生见学、见习和修学旅行等，以及京剧进课堂、消防教育进学校、垃圾分类进校园等教育活动，都体现出学校教育和社会教育之间所存在交互融入的状况。学校是社会的组成部分，学校教育只是社会特殊的教育形式，不可能脱离社会而存在，但社会则是大学校、大课堂，社会教育进学校、校园和课堂，只是实施途径和形式的延伸，在学校尚未出现之前，社会教育就是教育的全部内涵，即在学校尚未出现之前，社会教育就是教育的全部内涵，社会教育系统也就是大教育系统。但学校的出现改变了这样的社会局面，学校教育的系统构建及其运行机制更增添了大教育系统的内涵，并由此形成学校教育系统与社会教育系统并行的社会局面。由上可见，社会教育系统在大教育系统中的独特地位与社会功能。目前中国教育系统过度地依赖学校教育系统，而忽视社会教育系统。虽然中国社会存在诸多社会教育机构，比如博物馆、历史馆、少年宫、军事馆和文化馆等，但并没有构建发达和完善的社会教育系统，甚至将文化涵育系统简单地看成为完全意义上的社会教育系统。其实社会教育系统具有更为宽泛的范畴，当然也包含文化涵育系统。概括地来讲，除了学校及其教育系统之外，其他社会机构及其系统都存在社会教育的社会职能，这样的社会职能都可以纳入社会教育系统的组成部分，比如地震局、政府机关、消防局等，虽然上述部门都存在各自的社会职能，但同时还具有社会教育的社会职能，比如地震模拟车、消防器材等可以进入校园开展相关的教育服务，学生也可以到地震局、

291

政府机关和消防局实地探访与实践,上述存在教育意义上的社会活动,都可以纳入社会教育的范畴,因而上述部门也可以纳入社会教育系统。当然,还存在诸多社会教育机构,比如少年宫、青年军营等,甚至包括当前社会时兴的语言培训教育机构,比如新东方外语培训。但总体上来讲,在目前应试教育的社会氛围之中,社会教育系统并未获取足够重视和长足发展,不仅社会教育机构更多服务和服从于应试教育,而且诸多社会机构也并未承担起社会教育的社会职能,学校教育更难以实质上达成与社会的紧密结合,甚至连春游和秋游这样的季节性活动,因为广泛地存在学生安全等忧虑,都处于濒临取消的边缘。从系统角度来,社会教育系统也并未获取完整的构建,社会部门承担教育的社会职能积极性和主动性并未充分地发挥出来,因而造成社会教育的社会效益也并未充分的显现,同时也逐步地挫伤学校开展社会教育的积极性和主动性,造成学校和社会部门对社会教育都没有给予充分地重视,久之就产生懈怠和松弛的情绪,社会教育活动也就开展起来,其中的根源是社会教育的系统结构及其运行机制尚未获完整的构建,大教育的意识和观念尚未获取完全的确立,也难以遵循社会教育系统的运行规律,成效也就很不明显。综上所述,改变当前中国教育的发展现状,重要的步骤是要确立大教育的意识和观念,整合与构筑完善的社会教育系统,构建发达的大教育系统,实现学校教育系统和社会教育系统的并行局面。但从目前中国教育发展的现状来讲,学校教育系统较为发达和完善,但社会教育系统则存在严重的系统性问题。比如,目前中国社会发生诸多社会道德和品质事件,在很大程度上呈现为缺乏足够的社会教养,这是目前社会教育遭到忽视的必然结果。事实上,上述只是局部的事例,社会教育也并非只是社会教养。本质上来讲,社会教育涵盖社会教养在内的所有教育内容范畴,包括为学校教育提供必要的教学内容和补充形式,比如可以将历史课程置于历史馆;将物理课程置于科技馆和天文馆;将地理课程置于地质馆;将音乐和戏曲课程置于音乐厅和剧院等,社会教养则可以广泛地置于文化部门,甚至政府机关和社会单位,甚至开展汇报、讲座和参观等教育活动,由此发挥社会教育系统的功能与作用。

后 记

但目前中国尚未广泛地开展社会教育,甚至学校难以组织学生开展社会教育,更难以见到社会公民接受的社会教育。当然,也不能完全地抹杀少量这样的社会教育,比如医院开展孕妇生育教育,但从事物普遍性角度而言,社会教育尚未获取足够的重视和关注,社会教育系统尚未获取完整构建,因此亟须进行社会教育系统结构及其运行机制的构建,促使学校和社会部门都真正承担起社会教育的社会职能,激发社会大系统中各社会部门的积极性和主动性,并通过社会规制和立法的途径,促使社会教育获取蓬勃发展,从而发挥大教育系统的社会功能与作用,实现教育最大的社会功效。

改革开放之后,中国破除了故步自封的闭塞思维模式,开创了对内搞活和对外开放的思维模式,中国教育也出现了重大的发展与变化,不仅重建了学校教育系统,而且教育的对外开放也迈出了新的步伐,特别是扩大了境外教育和留学教育。境外教育指前往香港、澳门和台湾等地区接受教育的形式;留学教育指中国学生前往国外或外国学生前来中国接受教育的形式。在过去的时期,无论是境外教育还是留学教育,都只是单纯的教育形式,而并没有构建完善的教育系统,随着目前境外教育和留学教育的发展,特别是教育规模的急剧扩大,境外和国外社会环境的复杂变化,亟须构建完善的境外教育系统和留学教育系统。香港、澳门和台湾问题是历史造成的。目前香港和澳门先后从西方殖民者手中成功地回归,台湾问题也在"一国两制"之下逐步地推进,但国际社会环境日益复杂,西方国家妄图利用香港、澳门和台湾的特殊地区身份,试图作为"跳板"实现"和平演变"中国的战略依然存在,由此也就对境外教育和留学教育的氛围产生深刻的影响与作用。不仅如此,西方国家还在国际话语权上占据主导的地位,报刊和媒体经常传播诸多不利于中国的思想、意识与理论,同时还在中国周边构建"围堵中国"的"C"形网,随着现代科学技术的发展,甚至妄图构建立体的"O"形网,造成出现各种不利于中国发展与崛起的国际环境,由此导致境外教育和留学教育的氛围日益复杂。前往境外和国外的学生面临更为复杂的国际环境,同时在中国社会和经济发展等因素的推动之下,中国前往境外和国外的学生也日益复杂,特别学生日益低龄化发展，知识储备和社会经验存在天然的不足，难以抵御境外和国外复杂社会环境的浸润与侵蚀，因而出现诸多社会思想与意识观念的问题。与此同时，外国学生前来中国留学，也必然会将西方的思想、意识和观念带入中国。因此，构建境外教育系统和留学教育系统，显然地存在必要性和迫切性的社会需求。如何构建境外教育系统和留学教育系统？针对当前境外教育和留学教育的发展状况，特别是出境和出国教育，如何提升上述两类教育的社会成效，培养出众多特色社会主义建设的人才？针对入境和入国教育的发展现状，又如何利用国际社会中的人才，更好地为中国的建设与发展服务？上述问题必须获取系统性地解决，否则难以继续推进境外教育和留学教育，同时也会导致上述两类教育发展存在方向性的问题，以及出现无序化的发展，即要做好境外教育和留学教育的发展规划与设计，完善上述两类教育的系统结构及其运行机制，从而有效地服务于中国特色社会主义建设与发展事业。境外教育系统的构建主要涉及在社会性质不同的地区，如何促使教育完成培养人的核心任务，实现教育的社会职能。毕竟，境外指的是香港、澳门和台湾等地区，本质上依然属于中国的领土与主权范畴，都遵循"一个中国"的基本原则，因此境外教育仍然属于中国内部的教育范畴，具有特殊的重要地位。在政治上，香港、澳门和台湾等地区可以成为对外开放的"桥头堡"，以及联系西方国家社会和经济等发展的"桥梁"，同时成为衡量西方国家对华政策的"试金石"；在教育上，香港、澳门和台湾等地区可以成为教育对外开放的"先行地"、吸取和借鉴西方教育理论与经验的"微平台"，以及中国教育改革与发展的"示范区"。综上所述，构建境外教育具有战略与策略上的重大意义。出国留学教育并非新鲜事物，产生之初就存在激烈的"华夷之争"。在改革开放政策的推动之下，目前出国留学教育出现了巨大的规模扩展，同时也导致产生诸多的管理问题。如何利用海外教育资源，培养中国亟须的外向型人才，在当前中国推进改革开放政策的社会背景之中，显得尤为重要。但目前国际社会局势日益多变，中国面临的国际环境也日益复杂，因而出国留学存在诸多的风险，学生低龄化发展更增添了这样出国留

后 记

学的风险程度,如何采取措施给予及时和必要的化解?上述方面问题都需要给予系统性地解决,因此构建留学教育系统日显重要。出境教育和出国留学教育存在上述问题,入境教育和入国教育亦然。毕竟香港、澳门和台湾等地区实行资本主义制度,社会思想和意识存在巨大的差异,必然会引发中国社会内部的意识形态冲突,如何正确地处置诸如这样的问题?外国学生在中国学习和生活,同样也会带入西方国家的思想和意识,对中国社会存在意识形态上的影响与作用,如何看待诸如这样的问题?其实依然需要进行战略和策略上的规划与设计,构建留学教育的系统结构及其运行机制。境外教育系统和留学教育系统是大教育系统构建中的重要组成部分。若对大教育系统进行分类,一般而言划分为学校教育系统和社会教育系统,但就大教育系统涵盖的地理范畴而言,不仅仅指中国地理范畴,而且还包括中国之外的地理范畴,从目前通常而言的地理范畴来讲,尚应包括境外教育系统和留学教育系统。随着现代科学技术的迅猛发展,特别是现代信息技术和数据传输技术的系统应用,尚需增添网络教育系统,比如当下时兴的"慕课"与"后慕课"等,甚至延伸到更为宽泛的地理概念与范畴。但从现实的大教育系统构建角度来讲,目前需要更关注境外教育系统和留学教育系统的构建与完善,以及大教育与系统应用,即网络教育系统的构建与完善。在目前改革开放的政策环境和国际形势之下,境外教育系统尚需考虑出境和入境两种类型的教育系统形式,同样留学教育系统也应考虑出国和入国两种类型的教育系统形式。由上可见,除了学校教育系统和社会教育系统,大教育系统的范畴尚存在极大扩展的可能性与必然性,比如境外教育系统、留学教育系统和网络教育系统等。因此,需要深化对大教育及其系统内涵的认识与理解,分析和探究大教育及其系统应用,从而在更为宽泛的视域中深化和拓展大教育发展的战略与政策研究。

随着现代社会经济和科学技术等方面的迅猛发展,现代教育也出现时代性的发展与变化。现代教育已然不同于传统教育科学,必然需要现代教育科学也应紧随现代社会和教育等方面深刻地发展与变化,并契合现代教育的发展与变化趋势。现代教育科学存在大教育、开放思维和系统工程"三大"宏观基础,即必须树立现代大教育的系统思想与观念;确立现代教育的开放思维模式;构建现代教育的系统工程。只有把握上述"三大"宏观基础,才能确保现代教育科学的系统构建,为现代教育实践发展提供宏观规划与系统设计,从而保障现代教育的科学与可持续发展。在上述"三大"宏观基础中,现代大教育的系统思想与观念是最为基础性的概念,现代教育的开放思维和系统工程都是在现代大教育概念的基础上,获取内涵上的深化与发展,而且"三大"宏观基础之间存在极为紧密的联系,比如树立现代大教育的系统思想与观念,必然需要确立现代教育的开放思维模式,着力于构建现代大教育系统,借助自然科学研究的概念,即需要构建现代教育的系统工程。与此同时,树立现代大教育的系统思想与观念,以及构建现代教育的系统工程,同时又必然会促进现代教育开放思维模式的深化与发展。综上所述,现代教育科学的上述"三大"宏观基础存在交互的影响与作用,从而导致现代教育出现划时代的发展与变化,因此必须把握现代教育科学的宏观基础,强化在实践、政策和制度等层面上的认识、理解与应用,进行科学与合理的宏观规划与发展设计,从而开创教育改革开放和社会系统发展的新局面。现代教育经历了由原初教育到近现代教育的复杂和系统发展过程。在原始社会,原初教育是伴随在社会生产和生活中而产生出来,并在原始社会大系统中开展教育教学活动,即原初教育的场所就是社会,教育的情境就是原始社会的生活和生产,教育的形式就是言传身教、口口相传。原初教育属于社会教育范畴。学校随着原始社会的生活和生产而产生出来,成为原始人群专门开展培养人活动的场所,由此产生原初的学校教育,即学校教育是从原初的社会教育中分化出来的。综上所述,本质上来讲,教育天然就是大教育。由原初教育过渡到阶级社会的教育,乃至社会主义社会的教育,教育在社会大系统也形成庞大的体系,并且学校教育的社会职能日益凸显,于是构成学校教育、家庭教育和社会教育并存的局面,教育不仅仅构成为一个运行的系统,而且逐步地发展成为大教育系统,即学校教育系统和社会教育系统并行的系统。伴随社会生产和生活的发展，大教育系统的结构及其社会职能而逐步地完善。在现代学校教育日益发展与兴盛的时代，社会教育往往遭遇局部的忽视，比如造成对社会教养、科普教育等方面的关注不足，由此出现学校教育系统与社会教育系统之间的发展不均衡，造成大教育系统内部的结构性矛盾，甚至出现"教育不出学校"的局面。因此在现代社会中，需要树立现代大教育的系统思想与观念，不仅要关注和重视学校教育的发展，构建发达的学校教育系统，同时还必须关注和重视家庭教育与社会教育，构建发达的社会教育系统，从而完善学校教育系统和社会教育系统并行的大教育系统。世界是交互联系的，并非孤立和封闭的存在。社会的本身构成了大系统，社会各因素之间存在交互的影响与作用。作为社会大系统的组成部分，教育系统也并非孤立和封闭的存在，也存在内外部因素的交互影响与作用。从系统视域来看，教育系统的本身也是大系统，即大教育系统。从教育历史角度来讲，教育随着社会的发展而发展与变化，既然社会并非孤立和封闭的存在，存在系统开放的规律与机制，那么教育也必然呈现系统开放的发展状态，即呈现为开放思维模式。在中国教育历史发展中，社会趋于开放的发展状态，教育就会呈现出异彩纷呈的发展状态，实质上也趋于开放的发展状态，比如在春秋战国和民国时期，社会思想和意识呈现开放的发展状态，同时教育思想和实践也出现巨大的发展。综上所述，无论对社会还是教育来讲，开放思维模式都是促进发展的重要因素。

在现代社会，随着社会经济和科学技术的迅猛发展，特别是信息技术和数据传输技术的巨大进步，现代教育出现了深刻地发展与变化，必然要求现代教育的思维模式适应这样的社会发展及其趋势，因此必须确立现代教育的开放思维模式。其中至少存在如下四层意思：一是现代学校教育并非仅仅局限与学校的狭隘场域，必然与家庭、社会存在更为紧密的联系，必须确立学校与家庭、社会之间的联系机制。二是现代学校教育与家庭教育、社会教育构成统一的整体，单纯地强调学校教育难以适应现代社会的发展，必须高度地注重家庭教育，大力地发展社会教育，而不应忽视家庭教育和社会教育。

三是现代学校教育系统的构建难以脱离社会教育系统的整合与完善，必须确立大教育系统的理念，即构建现代学校教育系统与现代社会教育系统并行的大教育系统，发挥整体性的社会效能。四是现代大教育系统并非单纯地指学校教育系统和社会教育系统，还必须将视域延伸到出境和入境、出国和入国教育方面，构建完善的境外教育系统和留学教育系统，从而拓展现代大教育系统的内涵范畴。

教育是一项社会系统工程，培养人并非只是教育系统的社会职能，更非只是学校教育系统的社会职能，而是需要全社会的共同努力，由此也决定教育不仅仅学校围墙内的事情，目前必须让教育突破围墙，在广阔的社会大系统中办理教育事业，推进大教育系统的构建与完善，构建现代教育的系统工程。系统工程的概念来源于自然科学领域，著名科学家钱学森先生将系统工程迁移到教育科学领域，提出"教育是一项系统工程"的思想观点，对深化现代教育的认识与理解起到重要的作用，具有理论和实践上的价值与意义。

现代教育日益成为社会大系统的重要组成部分，并与社会大系统紧密地结合在一起，脱离社会大系统办理教育事业，已成为不可能的事情，同时也背离了教育存在的初衷。在教育出现多样化的时期、在学校教育出现巨大发展的时期，更应将学校教育与家庭教育、社会教育紧密地结合起来，将学校教育系统与社会教育系统的社会职能更为紧密地联系起来，将境外教育系统和留学教育系统纳入大教育系统的范畴，构建具有中国特色的大教育系统，并不断地在理论与实践层面上进行发展与完善。

综上所述，必须构建现代教育的社会系统工程，而不能采取割裂的办法来办理现代教育的事业。在信息技术和数据传输技术等加速发展的时代，网络教育系统的构建日益提上日程，并逐步地成为大教育系统的重要组成部分，以及构成现代教育的社会系统工程中的重要组成部分，极大地发展和丰富了现代教育的内涵，包括教育的场域、内容和形式等，同时对现代教育的目标和理念等也产生了深刻的影响与作用。因此，现代教育再也不能执着于应试教育，必须倾注于提升素质的教育，同时还必须与社会大系统紧密地结合起

后 记

来，确立学力社会的教育理念，从而推进现代教育——这项社会系统工程的建设与发展，从而更为有效地实现现代教育的社会职能。

在此尚需特别阐明，本书系全国教育科学"十二五"规划教育部重点课题"中日教育理念比较研究"[DDA130232]阶段成果。在本书出版之际，衷心感谢学苑出版社领导和同仁的辛勤编辑与卓越出版工作，特别要向郑泽英编审、任彦霞编辑等表达谢意！同时，向提供帮助与支持的国家教育行政学院于建福教授、司洪昌博士和佛朝晖博士等表达衷心的感谢！当然，还应特别感谢共同奋斗和生活的妻儿，他们让我在人生风雨中感受到家庭的温暖与关爱！现今书稿呈现在面前，有如释重负的感觉。为了完成书稿，已辛苦七八寒暑，经历几多困惑与磨难。岁月不会因惜时而延长，但惜时肯定是优秀的品质。书稿最终成型和出版，应该算时光给予的青睐与眷顾，同样应心存无限的感激！在本书出版之际，恰逢任职的国家教育行政学院即将迎来建院60周年，最后谨以本书作为敬祝学院60周年的特别献礼！

严加红 谨识

2015年8月17日